国家出版基金项目
NATIONAL PUBLICATION FOUNDATION

国家无障碍战略研究与应用丛书（第二辑）

无障碍
与残疾人社会融合

叶静漪 等 著

辽宁人民出版社

ⓒ 叶静漪 等 2021

图书在版编目（CIP）数据

无障碍与残疾人社会融合 / 叶静漪等著. — 沈阳：
辽宁人民出版社，2021.12
（国家无障碍战略研究与应用丛书. 第二辑）
ISBN 978-7-205-10358-3

Ⅰ.①无… Ⅱ.①叶… Ⅲ.①残疾人—社会工作—研
究—中国 Ⅳ.①D669.69

中国版本图书馆CIP数据核字（2021）第247959号

出版发行：辽宁人民出版社
    地址：沈阳市和平区十一纬路 25 号 邮编：110003
    电话：024-23284321（邮 购） 024-23284324（发行部）
    传真：024-23284191（发行部） 024-23284304（办公室）
    http://www.lnpph.com.cn
印 刷：辽宁新华印务有限公司
幅面尺寸：170mm×240mm
印 张：16.25
字 数：228 千字
出版时间：2021 年 12 月第 1 版
印刷时间：2021 年 12 月第 1 次印刷
责任编辑：陈 兴 郭 健 赵学良
装帧设计：留白文化
责任校对：吴艳杰
书 号：ISBN 978-7-205-10358-3
定 价：80.00 元

总　序

张苏军

欣闻《国家无障碍战略研究与应用丛书》（第二辑）付梓，这份欣喜，既表达了对我国无障碍事业的蓬勃发展态势的喜悦，也有为那些投身于无障碍事业的各界人士的赞许，更饱含对创造更加宜居、宜业、宜游、舒适美好生活环境的期待。此套丛书的出版，对助力我国无障碍法治环境建设，以法治的精神、法治的力量和法治的感召，深入推进我国无障碍环境建设高质量发展，向世界展示中国方案、中国作为和中国成果，意义重大。

此套丛书汇集了我国无障碍理论研究的最新成果，聚合了北京大学、清华大学等国内高校和科研机构专家团队的力量，以多元视角、在诸多层面，系统性地对无障碍的社会价值、经济价值、科技创新等领域进行研究，同时对我国无障碍社会实践进行了深化梳理和总结，对城市更新、适老化改造、全龄友好型社区和残疾人家庭无障碍改造等进行了细化研究，为不断满足人民群众日益增长的对美好生活的需要，促进人的全面发展、逐步实现共同富裕的目标等提供了理论支持，发挥了无障碍理论研究与实践融合的独特作用及价值。

习近平总书记指出："无障碍设施建设问题是一个国家和社会文明的标志，我们要高度重视。"这为我国无障碍事业发展提供了遵循，指明了方向。无障碍环境建设是一个国家科技化、智能化、信息化水平的体现，是一个国家经济建设和社会建设水平的体现，也是一个国家硬实力和软实力的综合体现。无障碍环境建设的高质量发展，将更好地满足人民群众日益增长的需

张苏军　第十三届全国人大常委会委员，第十三届全国人大监察和司法委员会副主任委员，中国法学会党组成员、副会长。

求，充分体现"以人民为中心"的发展理念。我国有8500多万残疾人，有近2.64亿60岁以上老年人，是世界上残疾人口和老年人口最多的国家，在无障碍环境建设方面有着巨大的现实需求。消除公共设施、交通出行、信息通信等领域的障碍，让广大老年人、残疾人平等地参与到康养、教育、就业和社会生活中，加强无障碍环境建设，是保障全社会成员特别是残疾人、老年人等有特殊需求群体融合共享社会生活的重要前提，是完善城乡基本公共服务的重要内容，是应对老龄化、满足适老化需求的重要措施，是建设美丽中国、健康中国的重要体现，是国家经济发展、人权保障、社会文明进步的重要标志。对于提升老年人、残疾人的社会适应能力，促进社会融合具有重要的现实意义。

近年来，我国无障碍环境建设发展迅猛。无障碍法规政策标准体系不断完善，无障碍设施、无障碍信息、无障碍服务水平不断提高，城乡无障碍环境建设方兴未艾，社区、残疾人家庭无障碍改造受益面不断扩大，无障碍环境建设取得的成就，在国内外彰显了重要的人文价值，产生了良好的社会影响。党的十九届六中全会总结中国共产党从小到大、从弱到强，从胜利走向胜利的根本经验，就在于依靠人民、服务人民、赢得民心。坚持以人民为中心的发展思想，着力保障和改善民生，着力解决人民群众急难愁盼问题，加强基础性、普惠性、兜底性民生保障建设，在幼有所育、学有所教、劳有所得、病有所医、老有所养、住有所居、弱有所扶方面不断推进。为人民创造安宁祥和、稳定有序的社会环境，才能让人民生活全方位改善，获得感、幸福感、安全感更加充实、更有保障、更可持续。这其中，高质量推进无障碍环境建设发展是必不可少、大势所趋的应有之义。

应该看到，当前我国无障碍环境建设与经济建设和社会发展水平还不相适应，无障碍环境建设还面临着诸多亟待解决的困难和问题；我国法律中关于无障碍的规定还不系统、不规范，法律之间缺乏有效衔接，而且多部专业领域的法律中未涉及无障碍环境建设的规定内容，因此，需要整合并形成系统完善的无障碍专门法律，强化无障碍法规政策实施落地的切实举措，进一步以法治来推进无障碍环境建设与国家社会经济发展和人权保障成果的融合，以法治来建立新冠肺炎疫情防控工作中的无障碍环境保障长效机制，以法治来促进无障碍环境护佑人民群众生命安全和身体健康，以法治来保障我国无障碍环境建设持续健康高质量发展，满足社会全体成员对无障碍环境建设日益增长的迫切需求。

无障碍环境建设立法已成为当前重要课题，是新阶段推进无障碍环境建设的必然所需，亟待加快无障碍环境建设立法进程。无障碍环境建设是一项整体的社会改造工程，不仅需要政府的主导，还需社会力量，特别是科研机构、社会组织等的广泛参与。无障碍立法既要立足现实，也要有前瞻性，要在中国特色社会主义法治体系之下探寻无障碍建设的法治保障，满足广大社会成员日益增长的无障碍需求，实现无障碍环境建设的高标准、高质量发展。

借《国家无障碍战略研究与应用丛书》（第二辑）出版，向促进社会美好和谐发展的中国无障碍事业致敬！向丛书全体编创人员表示感谢和敬意！

2021 年 11 月

国家无障碍战略研究与应用丛书（第二辑）

顾　问

叶静漪　庄惟敏　吕世明

前 言

习近平总书记指出,随着联合国《残疾人权利公约》和《2030年可持续发展议程》实施,保障残疾人平等权益、促进残疾人融合发展越来越成为国际社会和各国的普遍共识和共同行动。残疾人是社会大家庭的平等成员,是人类文明发展的一支重要力量,是坚持和发展中国特色社会主义的一支重要力量。促进残疾人全面发展和共同富裕是现代化新征程的前进方向和奋斗目标之一,研究无障碍与残疾人社会融合既是关键的基础性问题,又是重要的时代课题。当前残疾人平等参与社会、平等发展还面临不少困难和障碍。促进残疾人全面发展和共同富裕,无障碍既是手段也是目标。加快无障碍环境建设是促进人权事业全面发展的重要体现和基础,有利于促进老年人、残疾人等特殊群体的独立生活和社会融合,完善共建共治共享的社会治理制度。

立足新发展阶段,面向第二个百年奋斗目标,以习近平总书记"无障碍设施建设问题,是一个国家和社会文明的标志,我们要高度重视"的重要指示精神为指导,本书深入研究了无障碍与残疾人社会融合的理论基础、实现路径、实践探索和法治保障等问题,拓展了无障碍环境的社会价值,把无障碍环境的人文价值提升到一个新的高度,共包括八章内容,在系统化整合课题组成员前期阶段性研究成果的基础上,又深入研究了残疾人社会融合的内在权利基础和外部保障支撑,为无障碍环境建设提供了坚实的理论基础和重要的立法参考。

第一章《新时代我国残疾人社会融合问题研究》提出社会不同群体间的相互融合是一个复杂的动态过程,要促进残疾人更好地融入社会、实现自我价值，需要充分理解残疾人社会融合的理论界定与实践经验，以此为基础完善新时代残疾人社会融合多领域综合保障机制体系，推动残疾人平等参与和全面融合。通过梳理和分析新时代我国残疾人社会融合的思想渊源，系统研究了残疾人社会融合的理念、内涵、实践、原则及思路，分析得出应当秉持平等原则、倾斜保障原则、充分融合原则来推进新时代我国残疾人社会融合，并且通过加强制度设计，完善制度框架，构建友好环境，健全设施建设，注重社会引导，实现良性互动，完善社会保障，促进自我认同，推动教育融合，构建全纳教育等方式，将我国残疾人社会融合体制机制建立起来，为我国残疾人对美好生活的向往凝心聚力，彰显大国担当，推动相关研究向世界一流水平迈进。

第二章《无障碍与残疾人社会融合》具体阐述了无障碍的基本内涵以及无障碍与社会融合的关系。通过系统总结国内外无障碍的内涵和外延，提出从三个视角全面理解无障碍：一是人的权利视角，即无障碍权利；二是环境视角，即无障碍环境；三是人和环境交互视角，即无障碍。坚持以人为本，无障碍权利是根本，建设无障碍环境是途径和任务，实现无障碍是最终目标。无障碍是残疾人社会融合的基础和前提条件，残疾人社会融合是无障碍的结果和体现。当前我国残疾人社会融合状况并不乐观，根本障碍在于缺乏无障碍环境。因此，我国应深入总结实践经验并借鉴国际有益经验，契合国家完善法治建设的要求，加快无障碍环境法的出台，在法治轨道上推进无障碍与残疾人社会融合。

基于残疾人社会融合的内在权利基础，第三章研究了重大突发公共卫生事件下残疾人的健康融合问题，在新冠疫情传播蔓延的背景下，从残疾人的健康权利、健康管理和健康保护三个方面展开讨论残疾人健康融合的现状和挑战，对未来新冠疫情可能常态化的发展趋势下残疾人健康融合的政策建议提供参考。第四章研究了新时代残疾人融合教育发展问题，系统概述我国残疾人融合教育发展概况；以新冠疫情防控背景下"停教不停学"，调查研究残疾人在线教育质量状况和问题，并提出相应的对策；以镇江特教模式作为典型案例，说明残疾人从融合教育走向社区融合的具体实践；最后提出新时代残疾人融合教育发展的路径选择。

　　基于残疾人社会融合的外部保障支撑，第五章到第七章分别研究了残疾人社会融合的法治保障、信息融合和舆论传播。第五章梳理了残疾人社会融合的政策法规保障体系，审视残疾人社会融合法治体系的制度空缺和不足，提出应建立残疾人社会融合法治体系应急机制，更好地为残疾人社会融合提供保障。在新时代信息技术不断创新的背景下，第六章提出残疾人信息融合是社会共同面对的发展问题，将推进残疾人信息无障碍事业，在服务残疾人的各个层面发挥重要作用。第七章通过总结残疾人社会融合在媒介镜像、公众舆论和对外传播上的特点和规律，分析了舆论传播现状和存在的问题，提出加强残疾人社会融合舆论传播的对策和建议，以期推动残疾人社会融合进程。

　　为促进残疾人社会融合，第八章鲜明旗帜地提出加快无障碍立法的建议。无障碍已成为国际公认的一项重要权利，而且与其他基本权利的实现密切相关。第八章系统阐述了我国无障碍立法的必要性和可行性，从依法治国的基本方略角度探讨无障碍立法在完善法治体系中的重要意义。无障碍立法对于引领全体社会成员正确理解和维护无障碍环境，对于我国残疾人事业和人权事业的发展都具有重要的推动作用。在无障碍立法中，应当参考域外无障碍法体例，比较不同的立法模式，建立以权利为本位，以物质无障碍、信息无障碍、社区服务无障碍为主干，强化无障碍环境的监督和管理，完善法律责任，加大违法成本，从而建立和完善具有中国社会主义特色的无障碍法律制度。

　　本书是国家社科基金重大项目"新时代我国残疾人社会融合问题研究"（19ZDA147）的阶段性研究成果，在北京大学法学院教授叶静漪的领衔下，由课题组成员集体编著。第一章作者是北京大学法学院教授叶静漪、北京大学法学院博士研究生苏晖阳，主要内容发表于《人口与发展》2021年第1期。第二章由北京大学人口研究所教授陈功、南京特殊教育师范学院副教授孙计领完成。第三章由北京大学人口研究所副教授张蕾和北京大学人口研究所硕士研究生贾祎灿、薛以迪、周弟完成。第四章执笔人是南京特殊教育师范学院孙计领和李泽慧，部分内容已发表于《现代特殊教育》2020年第14期、《现代特殊教育》2021年第2期、教育部官方网站。第五章由中国人民大学法学院教授黎建飞、中国人民大学法学院博士研究生窦征、新疆财经大学法学院讲师阿梅娜·阿布力米提、北京外国语大学法学院讲师武宜萱完成。第六章由中国残联信息中心李慕梓、万盛、徐桂花、张天舒完成。第七章由新华社研究院周燕群、程征、陈怡和参考消息报社张诚完成，部分内容发表于《残疾人研究》2021年第2期。第八章作者是中国人民大学法学院教授黎建飞，中国人民大学法学院博士研究生窦征、施婧葳、李丹，主要内容发表于《残疾人研究》2021年第1期。感谢北京大学人口研究所博士生刘尚君、康宁、索浩宇、吴振东，硕士生刘梁，中国劳动关系学院副教授张奎，福建江夏学院副教授王碧英在资料收集与整理等方面的贡献。

恳请同行专家与广大读者朋友批评指正。

编者

2021年9月

目　录

第一章

新时代我国残疾人社会融合问题研究

第一节　问题的提出

　　残疾人是人类大家庭的平等成员，尊重、关注与保障残疾人群体，推进其社会融合，是国家义不容辞的责任，也是全社会人文关怀的温情体现。2010 年末我国残疾人总数约为 8502 万人，其中重度残疾 2518 万人，中度和轻度残疾人 5984 万人。[①]残疾人群体相对于健全人群体而言，在肢体、语言、听力、精神、智力或多重方面存在某些长期缺损，[②]生理层面的原因使得残疾人在日常工作、生活中会遇到客观上的障碍，也导致残疾人群体受到精神层面上的忽视甚至歧视，整体社会接纳程度依旧有待提高，难以和健全人一样平等、充分地参与社会生活。数千万残疾人亟待国家和社会更加重点的关注，也亟待被纳入经济社会生活发展规划的范畴进行专门考量。

　　由于残疾人群体在生理与心理层面上处于相对欠缺优势的地位，因此需要在多个层面上予以倾斜保障也成了全社会的普遍共识。1945 年颁布的《联合国宪章》，在序言部分即强调将"人权"和"平等"作为世界人民的基本信念。1948 年《世界人权宣言》重申了"人"皆有权平等享受在社会中的一切合理的权利。此后，联合国及有关国际组织、国际会议通过了一系列涉及残疾人的重要文件，世界各国纷纷开始制定残疾人权益保障相关的法律。我国也一向高度重视对残疾人群体的保障工作，自《中国残疾人事业五年工作纲要（1988—1992）》实施以来，特别是进入新时代以来我国对残疾人事业的重视、工作和保障更是多见成效，至今已经初步形成了以《中华人民共和国宪

---

① 参见中国残疾人联合会：《2010 年末全国残疾人总数及各类、不同残疾等级人数》，载中国残疾人联合会官网：http://www.cdpf.org.cn/sjzx/cjrgk/201206/t20120626_387581.shtml，2020年 12 月 16 日最后访问。

② 参见《残疾人权利公约》（Convention on the Rights of Persons with Disabilities）的第一条，对残疾人群体的属性进行了相关界定，同时阐明了这些损伤与各种障碍相互作用，可能阻碍残疾人在与他人平等的基础上充分和切实地参与社会。

法》为基石，以《中华人民共和国残疾人保障法》为核心，包括各层级相关法律、法规和规章在内的残疾人权利保障法律体系。

但是我国在残疾人融入社会这一层面，仍然存在一些亟待解决的问题。残疾人的社会融合，是对残疾人的认识从"救济对象"转变为"权利主体"，以普惠与特惠相结合、一般与特殊保障相结合的原则为指导，遵循"平等、参与、共享"的理念，实现法律、教育、信息、就业及社会保障、媒体、无障碍等方面与社会的充分融合，确保残疾人能够依法充分享有宪法和法律所规定的权利，履行义务，获得公正的、必要的机会和资源，正常享受社会福利，全面参与经济、社会和文化生活，促进残疾人在社会中实现平等全面的发展。那么，在大力推动残疾人社会融合的大背景和总要求下，如何从法律、教育、信息、就业及社会保障、媒体、无障碍等多个角度立体地推动残疾人融合进程？如何激励残疾人主动参与、积极融入社会生活，平等享有相关权利？如何在日常社会生活中充分保障残疾人的身心健康？如何形成更加常态化的体制机制和社会氛围保证残疾人事业和社会融合进程高质量推进及发展？如何在这个复杂且动态的过程中，有效促进残疾人更好地融入社会、实现自我价值？这都需要对相关理论、思想与实践展开更深层次的梳理与研究，需要更加深入且充分地理解残疾人社会融合的理论界定与实践经验，并以此为基础完善新时代残疾人社会融合多领域综合保障机制体系，推动残疾人平等参与和全面融合。

第二节　新时代我国残疾人社会融合的思想渊源

党的十八大以来，我国残疾人事业蓬勃发展，残疾人权益保障制度不断完善，残疾人的社会融合取得很大进展。深刻理解我国残疾人社会融合的思想渊源，需要从三方面掌握其内涵。一是深刻理解和运用马克思主义思想的精华，二是立足于中华民族优秀传统文化，三是吸收西方哲学思想中可借鉴的思想资源。在以马克思主义思想为指导的基础上，融贯中西优秀思想文化资源，为更好地推动残疾人的社会融合奠定坚实的思想基础。

从马克思主义思想来看，残疾人的社会融合是理论逻辑和实践逻辑相结合的必然要求。辩证唯物主义指出，普遍联系是社会生活中的基本准则。社会融合充分体现了普遍联系的观点。残疾人作为社会成员的组成部分，也和社会其他群体处于普遍联系之中，推动其社会融合，就是创造条件，消除社会对残疾人融入社会人为制造的各方面障碍，使之平等参与社会生活。实践唯物主义以实践为基本观点，阐释了实践是认识的基础和来源，认识随着实践的发展不断深化。我国社会对残疾人的认识经历了一个逐步深化的过程。最开始的感性认识是把残疾人当作需要救济的对象，随着实践的发展，逐渐深入理解残疾人作为权利主体的主体性，更加关注残疾人在政治生活、教育、就业、文化等方面越来越突出的需求，残疾人从原先的"救济对象"转变为"权利主体"，这一认识的转变更接近残疾人参与社会生活的本质规定性。从社会融合的角度促进残疾人发挥自身的主观能动性，将"每个人的自由发展是一切人的自由发展的条件"①规定为人之为人的真正权利，对于保障残疾人的政治、经济、文化权利，帮助他们融入正常社会，是实现其全面而自由的发展，具有符合匹配残疾人自身利益和发展规律的重要意义。

从中华优秀传统文化看，促进残疾人的社会融合，集中体现在儒家"仁爱"思想之中。儒家将"仁"作为人的本质规定，孟子在对"仁"思考中发现了人性内在的"恻隐之心"，并认为人的恻隐之心作为仁之发端，自发推动着人去关爱他人，守望相助。②这种互助的过程就是推进残疾人社会融合必不可少的交往条件。与此同时，儒家"仁爱"的思想不仅体现在"爱人"，③更是具有自反性的"自爱"，即在实现自我价值的目标意义上，每个人都是具有无限可能的行动主体，残疾人的志向、目标、梦想一样值得全社会给予支持，

---

① 《共产党宣言》中写道："代替那存在着阶级和阶级对立的资产阶级旧社会的，将是这样一个联合体，在那里，每个人的自由发展是一切人的自由发展的条件。"

② 《孟子·公孙丑章句上》中记载："人皆有不忍人心者，今人乍见孺子将入于井，皆有怵惕恻隐之心。"

③ 《论语·颜渊》中记载："樊迟问仁，子曰：爱人"，这表明"成人"的过程就是一个"求仁"的过程。

为包括残疾人在内的每一个人提供自我实现的平等机会。孔子提出"有教无类"①的教育思想影响了后世几千年，残疾人和健全人一样，拥有平等的受教育的机会和权利，推动残疾人在教育方面的社会融合，能够为其他领域的社会融合奠定丰厚的思想基础。

除此之外，从上古尧帝到青铜时代，国家便有对于社会特殊群体的关注和扶持。②春秋战国时期对残疾人实施居养政策，收养残疾人并负责其起居饮食，并在徭役、赋税方面对残疾人减免义务。③战国初期，墨子提出"兼相爱，交相利"主张，社会的和谐需要全体成员相互之间的"兼爱"，这意味着每个人都是作为平等的主体而与他人交往，本质上是通过制度建设促进包含残疾人在内的各个群体更好地参与社会政治经济生活。唐代设有"两京悲田养病坊"，旨在救助老幼废疾无依无靠者。宋代大儒朱熹于乡里建立社仓，以弥补官方赈济之不足，这些从社会整体视角，为今天残疾人的社会融合提供了思考。

从西方哲学思想中可借鉴的资源来看，西方思想家很早便从社会共同体的角度去看待特殊群体。柏拉图在《理想国》④中指出，理想国并不是为了某一个阶级的幸福而单独存在的，其目的是要实现全体公民的最大幸福。这意味着需要从总体性的视角去平等看待社会中的每一个成员，每个人作为社会共同体的一员，实现自我的社会融合与帮助他人实现社会融合是相统一的。亚里士多德将人性论的规定和社会共同体的属性相关联，认为善是人类的自

---

① 《论语·卫灵公》中记载："子曰：'有教无类。'"

② 《尚书·尧典》中就记载了以德治国、修己安民的思想，《尚书·大禹谟》首次提出了"政在养民"的思想，《月令》还存有夏王朝"养幼少，存诸孤"的记载。无论是《尚书》中记录的殷王的"无弱孤有幼"，还是《史记》中对于周文王的"笃仁、敬老、慈少"的记录，抑或是《礼记·王制》中对于救济鳏寡孤独的清楚说明，都能看出古代帝王对于民生疾苦的关注。周朝还设有"保息六政"的政策，即是指慈幼、养老、振穷、恤贫、宽疾、安富。据《周礼》注疏，振穷即对鳏寡孤独残疾实行赈济，宽疾即对残疾人等免除役事。"振穷""恤贫""宽疾"的具体办法和措施中，赈谷应是首要和主要的。周代还有乡师、乡大夫、遂师、遂大夫、族师等各级官员，负责对残疾人等进行救济品的发放。

③ 《管子·度地》写道："常以秋岁末之时阅其民，案家人比地，定什伍口数，别男女大小，其不为者辄免之，有病疾不可作者疾之，可省作者半事之。"也就是说，仍能从事某些劳作的残疾人也可以减免一半的徭役。

④ 苏格拉底在与阿德曼托斯交流时讲到"我们建立这个国家的目标并不是为了某一个阶级的单独突出的幸福，而是为了全体公民的最大幸福"。

然本性和发展目的，个人对于善（幸福）的追求与城邦的共同善（集体利益）是协调一致的，个人需要在共同体之中追求城邦的整体幸福，这提醒我们要在共享的理念中去与他人相处，并为每个社会成员提供平等的发展空间，由此才能实现社会融合。

人具有共同体成员和个体权利主体的双重属性。近代以来，西方哲学关于个人权利的相关论述，为把残疾人理解为"权利主体"奠定了一定程度上的思想基础。根据格劳秀斯（1583）和霍布斯等人的自然权利学说，社会应当承认人的自我保存权利，在自我保存的前提下需要我们关心社会其他成员的生存权和发展权①。洛克进一步从劳动权和财产权的视角完善了人权理论，为当代残疾人在社会中的平等受教育权和就业权提供了理论基础。文艺复兴时期的人道主义对人的本质、价值和个性的肯定，使得有尊严地、幸福地生活成为人权的基本要求。法国大革命时期启蒙思想家们宣扬的天赋人权思想，主张自由、平等、博爱，每个人都应享有正常生存、得到尊重和自由发展的权利。这提醒我们当今要切实关注并实现残疾人在社会各方面的权利，使其在各个领域真正实现与社会的融合，促进自身的全面发展。

公共正义②是包括残疾人在内的每个人的共同追求。从罗尔斯的正义理论看，我们不仅要承认和贯彻平等自由原则和机会公平平等原则，更重要的是要充分承认差别原则的合理性，即社会制度应当去满足最少受惠者的最大利益。威尔·金里卡（2001）③的少数群体权利理论也告诉我们，要根据社会现实情况去实现少数群体的基本权利，就教育领域的残疾人社会融合而言，一方面要保障"起点公平"，确保残疾人群体可以享有平等的受教育权；另一方面，要逐步发展到"追寻差异性公平"，关注残疾人个体的学习需求和需要，尊重个体多样性。总之，我们不能抽象地和形式地去思考残疾人的社会融合，而应当设身处地站在其立场上，在各个方面针对性和切身性地助力其实现社会融合，从而达到实质正义。

---

① 格劳秀斯在其所著的《捕获法》中提到，"首先，要允许人们保护自己的生命并且躲避那些会对自己造成威胁与有害的东西；其次，要允许人们为自己谋求并且保留益于生命之物"。

② 公共正义是属于罗尔斯公平正义观的论述中非常重要的一个部分，罗尔斯相信，在民主社会中，各种价值观之间有可能就公共正义问题通过重叠共识达成一致，以此应对多元价值与公共整合之间的紧张。

③ 威尔·金里卡. 少数的权利. [M]. 邓红风，译. 上海：上海人民出版社，2005.

在新时代，在吸收中外优秀哲学思想精华的基础上，更需要发展"平等、参与、共享"的新发展理念，把残疾人社会融合事业发展得更加壮大。在这里，"平等"指的是非排斥性，不为残疾人的社会参与设置障碍；"参与"强调了残疾人作为社会成员获得全面发展的权利和作为社会主义建设重要力量的地位；"共享"表明了残疾人作为社会成员分享改革成果和发展红利的正当权利。在贯彻这一新发展理念的过程中，需要进一步将中华优秀传统文化的"仁爱"思想转化为社会正义的理念，将个人道德要求转化为公共领域中的伦理价值规范，同时吸收西方可借鉴的伦理思想资源，伴随实践发展去不断丰富和深化对残疾人社会融合思想基础的认识，发展出具有中国特色、中国风格、中国气派的残疾人社会融合理念。

长期以来，以习近平同志为核心的党中央始终高度重视残疾人事业，为残疾人社会融合提供了坚强的组织保障和各方面支撑。习近平总书记指出，残疾人是人类大家庭的平等成员，要实现"一个都不能少"的目标也为新时代残疾人的社会融合发展提供了方向和指引。习近平总书记指出，"残疾人是一个特殊困难的群体，需要格外关心、格外关注。让广大残疾人安居乐业、衣食无忧，过上幸福美好的生活，是我们党全心全意为人民服务宗旨的重要体现，是我国社会主义制度的必然要求。"推进残疾人的社会融合作为构建社会主义现代化国家的重要内容，必须着眼于整体，着眼于长远，着眼于制度来谋划。习近平总书记曾勉励截瘫伤员说，"健全人可以活出精彩的人生，残疾人也可以活出精彩的人生。"面向未来，站在中华民族伟大复兴战略全局的高度，我们应当坚定树立残疾人是坚持和发展中国特色社会主义的重要力量的观念，为残疾人提供更加广阔的发展空间和追求进步、施展才华的平台及舞台，为残疾人平等参与社会生活创造更好环境，在新的历史起点上加快实现我国残疾人的社会融合。

第三节 我国残疾人社会融合现状

改革开放 40 多年来，党和国家对残疾人事业越来越重视，残疾人权益保障的观念也从原本注重物质补贴转为更加重视自身能力培养、自身价值的实现。中国特色社会主义残疾人事业取得了快速发展，并深度融入中国特色社会主义事业社会经济发展的大局中，成为中华民族伟大复兴战略全局中重要且坚实的一步。当前，我国残疾人法律保障机制不断完善，无障碍环境建设稳步推进，对残疾人和善友好的融洽社会氛围也越来越浓厚。但随着新时代我国社会主要矛盾的转变，对于残疾人群体日益增长的美好生活的需要，当前的社会融合发展仍存在着诸多不足，有待进一步完善。十九届五中全会提出到 2035 年基本实现社会主义现代化的远景目标，人民平等参与、平等发展权利得到充分保障。基于残疾人特殊的自身条件，给予其必要的特殊关怀与保障，有利于残疾人更平等地在实质上享有权利与履行义务。

一、总体制度保障：法律法规基本覆盖

完善的法律法规体系是实现残疾人公民权利的有力保障，也是推进和落实各项残疾人社会融合工作的必要前提。我国残疾人法律法规体系主要包括以下几个部分：主体法律、在具体领域对残疾人权益实施保障的法律、行政法规，以及该领域其他规章、规范性文件、地方性法律法规中对残疾人权益保障有关的内容。

残疾人权益保障的主体法律是 1991 年颁布的《中华人民共和国残疾人保障法》（2018 年修订）。在具体领域对残疾人权益实施保障的行政法规包括 1994 年颁布的《残疾人教育条例》（2017 年修订）、2007 年颁布的《残疾人就业条例》、2012 年颁布的《无障碍环境建设条例》和 2017 年制定的《残疾人预防与康复条例》等。在其他法律，例如民法、刑法、婚姻法、教育法等重

要法律规范中也都有涉及残疾人权利保障的具体规定，《中华人民共和国民法典》中更是主导构建了我国残疾人民事权利保护的制度体系，以实现残疾人与其他人在民事法律关系中的平等地位。[①]

　　总体来说，我国在残疾人总体制度建设方面已经基本实现了从"概括指向残疾人权益"到逐步覆盖残疾人就业、教育、社会保障、社会福利、医疗康复等各领域、全方位的法律体系；从只有在法律和行政规章层面对残疾人权益做出的总体性、原则性的规定，到地方性法律法规、政策中同样对残疾人权益进行因地制宜的具体化规定的巨大进步。同时，国务院残疾人工作委员会、中国残疾人联合会为残疾人事业的发展提供了坚强的组织保障和事业支撑，我国还尝试在法律实施过程和具体司法实践中，积极推动残疾人权益保障落到实处。

　　我国虽然已经初步建立起较为完备的有关残疾人权利保障的法律法规体系，但经过对主要条文的分析可以发现，现阶段对残疾人提供的制度保障，并不是通过确定的权利义务关系来明确参与残疾人保障工作主体的责任，一定程度上缺乏可执行力，难以得到有力的保障。此外，我国法律法规仍相对注重"扶弱"和"助残"，在为残疾人社会融合创建全面无障碍环境、提供发挥个体潜能平台等方面仍较为缺乏。

二、刚性环境建设：设施建设与信息通达

　　建设适于残疾人生活的无障碍设施，是在物质层面上为残疾人去除障碍，为其平等行使生存权与发展权提供基本前提。自2012年我国《无障碍环境建设条例》施行以来，在党委领导、各级政府推动、各级残联组织配合、残疾人参与以及社会各界的大力支持下，"平等参与、共享融合"的无障碍理念逐步深入人心，以物质环境、信息交流、社区服务无障碍为主的公共场所无障碍环境建设工作快速发展。[②]国家"十四五"规划纲要中也强调了要"健

---

① 王治江. 实现平等：《民法典》保障残疾人权益的基本理念与价值追求 [J]. 残疾人研究，2020(3)：3-9.

② 参见中国残联副主席吕世明在《无障碍环境建设条例》实施三周年有关情况发布会中的发言：http://www.scio.gov.cn/m/xwfbh/xwbfbh/wqfbh/2015/20150803/tw33183/Document/1443169/1443169.html，2020年12月16日最后访问。

全老年人、残疾人关爱服务体系和设施""提升残疾康复服务质量"。

在"用得上""用得起"的基础上,"十四五"期间致力于让残疾人"用得好"。作为无障碍环境的重要组成部分,基础设施是服务残疾人的物质载体。基础设施的建设完善有利于推动残疾人赋权增能、改善残疾人生活质量、促进残疾人社会参与,是实现社会权利的重要途径。[①]2012年以来,住建部联合有关部门开展无障碍市、县创建工作,在相关责任部门的主导下,逐步明确并贯彻落实无障碍设施建设标准、无障碍出行设施标准等各行业标准规范文件。[②]盲人按摩、盲人阅览室等基层残疾人康复、托养和综合服务设施建设规范和标准也进一步推动完善。截至2019年,全国已出台537份省、地市、县级无障碍环境建设与管理的行政法规和规范性文件;1737个地市、县已展开系统化无障碍环境的建设;全国参与无障碍培训的人数达到4.9万人,对无障碍环境建设检查达3261次;有关部门为136万残疾人家庭进行了无障碍改造,其中包括15.3万严重贫困的残疾人家庭;并为47.4万残疾人发放了针对残疾人机动轮椅车的燃油专项补贴。[③]

残疾人服务设施建设也得到了全面发展。截至2019年底,全国已竣工的各级残疾人综合服务设施共有2341个,总建设规模达584.5万平方米;已竣工的各级残疾人康复设施共有1006个,总建设规模达414.2万平方米;已竣工的各级残疾人托养服务设施共有887个,总建设规模达251.3万平方米。5.8万农村贫困残疾人家庭已经实现了危房改造。[④]根据联合国《亚太残疾人十年》的衡量指标,我国许多城市的无障碍环境建设相较于发达国家同等类型城市已毫不逊色。[⑤]

残疾人信息无障碍建设是在信息文化融合层面上为残疾人去除障碍、消

[①] 凌亢,白先春,等. 中国残疾人事业发展报告2006-2015 [M]. 北京:中国统计出版社,2017:213-216.

[②] 参见交通运输部党组成员、运输服务司司长刘小明在《无障碍环境建设条例》实施三周年有关情况发布会中的发言:http://www.scio.gov.cn/m/xwfbh/xwbfbh/wqfbh/2015/20150803/tw33183/Document/1443169/1443169.html,2020年12月16日最后访问。

[③] 数据来源:《2019年中国残疾人发展统计公报》。

[④] 数据来源:《2019年中国残疾人发展统计公报》。

[⑤] 参见王晓慧:《"亚太残疾人十年"阶段性成果显著 将进一步推动国际残疾人事业共同发展》,载华夏时报网,https://www.chinatimes.net.cn/article/72840,2020年12月21日最后访问。

除鸿沟，推动残疾人积极参与数字经济、融入大数据时代、共享数字化生活的基本前提。大数据、云计算、人工智能、5G 技术的快速发展，对残疾人无障碍建设提出了更高要求，努力破除残疾人群体在信息交流融合上的壁垒显得尤为重要。我国相关主管部门结合行业特点，从专项政策支持、信息无障碍标准体系建设、电信普遍服务推进、信息技术赋能、公益信息服务等方面多管齐下，联合各行业持续推动残疾人事业发展，取得了信息基础设施建设不断完善、残疾人信息消费成本不断减轻的成效。

2020 年 9 月，由工业和信息化部、中国残疾人联合会联合发布实施的《关于推进信息无障碍的指导意见》，要求加快推进我国信息无障碍建设，消除残疾人群体的"数字鸿沟"，通过信息技术赋能，实现社会包容性发展，助力残疾人群体在信息文化层面上实现更好的社会融合效果。在指导意见的推动下，"十四五"时期，"新基建"的建设完善、信息无障碍终端产品供给的提升、互联网无障碍化的普及、信息无障碍产业化的发展等，将有效推动信息基础设施与无障碍环节融合发展，这对于破解我国信息无障碍产业规模化不足、信息无障碍终端产品和服务供需对接不畅、市场主体自发参与建设积极性缺乏等问题，将发挥重大作用。

三、柔性环境创造：融合发展与社会语境构建

残疾人社会融合是社会环境与自我的双重构建的过程，需要社会为残疾人营造平等和融洽的社会环境，也要求残疾人在社会生活中持有融入社会和环境的积极意识。

健全、丰富的融合教育是残疾人提升自我能力的必要基础，广义的融合教育指所有残疾人都能够完全融入普通的教育系统，包括接受高等教育、职业教育、成人教育乃至实现终身学习。[1]融合教育作为残疾人融合事业的重要组成部分，是残疾人能够真正"活出精彩人生"的重要保障，其关键地位不可忽视。

近年来，我国特殊教育的受重视程度不断提高，特殊教育经费不断增

---

[1] 吴文彦，厉才茂．社会融合：残疾人实现平等权利和共享发展的唯一途径 [J]．残疾人研究，2012(3)：36-44．

长，其增长率高于教育经费总投入的增长率。[①] 截至 2019 年，全国共有特殊教育学校 2192 所，特殊教育在校生达到 79.5 万人，[②]3.6 万名残疾的青壮年文盲接受了国家提供的扫盲教育。[③]

但鉴于融合教育推进的特殊性，在当下也存在着相应的问题，例如：特殊教育建设参与主体较为单一，不能充分发挥社会主体的力量，无法实现家庭教育、学校教育、社会教育相互配合的良好状态；教育教学方法、管理模式的规范过于笼统，缺少细化规定，难以适应新时代下残疾人社会融合的新要求。[④]

对此，国家出台的"提升计划""实施细则"等制度文本对我国特殊教育制度体系做出了有效的补充，且为残疾人获取相应的信息便利也是《残疾人保障法》所规定的"政府责任"。[⑤] 新出台的《第二期特殊教育提升计划（2017—2020 年）》正式确立了"以普通学校随班就读为主体、以特殊教育学校为骨干、以送教上门远程教育为补充"的特殊教育基本方针，建立了我国特殊教育多元教育格局，丰富了特殊教育参与主体。2017 年修订的《残疾人教育条例》也指出了改革方向，要求积极提高残疾人教育质量、推进融合教育。残疾人社会融合进程在媒体建设方面取得了丰硕的成果：截至 2019 年底，全国共有省级残疾人专题广播节目 25 个、电视手语栏目 32 个；地市级残疾人专题广播节目 219 个、电视手语栏目 272 个。[⑥] 中国残联还建立了网络舆情监测平台，推出了依托网络的残疾人服务地图和微服务平台。[⑦] 总体来看，虽然当前公众对残疾人社会融合的认知程度依旧偏低，但随着近年来社会媒体对残疾人群体的报道更加深入，正面友善的媒体报道极大地促进了对残疾人友好融洽的社会氛围的形成，将有利于残疾人群体实现更充分的社会融合效

---

① 数据来源：《中国教育经费统计年鉴》。

② 数据来源：《中国统计年鉴（2019）》。

③ 数据来源：《2019 年中国残疾人发展统计公报》。

④ 吴琼星，庞文. 发展型残疾人教育政策：理论构建与实践理路［J］. 襄阳职业技术学院学报 2020(5)：43-48.

⑤ 叶静漪，苏晖阳. 社会法转型与进路研究［J］. 北京大学学报（哲学社会科学版），2020(5)：120-130.

⑥ 数据来源：《2019 年中国残疾人发展统计公报》。

⑦ 郑功成. 中国残疾人事业发展报告（2017）［R］. 北京：人民出版社，2017：252-254.

果。[①]

社会保障方面，我国从 20 世纪 90 年代开始便贯彻集中与分散相结合的方针按比例落实残疾人就业，同时用辅助性就业和公益性就业的方式，在支持性就业的探索中，为残疾人就业途径的拓宽、就业增收等提供助力。对于无劳动能力、无抚养人或者扶养人不具有扶养能力、无生活来源的残疾人，以最低生活保障制度为基础，辅以教育救助、就业救助、住房救助、医疗救助、扶贫救助等制度系统，特别是困难残疾人生活补贴制度和重度残疾人护理补贴制度，为残疾人民生保障构筑起"包围性"防线。全人群和全生命周期的残疾预防工作也在《残疾预防和残疾人康复条例》的要求下上升到更加重要的地位，有需求的残疾儿童和持证残疾人依托于专业康复机构和社区康复站、基层医疗卫生机构，基本实现了基础康复服务的全覆盖。

第四节　国外残疾人社会融合的理念、内涵与实践

一、国外残疾人社会融合理念的发展

国外社会融合的概念及其理念定义研究，自 20 世纪初就已在自杀现象的相关研究当中明确出现（Durkheim，1951），后逐渐延伸至流动人口、移民、婚姻家庭等相关的研究之中。有学者提出社会融合的核心是感知融合，重点观测包括某个个体在某一群体中的归属感以及作为该群体的成员的精神感受（Bollen，Hoyle，1990），也有学者从社会心理学的层面进行研究，称之为"使成员留在他们所在的群体中的力量"（Festinger. L，1950），主要关注于让某个群体关系维系和延续的主观驱动力，后来其关注的侧重从原因机制转向结果变量，将其定义为"所有使得群体成员留在群体中的力量的结果"。1995

[①] 程征，周燕群. 舆论监督在残疾人社会融合中的作用——以新冠肺炎疫情期间"湖北脑瘫儿事件"为例 [J]. 中国记者，2017(10)：73-77.

年在欧盟及地中海国家间启动的"巴塞罗那进程"（Barcelona Process），在其推进的过程中提出要统筹促进社会经济的发展与弱势群体的融合。欧盟也于2003年在关于社会融合的联合报告（The EU Commission Joint Report on Social Inclusion）中对"社会融合"做出了定义，其内涵主要是指向确保背负相关风险或遭受社会排斥的群体能够全面参与社会生活，享有平等的机会和福利，为其更多参与生活和决策提供保证。

随着应用范围的扩大，国外开始有学者以社会融合相关理论作为基础，逐步延伸关注残疾人社会融合的相关话题并展开了研究。美国学者费伊（1955）开发出一个量表，从自我接纳、接纳他人和对他人接纳自己的程度来感受三个维度评价接纳群体的社会融合倾向（W. F. Fey, 1955）。鲍勃·萨佩（1991）做了关于社会排斥和残疾人关系的研究，试图通过借助阐述社会因素的参与导致了残疾人群体权利的实现难度增加，来推动个体型残疾向社会型残疾转变的路径，以达到社会融合的目的（Oliver Michael, 1991）。斯梅尔赛（2001）也提出，社会融合处理的是某一个社会单元中个体或集体行动者的社会联系和互动的范围、频率和效果（如认同感等）的问题（Smelser N., Baltes P B, 2001），该概念可以依据研究对象和研究角度应用于包含残疾人群体在内的不同层次的社会单元、群体或组织。此外，不需要改良或者特别设计的通用设计（Universal Design）替代了无障碍设计（Barrier Free Design），将服务对象从残疾人扩大至所有人，可以为所有人在最大限度上提供便利，这不仅具有里程碑的意义，也被美国等多国的主流和立法所接受。这些相关研究涉及了对残疾人社会融合的较为基础性的研究与分析，但许多特点及特征较之以往有了许多转变，缺乏对于新时期和新形势下残疾人社会融合的研究。

无障碍环境建设作为残疾人社会融合的重要内容，其惠及面越来越广，可以为残疾人创造出更为友好的社会环境，也受到了国际社会和多个国家的重点关注。其理念支持的依据主要有以下三方面：其一是社会环境的残疾观，世界卫生组织于2001年10月发布的《国际功能、残疾和健康分类》（International Classification of Functioning, Disability and Health）更新了当中对于"残疾"一词的定义，认为残疾不仅是生理缺憾，更是一种包含了社会环境因素的复合状态，其相较于1980年发布的《国际缺陷、残疾和障碍分类》（International

Classificationof Impairments Disabilitie，and Handicaps），无论是理念还是应用等方面都有着巨大的变革；其二是社会分享说，其认为残疾人是社会发展的参与者和获益者，强调通过社会体系中的无障碍环境来促进机会均等的实现；其三是同化论和多元论的结合，从残疾人发展的角度处理残疾问题，关键是从物质环境、信息环境以及体制安排上，排除所有社会因素障碍以保证所有残疾人能够充分参与其中。

另外，自我意识也是社会融合的一个重要的组成部分。例如美国在 20 世纪 60 年代掀起的残疾人"独立生活运动"。不同于医疗模式下"独立生活"的定义即消除功能上的障碍，残疾人开始要求自主决定自己的生活方式，并逐渐意识到社会因素也是造成他们不能"独立生活"的重要原因，从而摆脱将社会环境视为给定因素的思维定式，呼吁全社会关注消除这种障碍。随后在日本、英国等国家，类似的运动也开展起来（Shapiro JE，1994），其也成为社会和权利模式残疾观的先期观点，一定程度上提升了残疾人的社会参与，也推动了残疾人社会福利相关观念的更新。法国学者勒内勒努瓦（Rene Lenoir）在 1974 年提出社会排斥[①]概念之后，也促使了后来兴起的逆社会排斥的相关行动。世界卫生组织和世界银行后来在 2011 年共同发布的《世界残疾报告》[②]中也提到，需要"提升公众关于残疾的意识和认知、相互间的尊重和理解有助于形成融合性社会"。

二、国外残疾人权利保障与社会融合的制度实践

国际社会和许多国家在此领域探寻通过立法及固定为制度的形式，来明确残疾人享有的政治、经济、文化、社会等方面的权利。如在国际层面，1982 年和 1993 年，联合国分别通过的《关于残疾人的世界行动纲领》（World Programme of Action Concerning Disabled Persons）和《残疾人机会均等标准规则》（Standard Rules on the Equalization of Opportunities for Persons with

---

[①] 英国政府对社会排斥的定义是："人民或者地区遭受到了失业、低技能、低收入、简陋的住房、高犯罪率、不健康和家庭破裂等问题的综合影响。"社会排斥重要的特点是，这些问题是相互关联和相互影响的，形成了一个复杂的变动的"怪圈"。

[②] 参见世界卫生组织与世界银行共同发布的《世界残疾报告》: https://www.who.int /disabilitie /world_report2011-06-09，2020 年 12 月 16 日最后访问。

Disabilities），强调无障碍环境建设在确保残疾人的平等权利的重要意义，第 61 届联合国大会更是通过了进入 21 世纪以来国际社会的第一个人权公约《残疾人权利公约》（2006），随后该公约于 2008 年 5 月 3 日正式生效。国际劳工组织也于 1983 年通过了《残疾人职业康复和就业的公约》（Vocational Rehabilitation and Employment（Disabled Persons）Convention），对残疾人在职业康复、就业方面的相关权利、原则、政策和措施等进行规定。

在国家层面，美国[①]、英国等国家也纷纷出台了相应法律法规，特别是许多国家在其本国的宪法中明确加入了反对残疾歧视的条款，力图解决伴随残疾出现的隔离和排除现象。据不完全统计，奥地利、巴西、斐济、芬兰、冈比亚、德国、加纳、马拉维、瑞士、乌干达等国的宪法，都作了反对残疾歧视的规定，对于推动残疾人社会融合起到了重要的法律制度保障作用。西班牙更是在 1982 年直接以残疾人社会融合为名进行立法，基于西班牙宪法中关于权利及人格尊严的相关条款，以联合国《精神病患者权利宣言》及《残疾人权利宣言》为出发点，制定了西班牙《残疾人社会融合法》（General Law on Rights of Persons With Disabilities and Their Social Inclu-sion），保障残疾人的社会融合和各项权利。

美国在残疾人社会保障方面的政策观念的发展，主要体现在主体身份的转变上。联邦政府从主要负责者逐渐转变为决策者和监督者，把更多权利和发挥的空间留给地方政府和社会，促进参与主体的多元化。1961 年，美国制定了世界上第一个《无障碍标准》，实现了无障碍设施最低标准的统一，随后将无障碍设计纳入法律体系中。此后，英国、日本等多个国家和地区也相继制定了相关法律、法规。[②]在残疾人融合教育领域，美国也出台了《障碍者教育法》（The United States Special Education Legidlation）《不让一个孩子掉队法案》（Every Student Succeeds Act），为残疾学生创造平等的、无差别的教育环境。

而英国政府实行"平等、多样性、融合"战略，于 1995 年通过了《反残疾人歧视法案》（The Employment Non-discrimination Against the Disabled），为

---

① 美国于 1990 年出台了《美国残疾人法》，英国于 1995 年颁布了《反残疾人歧视法案》。

② 英国于 1967 年出版了《方便残疾人使用的建筑标准》，随后于 1978 年颁布了《英国残疾人房屋设计标准行业法规》。日本于 1982 年发行了《无障碍化建筑设计标准》，并在 1993 年颁布的《残疾人基本法》中规定国家、地方团体等部门应采取的公共设施无障碍化。

了消除对残疾人的歧视，法案条款明确规定，在就业、社会服务、教育和交通方面歧视残疾人是违法行为，并在英国议会专门设立残疾人权利委员会。在融合教育方面，英国侧重于扶持残疾人教育中的高等教育部分，并以其为突破口推动整体融合教育的发展。

第五节　新时代我国残疾人社会融合的原则及思路

一、新时代我国残疾人社会融合的原则

（一）平等原则

"平等"是我国社会主义核心价值观中的重要内容之一，残疾人平等地融入经济和社会生活与发展是实现一个国家和地区真正繁荣的重要标志，是我国社会主义制度的本质要求。[①]

首先需要明确的是，这里所称的"平等"首先指的是形式上的平等，某种程度上而言也就是"机会平等"或"机会均等"，是指每个人作为抽象的人是平等的，也就是把人具体的个性全部舍弃，只保留作为人的属性[②]。就这个意义来说，平等原则可以被置换成不得歧视原则。

在《残疾人权利公约》中，平等对待和不得歧视占据重要位置，比如其明确世界自由、正义与和平的基础便是人们所拥有的尊严、价值、平等和不可剥夺的权利，并且强调需要保障残疾人不受歧视地充分享有这些权利和自由。[③]在《残疾人机会均等标准规则》中则明确规定"机会均等"，要求社会各

---

① 作为我国根本大法的《中华人民共和国宪法》，其中第三十三条也规定"中华人民共和国公民在法律面前一律平等"。

② 林来梵. 宪法学讲义 [M]. 北京：法律出版社，2011：358.

③ 参见《残疾人权利公约》序言。https://www.un.org/zh/documents/treaty/files/A — RES — 61 — 106. shtml，2020 年 12 月 18 日最后访问。

系统和环境都能够为所有人特别是残疾人享受和利用，同时也表明了其负有同等的义务。[①] 消除对残疾人存在的偏见与歧视，使残疾人顺利融入社会，摆在首位的便是要消除对残疾人存在的偏见与歧视，让残疾人享有和健全人同等的权利和人格尊严。[②] 如果不能保证这种形式上的平等，那么残疾人本应获得的支持与帮助就会被误认为国家和社会的施舍和恩惠，这并不是将残疾人当作平等的、有尊严的主体对待的表现。

我国过去将具有身心缺陷的人称为"残废人"[③]，而"残废"实际上是以是否具有劳动能力、是否能够就业、是否能够创造经济价值为尺度做出的一种评价，这折射出人们以创造经济价值为本而非以人为本的观念。在这种价值观主导下，残疾人在社会生活中一定程度上是被歧视、缺乏尊严的人。过去的"个体型残疾理论"也认为，残疾人自身伤残的结果是导致其所经受的问题的主要原因，因此在性质认定上仍然存在着残疾人和健全人之间"不正常"与"正常"的区分。残疾人应该去主动适应社会，克服诸多不便，而社会没有义务去适应和方便他的要求——而假使国家和社会为其提供了方便，那也只是出于一种怜悯和施舍，而非基于他的权利。

而如前文所述，现如今伴随着社会型残疾理论的普及，例如在我国台湾地区，"残疾"这一称谓已经被"身心障碍者"取代，这种称呼强调"残疾人"个人及其面临的不便或障碍并非社会问题的源头与社会的负担，恰恰相反，"残疾人"面临的不便或障碍大多是社会造成的，即"残损在个体，障碍在环境"。[④] 迈克尔·奥利弗（1983）也提出"社会型残疾观点的重要之处在于不认为残疾人自身有什么毛病，它摒弃了个人病理学模式……社会型残疾理论将目光聚焦于环境的改善，重视环境对残疾定义的影响，而不是仅仅强调残疾人对环境的适应"。

由此，残疾人或身心障碍者严格来说并非需要怜悯和施恩的对象，他们

---

① 参见《残疾人机会均等标准规则》。https://www.un.org/zh/documents/treaty/files/A-RES-48-96.shtml，2020年12月18日访问。

② 覃有土，韩桂君.略论对弱势群体的法律保护[J].法学评论，2004(1)：60-64.

③ "残废"这一称呼在我国1982年宪法中仍然保留。我国现行宪法第四十五条规定"国家和社会保障残废军人的生活"。

④ 何乃柱，李淑云.从"残废"到"障碍"：称谓的演变对残疾人社会工作的影响[J].社会工作，2013(4)：49-54+78+153.

在人格上和健全人完全一致，因此完全没有被歧视的正当基础。他们虽然需要社会提供与大多数人不同的条件才能正常生活，但这并不意味着健全人可以用一种居高临下的姿态"使之能"正常生活，而是社会通过提供条件"支持"他们的正常生活，因为他们本来就具有与健全人一样的人格，并且与大多数人一样平等地享有正常生活而不被歧视的权利。

（二）倾斜保障原则

罗尔斯在《正义论》[①]中提到，自然的不平等，例如出生伊始所享有的天赋、身体状况等难以通过提供均等机会的方式消除，而差别原则就是为了消除自然偶因所造成的不平等。依据差别原则，国家可以通过对教育、就业等资源方面的差别分配来对最不利者的长远期望进行改善。以受教育权为例，残疾人因其身体或者智力等原因，无法像非残疾人一样无差别地接受教育。一般情况下，对于留守儿童、贫困家庭子女等社会弱势群体只需要在学费、餐费等方面给予补贴或者减免就可以保证其接受正常教育，但是对于残疾人，给予与普通弱势群体相同的补贴或减免虽然满足了形式上的平等原则或非歧视原则，但仍然远远不够。[②]残疾人作为社会中的"最少受惠者"，在受教育方面面临着更大的挑战，需要国家和社会进行进一步的给付。基于此，在残疾人权益保护与推进残疾人社会融合过程中，有必要更侧重实质正义，根据残疾人实际需要给予针对性保障。因为"如果不问个人差异，一味统一平等对待，那么越是如此，越是有利于现实中具有强势特征的人，而不利于社会上的弱势群体"。[③]

也就是说，在"倾斜保障原则"中，"平等"的内涵被扩大了，它不应只局限于机会、资源获得层面的无歧视的"起点公平"，即能够使得残疾人与健全人在"同一起跑线"上竞争；同时也应由残疾人与健全人的差异化现实逐步发展到实现"差异化公平"：一方面需保障残障人群与社会一般人群平等地享有权利；另一方面则应考虑其因身体机能障碍产生的特殊需要，为残疾

① 约翰·罗尔斯. 正义论 [M]. 何怀宏，何包钢，等，译. 北京：中国社会科学出版社，2009：237.

② 刘雪斌，王志伟. "差别原则"视域下的我国残疾人无障碍权利保障 [J]. 人权，2018(5)：108-118.

③ 林来梵. 宪法学讲义 [M]. 北京：法律出版社，2011：358.

人提供必要的机会和资源，为其实现正常生活创设出优良条件，共享全社会物质文化发展的成果。换言之，"起点公平"为"差异化公平"提供基础和保障，"差异化公平"为"起点公平"提供目标和指南，二者间共同作用，进而达到"平等"在形式和实质意义层面上的统一。

我国宪法第四十五条规定："国家和社会保障残废军人的生活……国家和社会帮助安排盲、聋、哑和其他有残疾的公民的劳动、生活和教育。"从这个意义来说，残疾人获得倾斜性的保障和给付不仅是"法律面前人人平等"在实质评定意义上的展开，它也是一种残疾人享有的社会权，该权利的存在就是旨在纠正过度的自由竞争所带来的社会不公正，对应着国家在给予公民物质、经济等方面的积极给付义务。事实上，通过过往实际操作经验表明，残疾人因残疾与健全人所产生的差距并非不可弥补，借助国家和社会的积极给付义务，残疾人在工作、教育、学习等各方面的潜能同样可以得到完全释放，与健全人并无显著差异，甚至做得更好。

因此，基于倾斜保障原则，残疾人群体有权得到相应的补偿和帮助以弥补其先天的不足，使其最大限度上平等地融入社会生活、参与社会生活，进而符合实质正义的要求，满足民众对于社会正义的期待。就比如社会无障碍环境的建设、教育上的资源倾斜，通过此类补偿机制来弥补残疾人先天条件的不足，使其有机会享受与健全人同等水平的公共服务，从而达到实质意义上的正义。

（三）充分融合原则

纵观历史，美国历史上的"隔离但平等"政策曾一度被最高法院判决为合宪，例如 1896 年普莱西案（Plessy v. Ferguson）的判决中就认为对黑白种族隔离的法律要求，并不必然隐含着任何一个种族低劣于其他种族的意思。然而可以延伸的是，残疾人与健全人一样平等地享有融入社会生活的权利，具有人之为人所固有的尊严和价值，不应在"隔离""限制"中接受社会关怀。否则，就如沃伦（Warren Earl Burger）所指出的，无形中形成了一种"内在的不平等"，对残疾人的心灵和心智造成创伤，同时也不利于一般公众对残疾人生活的了解与关心。①

另一方面，残疾人应作为现代社会的重要一员，应全面、深度、系统地参与到社会生活中，不能因其特殊身份而受到不当限制，进而影响其基本权利的实现。值得注意的是，充分融合原则并不否认残疾人和健全人之间存在差异，是一种多样性的体现，但更加应该强调通过创设相应条件，尽可能将二者包容在"同一个环境中"，使残疾人在实践和心理层面均成为社会的一员。例如在残疾人就业方面，其可以在相关支持设施的帮助下，在力所能及的范围内与健全人共同参与劳动，进而为其更好地融入社会、成为社会生产的一分子创造条件。

就目前来看，在残疾人保障领域，反歧视求平等、反隔离求融合，是国际残疾人事业发展的主要潮流，②各国在残疾人保障立法实践中越来越多地强调"充分融合"的理念，避免历史上曾经一度出现过的"隔离式关爱""收容型经济"，强调残疾人要在与其他人平等的基础上选择居所，获得各种社区支持服务等，并与健全人一道参与到教育、工作、医疗等日常活动中。

在此时代大势下，我国残疾人事业必须坚持充分融合的原则，在"平等、参与、共享"理念的指引下，推动全社会向着公正、包容、惠及每一个人的可持续方向上发展。③

二、新时代我国残疾人社会融合的思路

新时代我国残疾人社会融合应当以"权利"和"融合"为出发点，将残疾人社会融合作为一项系统工程建设，将提升残疾人的健康和教育水平作为增强残疾人自身内生动力的重要途径和促进残疾人就业与社会融合的重要基础，在习近平新时代中国特色社会主义思想以及习近平总书记关

---

① 在"布朗诉教育委员会案"（Brown v. Board of Education of Topeka, 347 U. S. 483）中，沃伦大法官认为即使教学设施平等，但是进行种族主义隔离教育也是不可取的，因为"仅仅因为种族和肤色的原因，将少数民族的学生同与他们年龄和资格相同的其他学生隔离开来，将使被隔离的学生对自己在社区中的地位产生一种自卑感，这种自卑感将对他们的心灵和心智造成不可修复的伤害"。
② 汪海萍. 以社会模式的残疾观推进智障人士的社会融合［J］. 中国特殊教育，2006(9)：6-10.
③ 吴文彦，厉才茂. 社会融合：残疾人实现平等权利和共享发展的唯一途径［J］. 残疾人研究，2012(3)：36-44.

于残疾人、残疾人事业的相关重要论述精神的指导下，推进新时代我国残疾人社会融合工作。这不仅要求我们建立科学的残疾人社会融合的评价体系，把残疾人社会融合的全过程分解为若干具体的组成部分予以落实，更要优化顶层设计，从顶层设计的角度调整制度、优化环境、改变社会对残疾人的观念，帮助残疾人更加便捷地参与到社会生活中去，最终实现社会融合。具体而言，新时代我国残疾人的社会融合事业可以通过以下几条路径加以推进和深化：

（一）加强制度设计，完善制度框架

长期以来，相比个体的身体条件制约，制度因素对于残疾人的社会融入程度产生着更大的影响，特别是在这一过程中，相关法律法规更是无疑发挥着举足轻重的作用。推动残疾人社会融合，需要通过明确具体的权利主体和责任主体及其相互关系，搭建起有切实实施力的残疾人社会融合制度框架，使该领域内不同的法律制度形成内在统一且有机联系、相互支持的系统及有机整体，[①] 从而充分回应现实需要：一方面，提高相关法律法规的位阶，推进残疾人社会融合的相关权利类型化、成文化、具体化，从更高的层次上保障残疾人社会融合。例如，可以通过探索人大立法的形式，将《无障碍环境建设条例》《残疾人教育条例》等法规上升到法律层面，甚至探索我国的《残疾人社会融合法》，实现我国残疾人基本的获得保障权利的具体化，从更高的层次上保障残疾人社会融合；另一方面，完善法律实施机制，畅通残疾人维权途径，真正让制度保障"动起来"。例如，可以进一步明确和细化《残疾人保障法》中"法律责任"规定的相关内容，赋予政府有关部门相应职权和采取强制措施的权利，为实践提供法律依据。

（二）构建友好环境，健全设施建设

正如《残疾人权利公约》第九条所提出的建设能够保障残疾人充分参与社会生活的相关要求，友好完善的公共设施及社会环境营造，是残疾人充分融入社会的前提基础，相关设施的缺失将大大制约残疾人的社会融入水平。

"十四五"期间应当更加着力去推动友好型公共设施建设和社会生活环境支撑：一方面，需要进一步加强无障碍设施领域的制度建设，深化健全无障

---

① 黎建飞. 残疾人权益保障法制建设的几个问题 ［J］. 中国发展观察，2010(7)：53-55.

碍环境建设长效工作机制。^①例如，可以推动无障碍设施建设标准与现行法律法规相衔接，将相关技术标准直接纳入法律规范体系中，并将无障碍设施配套作为新建建筑验收合格的前提条件；另一方面，鼓励各级政府、企业和个人参与到无障碍设施建设中，推动无障碍设施进一步铺开，提高无障碍服务水平。例如，可以在总结现有经验的基础上扩大试点"无障碍城市"，并作为相应考评、督查指标，为各地推进无障碍设施建设提供动力。

（三）注重社会引导，实现良性互动

我们党作为我国各项事业的领导核心，各级党组织和党员在社会各项事业中承担着重大使命，发挥着重要作用。因此，各级党组织和党员群体需要自觉主动发挥引领作用，帮助残疾人积极融入社会，在全社会弘扬自强与助残精神，帮助残疾人积极融合理念，同时在全社会形成关爱帮扶残疾人的良好风尚。

另外，媒体作为新闻事件与社情民意的反映窗口，在残疾人社会融合议题的信息共享、舆论引导与监督、推动社情决策与公共政策制定等方面起到了重要作用，也是促进残疾人与社会构建融合意识的重要媒介。实现残疾人社会融合，必不可少的就要实现残疾人群体在舆论传播领域的良性生态。一方面，应扩大现有信息媒介，保障残疾人平等获得信息的基本权利。例如，扩大手语节目覆盖面、设置专门面向残疾人的节目，多元化报道残疾人生活、工作全貌；另一方面，媒体在相关消息报道时可以从公众利益角度出发，构建平等、参与、共享的残疾人形象，形成良性互动的舆论氛围。

（四）完善社会保障，促进自我认同

平等对待是法律禁止直接歧视的观念所表达的基本原则，^②完善对残疾人有关的社会保障举措，促进残疾人就业等，是残疾人反歧视事业的关键所在，也是使其在新时代完成社会融入的应有之义：比如保障其就业本身就能帮助其建立自我认同，由内而外的认同从"社会负担"转变为"价值创造者"；又比如，在实施相应保障举措、推进其社会融入的过程中就能促进残疾人与健全人之间的了解，消除彼此之间的信息壁垒，真正实现社会共同体的构建。因此，一方面应着力为残疾人参与社会生产提供基础条件，为其社会

---

① 吕世明. 我国无障碍环境建设现状及发展思考［J］. 残疾人研究，2013(2)：3-8.

② 阎天，叶静漪. 反就业歧视法国际前沿读本［M］. 北京：北京大学出版社，2019：274.

保障相关措施的落地创设基础；另一方面，相关单位，尤其是国家机关、事业单位应切实履行残疾人安置义务，充分发挥残疾人在对接弱势群体、顺畅沟通渠道等方面的特殊优势，为构建服务型政府提供助力。

（五）推动教育融合，构建全纳教育

教育对人的身心长远发展和社会进步发挥着至关重要的作用，残疾儿童和少年接受更加充分的教育，就能够有效提高他们的文化素质和职业技能[①]，教育融合也因此在残疾人社会融合过程中居于基础性地位。只有在学生时期就与健全人共同接受相同的教育，在培养残疾人权利观念的同时帮助其他人从小树立正确的社会融合观，才能更加避免残疾人被区别对待，与主流社会相隔离的情况出现。一方面，应当加强设施与专业人员配套，为普通学校实现全纳教育提供物质与人才保障；另一方面，应大力推进宣传教育，从各级教育部门开始改变观念，将残疾人视为平等的受教育主体而非有功能缺陷的受帮助人群，从而为实现真正意义上的"全纳教育"提供基础。

当前，我们国家取得全面建成小康社会的决定性胜利，兑现了中国"一个也不能少"的庄严承诺，在推进残疾人社会融合事业上也取得了重大进展和突破。在未来，也必将继续为这一事业担纲举旗。在"两个一百年"奋斗目标历史交汇点上，开创出新时代我国残疾人社会融合事业发展新局面。

继续推进残疾人社会融合事业以彰显大国担当。残疾人有参与社会生活的愿望和能力，也是社会物质和精神财富的创造者，是人类社会的重要成员。我国在残疾人社会融合事业方面的制度经验、方式方案，都为全世界提供了思路和借鉴，接下来更需要继续采取积极措施，切实保障残疾人政治权利，推进无障碍环境建设，消除残疾人社会参与障碍，推动残疾人共享经济社会发展成果，谱写中国人权进步的历史篇章，为国际人权保障贡献中国智慧和中国方案。

继续为实现残疾人对美好生活的向往凝心聚力。习近平总书记指出，"中国梦是民族梦、国家梦，是每一个中国人的梦，也是每一个残疾朋友的梦"。接下来实现残疾人社会融合，需要认真研究残疾人社会融合中不平衡不充分的突出表现，优化顶层设计，进一步丰富和完善残疾人社会融合的支持体

[①] 程凯.试析我国残疾人的社会保障问题［J］.红旗文稿，2006(7)：23-25.

系，深入落实设计科学完备的评估体系和督促检查体系，将各项残疾人帮扶制度落到实处，织密筑牢残疾人民生保障底线，搭好残疾人发挥本领才干的平台，奋力实现残疾人对美好生活的向往和追求。

继续推动残疾人社会融合相关研究迈进世界一流水平。习近平总书记指出，残疾人是社会大家庭的平等成员，也是人类文明发展的一支重要力量。推进残疾人的社会融合，需要进一步理顺人与人之间的社会关系，以"平等、参与、共享"的理念为指导，加强法律、媒体、教育、信息、就业及社会保障、媒体、无障碍等方面与社会融合的理论研究，不断深化对残疾人社会融合的科学认识，加快相关研究成果落地转化，将残疾人社会融合与中国的社会主义现代化建设紧密结合，为保证残疾人能够获得公正的、必要的机会和资源提供更多理论支撑和科研成果支持。

第二章

无障碍与残疾人社会融合

第一节 无障碍概念

无障碍是残疾人独立生活和平等参与社会的前提条件。明确无障碍概念内涵及其演变是准确理解残疾人社会融合和融合发展的重要基础，才能更好地理解以及如何更好地促进残疾人"平等、参与、共享"。国际发展历程表明，随着经济社会的发展以及残疾模式的演变，无障碍的内涵和外延发生了很大变化，所以在英文表述中，无障碍有多种不同表达，但是在联合国官方文件以及中文文献中一般统一翻译为无障碍或无障碍环境，难以区分英文中无障碍代表的不同含义和历史演变趋势，以至于我们对无障碍的定义出现不一致的状况，导致无障碍的内涵和外延比较模糊，甚至对无障碍出现一些错误和狭隘的认识。比如一提到无障碍，很多人不仅会自然联系到残疾人，认为无障碍是残疾人专属，忽视了无障碍的通用性和广泛受益性，而且也会自然想到盲道、坡道、扶手等无障碍设施，矮化了无障碍的丰富内涵和外延。到底什么是无障碍，这是一个重要的基础性问题，既关系到无障碍政策法规的顶层设计，又关系到无障碍的落地实践；既关系到残疾人的社会融合，又关系到全体社会成员的融合共享；既关系到具体到个人的全面发展，又关系到整个社会的全面进步。因此，十分有必要厘清无障碍的发展脉络、内涵、外延及其与社会融合的关系。

一、理解无障碍的三个视角

如何全面理解无障碍，在联合国《残疾人权利公约》（以下简称《公约》）中涉及无障碍的英文词汇有 access to、accessibility、accessible、elimination of obstacles and barriers，并且把无障碍（accessibility）作为一般原则之一。在中文翻译中这些英文词汇一般统一翻译为无障碍或无障碍环境，这样模糊了无障碍的内涵和外延，实际上代表不同层面的含义。在《平权的法理：〈残疾人权利公约〉解读》[①] 一书的第 73 页，把 "the problem of access is related to lack of accessibility" 翻译为 "无障碍问题与缺乏无障碍密切相关"。如果只看中文翻译版本，显然我们不能区分无障碍的真实内涵。"access to…" 的意思是 "使用…的机会和权利"，主语一般是人，一般是指人有使用…的机会和权利。如果简单翻译为无障碍，不能具体直观地指向到人的权利。Accessible 是形容词，一般和物品、空间、服务等搭配使用，所以 "Accessible…"，可以翻译为 "无障碍的…"，是在环境视角下，一般指无障碍的环境或无障碍环境，包括实体环境和虚拟环境。"elimination of obstacles and barriers" 也在环境视角下，是指消除环境障碍。那么，accessibility 是一个名词，直接翻译为可及性，最能体现其本质含义，但中文一般也翻译为无障碍（环境），其代表的含义是人和环境交互作用的最终状态，达到了无障碍的状态，具体来说就是从人 "使用…的机会和权利"（access to…），通过消除环境的障碍（elimination of obstacles and barriers），最终实现了环境的可及性（accessibility）。《公约》第九条第一款关于无障碍的描述，也充分体现了无障碍的三个视角，为使得残疾人独立生活和充分参与生活各方面，缔约方应采取适当的措施保障残疾人在与其他人平等的基础上使用所有向公众开放的设施和服务的权利，这些措施包括确认和消除障碍以最终实现无障碍。根据联合国第七十四届会议秘书长的报告《无障碍与〈残疾人权利公约〉及其任择议定书的现况》不仅一针见血地指出无障碍的三个视角，而且也指出了无障碍存在较大的挑战之一就是 "moving from access to accessibility"，中文含义就是从人 "使用…的机会和权利"（access to…）到实现 "无障碍"（accessibility）存在较大的挑战，因为无障碍不仅是人 "使用…的机会和权利"，还同时包括实体环境和虚拟环境中产品、项目和服务的可获得性和可用性。虽然很多国家的法律明确了残疾人同样拥有各种权利和机会（即无障碍权利），但如果环境有障碍的话，并不会自动实现无障碍的最终目标。因此，《公约》对无障碍给出了一个全面性、系统性而又具体可行的分析框架。具体而言，可以从三个视角来全面理解，一是人的权利视角，即无障碍权利；二是环境视角，即无障碍环境；三是人和环境交互视角，即无障碍。当然也可以从三个方面系统理解无障碍，坚持以

[①] 由谷盛开、张弦翻译，华夏出版社，2018 年。

人为本，无障碍权利是本位，消除环境障碍是途径和任务，实现无障碍是最终目标。为了使无障碍对应到英文中的不同含义和语境，三个视角下的无障碍分别称为无障碍权利（人的视角）、无障碍环境（环境视角）、无障碍（人和环境交互视角）。

二、人权视角下的无障碍——无障碍权利

在人的权利视角下，无障碍可以抽象地描述为无障碍权利（access to 或 the right to access 或 the right to accessibility），具体表现为公民的平等参与权、平等发展权和平等享有权，本质上讨论权利以及权利范围的问题，即残疾人享有什么样的权利。在国际人权法律框架下，早已明确无障碍权利的先例。《公民权利和政治权利国际公约》规定每个公民在一般的平等条件下都有享有本国公共服务的权利。《消除一切形式种族歧视国际公约》保障每个人都有使用任何供公众使用的场所或服务的权利，规定"（享有）无障碍进入任何公用地方或设施，如公共交通、旅店、餐馆、咖啡厅、剧院和公园的权利"。无障碍权利是国际人权法的重要组成部分。联合国强调无障碍在社会各领域机会均等过程中的总体重要性，国家都应当采取政策保障不同类型的残疾人享有无障碍的环境和信息交流。不能因为人有残疾，就剥夺人的某些权利。

无障碍权利（the right to access）庄严地载入了《公约》。[①]《公约》的第九条是一个创新性条款，首次在联合国人权协定中明确规定无障碍的权利（the right to access），与《消除一切形式种族歧视国际公约》不同的是，首先，《公约》把无障碍作为一个原则；其次，《公约》扩大了无障碍环境的范围，即不管是公共的还是私有的，只要是向公众提供的设施和服务，对残疾人来说都应当是无障碍的。[②] 最重要的一点是，《公约》的哲学基础是残疾的社会模式，但《公约》又超越了社会模式，形成了残疾的权利模式，与社会模式有显著的不同，不仅使无障碍权利的范围得到最大限度的扩展和确认，而且为无障

① https://www.internationaldisabilityalliance.org/sites/default/files/documents/hi_crpd_manual2010.pdf.

② Seatzu F. (2017) Article 9 [Accessibility]. In : Della Fina V., Cera R., Palmisano G. (eds) The United Nations Convention on the Rights of Persons with Disabilities. Springer, Cham. https : //doi.org/10.1007/978-3-319-43790-3_13.

碍权利提供了坚实的理论基础和实现路径。[①]不能把无障碍权利误以为是一个新的权利或是残疾人的专享权利，也不能把无障碍权利孤立地看待，《公约》也没有为残疾人创造新的权利。无障碍权利实际上是其他权利的一种抽象或综合表述，强调了残疾人同样享有一切人权和自由，无障碍应该被看作为专门针对残疾人在社会各方面享有平等权利和机会的一种重申和确认。因此，《公约》把无障碍作为一般原则之一，并且充分体现在其他权利的应用中，比如就业、教育、表达、康复等权利中，所以无障碍权利并不是独立存在的权利，必须指向到其他具体权利。

在理论基础上，权利模式解释了法律面前为什么残疾人是权利主体，解释了残疾人为什么享有广泛的无障碍权利。社会模式区分损伤和残疾（impairment and disability），通过歧视和压迫将残疾解释为一种社会结构，重点是社会而不是个人，认为损伤与身体或精神状况有关，残疾是环境和社会对损伤做出反应的结果。社会模式只能解释残疾，不寻求残疾政策的价值观或道德原则，而人权模式包括残疾政策的价值观，即承认人的尊严。《公约》在序言中重申一切人权和基本自由都是普遍、不可分割、相互依存和相互关联的，必须保障残疾人不受歧视地充分享有这些权利和自由，并且在第一条中，明确提出《公约》的目的是为了促进、保护和确保所有残疾人充分、平等地享有一切人权和基本自由，并促进对他们固有尊严的尊重。因此，损伤并不妨碍人的权利能力。虽然社会模式也经常基于权利的方法而不是基于福利的方法讨论残疾，并且承认权利的重要性，但是残疾研究学者强调，社会模式并不是基于权利方法看待残疾，而是从个人权利扩展到社会中的社会关系，扩展到更广泛的不平等体系。[②]

在无障碍权利范围上，《公约》涵盖权利的范围最广，包含了一切人权和自由的无障碍，涵盖了公民、政治权利和经济、社会、文化权利，权利模式使得无障碍权利得到最大范围拓展。在很多国家，社会模式是人们争取公

[①] Degener T. (2017) A New Human Rights Model of Disability. In：Della Fina V., Cera R., Palmisano G. (eds) The United Nations Convention on the Rights of Persons with Disabilities. Springer, Cham. https：//doi.org/10.1007/978-3-319-43790-3_2.

[②] Priestley M (2005) We're all Europeans Now! The social model of disability and European social policy. In：Barnes C, Mercer G (eds) The social model of disability. Disability Press, Leeds, pp 17-31.

民权利改革和反歧视立法的重要基础。残疾政策从福利导向走向权利导向是很多国家残疾人运动的焦点。反歧视立法一般被看作为福利导向政策的一种修正和补救。缺乏无障碍环境可以视为一种歧视。但是反歧视立法只能解决部分问题，不能解决所有问题，不足以转向权利方法为基础的残疾政策。因为即使在一个没有任何障碍和歧视的社会中，人们也会需要经济、社会、文化权利。全球独立生活运动也不是纯粹地要求反歧视，而是要求更广泛的人权。一切人权和基本自由在《公约》中不同位置出现了九次，体现了权利范围的基础性、广泛性和重要性。

在无障碍权利实现路径上，《公约》提供了清晰的路线图，只有将残疾问题纳入所有发展政策和规划的主流才能最大限度实现残疾人无障碍权利。具体路径是提高整个社会和全体大众对残疾人的认识，提高对残疾人能力和贡献的认识，积极看待残疾人，培养尊重残疾人权利的态度，积极促进残疾人的平等参与，做到发展为了残疾人、依靠残疾人、成果由残疾人共享，通过无障碍权利实现残疾人的社会融合，这一点也为认识无障碍与残疾人社会融合的关系奠定了坚实的理论基础。批评社会模式的学者指出，大量证据表明不仅残疾是一种社会建构，损伤也是一种社会建构。[1] 许多研究表明，贫困与残疾是互为因果的关系，[2] 贫困与损伤是相互强化的关系。[3]《世界残疾报告》指出，全球约有 10 亿残疾人，但是约有三分之二的残疾人生活在发展中国家。社会模式可以很好地解释这一现象，并且有助于把残疾理解为发展问题。但是社会模式的推广并未把残疾问题纳入政策主流，比如残疾最初并未被视为千年发展目标中的问题之一，但是在《公约》通过以后，残疾问题逐渐纳入主流。[4]《公约》第四条的"一般义务"中，缔约方要承诺确保并促进充分实现所有残疾人的一切人权和基本自由，并且在一切政策和方案中考

---

① Shakespeare T (2014) Disability rights and wrongs revisited. Routledge, New York.

② Mitra, S., Posarac, A., & Vick, B. (2013). Disability and Poverty in Developing Countries : A Multidimensional Study. World Development, 41(41), 1 - 18.

③ World Health Organisation/World Bank (2011) World report on disability. http : //www.who. int/disabilities/world_report/2011/report.pdf.

④ Degener T. (2017) A New Human Rights Model of Disability. In : Della Fina V., Cera R., Palmisano G. (eds) The United Nations Convention on the Rights of Persons with Disabilities.

虑保护和促进残疾人的人权。联合国第六十八届会议通过具有里程碑意义的决议文件《关于为残疾人实现千年发展目标和其他国际商定发展目标的大会高级别会议成果文件：前进道路，2015 年之前及之后兼顾残疾问题的发展议程》，强调促进兼顾残疾问题的发展，并重申国际社会促进所有残疾人权利的承诺，重申有必要在 2015 年之前及之后为残疾人实现千年发展目标和其他国际商定发展目标，并确认残疾人既是推动发展的力量，也是发展的受益者，承认残疾人对社会整体福祉、进步和多元化所作的宝贵贡献。

三、环境视角下的无障碍——无障碍环境

权利在法律中得到确认不等于会自动实现权利，特别对残疾人来说，必须消除环境中存在的各种障碍，才能平等参与和融入社会。因此，《公约》确认无障碍的物质、社会、经济和文化环境、医疗卫生和教育以及信息和交流，对残疾人能够充分享有一切人权和基本自由至关重要。

一般提起无障碍，我们大多数情况是指环境视角下的无障碍。环境视角下的无障碍一般存在两个倾向，一是倾向于认为无障碍是物理环境的无障碍。因为从实践和研究来看，最早开始于环境的障碍，特别是物理环境的障碍。20 世纪 50 年代，美国开始了公共政策和设计实践的变革过程，由于越战后有大量受伤人员返回美国，美国总统残疾人就业委员会、退伍军人管理局制定了无障碍建筑（barrier-free buildings）的国家标准，旨在使残疾士兵和其他类似情况的人无障碍通行建筑物，1961 年，美国国家标准协会发布了第一版让残疾人可以进入和使用建筑物的标准《美国无障碍和可使用建筑和设施国家标准》（American National Standard for Accessible and Usable Buildings and Facilities，ANSI A117.1）。[①] 二是倾向于认为无障碍环境是残疾人专用的，与其他社会大众无关。这可能因为世界上第一个无障碍标准《让残疾人可以进入和使用建筑物》明确提出受益群体是残疾人。在我国，第一个无障碍设计标准是 1987 年颁布的《方便残疾人使用的城市道路和建筑物设计规范》，也

---

① Persson, H., Åhman, H., Yngling, A.A. et al. Universal design, inclusive design, accessible design, design for all: different concepts—one goal? On the concept of accessibility—historical, methodological and philosophical aspects. Univ Access Inf Soc 14, 505-526 (2015). https://doi.org/10.1007/s10209-014-0358-z.

是主要为了方便残疾人使用，长期以来形成了一个刻板印象。

经历六十多年的发展和演变，环境视角下的无障碍经历了以下四个重要变化。一是设计理念发生重要转变，从无障碍设计（Barrier-free design）转向通用设计（Universal design），这个转变是最重要的转变。无障碍设计可以称为第一代理念，开始于 20 世纪 50 年代，主要考虑使用者的便利和"特殊性"，强调以残疾人经验的特殊之处作为设计核心；通用设计可以称为第二代设计理念，开始于 20 世纪 70 年代，强调最大可能面向所有使用者，不再强调特殊使用者的问题，将个体差异纳入设计过程，采取最大弹性与容纳最多不同群体的理念。① 过去几十年，通用设计逐渐取代无障碍设计概念。通用设计是一个设计术语，由著名的建筑师、产品设计师和教育家 Ronald L. Mace 创造，他将通用设计这个术语表述为一种根据人们的需求设计产品和环境，无论他们的年龄、能力或生活地位如何。② 由于通用设计的成功应用，《公约》明确要求缔约方承诺"在拟订标准和导则方面提倡通用设计"，并给出通用设计的定义，是指尽最大可能让所有人可以使用，无须做出调整或特别设计的产品、环境、方案和服务设计。

二是无障碍环境的范围持续扩展，从物理环境扩展到虚拟环境。无障碍环境不是简单的无障碍设施，是系统化、连续性的外部环境，包括物理环境和虚拟环境，甚至包括态度环境、人文环境。从前文也可以看出，早期的无障碍环境主要从建筑物、道路等比较具体的物理环境开始。联合国《残疾人机会均等标准规则》提出的无障碍环境涉及了物理环境和信息交流环境两大部分。物理环境无障碍主要包括住房、楼房、公共交通服务和其他交通工具、街道和其他室外环境的无障碍。信息交流无障碍主要包括书面信息和文件、盲文手语、传播媒介（电视、无线电和报纸等）、一般公众使用的新的电脑化信息系统和服务系统。《公约》第九条不仅详细列举了常见的无障碍环境，但不仅限于此，如（1）建筑、道路、交通和其他室内外设施，包括学

---

① 王国羽. 障碍研究论述与社会参与：无障碍、通用设计、能力与差异[J]. 社会，2015，35(6):133-152.

② Mace, R.L., Hardie, G.J., Place, J.P.: Accessible environments: toward universal design. North Carolina State University: The Center for Universal Design. http://www.ncsu.edu/ncsu/design/cud/pubs_p/pud.html (1996).

校、住房、医疗设施和工作场所；（2）信息、通信和其他服务，包括电子服务和应急服务。而且对无障碍环境范围进行了清晰的界定，把无障碍环境的范围规定为所有向大众公开或提供的设施和服务，该范围界定十分清晰。《世界残疾报告》指出，即使在消除物理环境障碍之后，消极的态度也会在所有领域产生障碍，为了克服围绕残疾的无知和偏见，需要教育和提高认识。联合国开发计划署指出，残疾人面临充分参与社会的挑战，残疾人在所有发展领域所经历的不平等程度往往是由于他们所处的社会、政治和文化环境存在缺陷，包括无法进入物质和虚拟环境、制度和态度上的障碍、排斥以及不平等的机会。[①]残疾人权利委员会第十一届会议决议第 2 号一般性意见（2014）再次强调，针对公众或向公众开放的现有物品、设施、货物和服务，凡在进入或获得方面有障碍的，都应系统地予以逐渐消除，更重要的是要对这项工作予以不断地监督，以实现全面的无障碍。[②]

三是无障碍环境各领域逐渐走向融合发展。首先，信息无障碍愈来愈重要。当今世界数字化发展迅速，数字经济、数字社会、数字政府建设加快推进，深刻改变着企业的生产经营方式、政府的治理方式、人们的生活方式，对各国经济社会发展、全球治理体系、人类文明进程影响深远。在数字化浪潮中，社会和大众对加快信息无障碍建设、消除"数字鸿沟"和共享美好数字生活有强烈的现实需求。以信息化手段弥补身体机能、所处环境等存在的差异，使残疾人、老年人等全体社会成员都能平等、方便、安全地获取、交互、使用信息，将有力促进人的全面发展。其次，信息无障碍的发展能方便所有人。信息无障碍技术、产品和服务不仅仅是解决特殊群体的信息障碍问题，会给每一个人带来便利。最后，信息化、数字化的发展使得建筑、交通、服务、信息等领域的无障碍逐渐走向融合。将信息无障碍理念运用到所有信息设备的开发和信息服务，实现个人信息终端的无障碍支持所有人融合共享，公共设备和公共服务的无障碍可以体现公共领域的公平性。新一代信息技术进入无障碍领域，与互联网、人工智能、大数据、物联网等技术紧密结合的应用方便了所有人，如语音转文字的技术不仅方便听障人员使用，也

---

① UNDP. Disability Inclusive Development in UNDP[R]. 2018, https://www.undp.org/publications/disability-inclusive-development-undp.

② https://undocs.org/A/71/344.

方便所有人在不方便听的情况下获取有效信息；语音导航技术不仅方便视障群体，也方便开车人员行驶；基于人工智能的图像识别技术，不仅能帮助视障群体，也助推了无人驾驶的发展；基于大数据，可以无障碍实现所有人的供需对接；将物联网技术应用商品、药品的识别，不仅能改善视障群体的食品和用药安全，更重要的是为解决食品和药品安全问题提供了新方法和手段。无障碍跨行业、跨领域的发展有助于无障碍环境的全面、系统、融合发展。如信息无障碍与建筑物的融合可以实现精准定位和快速查找相关设施。信息无障碍与交通行业的融合，可以提高所有群体出行的安全性、便利性，使交通出行更加有序、安全和顺畅。[①]

四是无障碍环境的受益群体从残疾人转向全体大众。随着通用设计的普及和残疾普同模式的流行，无障碍环境的受益群体不断扩大，以至于全体社会成员都能得到无障碍环境带来的便捷。通用设计提出者 Mace 认为，某些东西对某些人来说可以是无障碍的但对其他人来说可能是一种障碍，由于设计问题的复杂性，仅仅特殊群体的消除障碍是不够的，设计师必须从更广泛的角度来解决无障碍问题。由于无障碍设计存在较大缺陷，后来衍生出很多设计理念，如无障碍的设计（Accessible design）、融合设计（Inclusive Design）、面向所有人的设计（Design for all）等，本质上与通用设计理念比较相似。另外，残疾普同模式对无障碍环境的影响也比较大。普同模式的提出者左拉提出"普遍的障碍感"和"需求的普遍性"，前者是指尽管有些人不把自己当作残疾人，但是在生活中会感受到"障碍"的存在，后者是指所有人在一生中都存在患病或残疾的风险，意味着每个人都可能是一个潜在的残疾人。[②]因此，普同模式是从全人群全生命周期两个视角看待残疾。从全人群来看，人类具有多样性，全体社会成员的能力不一，有固定比例的人群迫切需要无障碍环境，如老年人、残疾人、孕妇、儿童等。特别是随着人口老龄化，残疾老龄化和老龄残疾化现象会更加明显，残疾人和老年人规模日益增长，具有规模大、增速快、占比高等特征。从生命全周期来看，普同模式认为，残疾是每个人都会经历的生命过程和体验，残疾不是有和无的问题，而是多和

---

① 中国信息通信研究院，深圳市信息无障碍研究会. 中国信息无障碍发展白皮书（2019年）[DB/OL] http://www.caict.ac.cn/kxyj/qwfb/bps/201907/t20190726_206187.html.

② 杨锃. 残障者的制度与生活：从"个人模式"到"普同模式"[J]. 社会，2015,35(6):85-115.

少、早和晚的问题。

四、人和环境交互视角下的无障碍——无障碍

人和环境交互视角下的无障碍是指英文中的 accessibility，该词往往被翻译为无障碍环境，忽略了人的因素，现代意义的无障碍从聚焦环境改变向聚焦能力发展转变。[①]无障碍本质上是无障碍权利和无障碍环境共同作用的结果，是实现权利的最终状态，更侧重于人的能力。为什么说无障碍是人和环境交互作用的结果，可以从残疾的定义准确理解。《公约》确认残疾是一个演变中的概念，把残疾人定义为伤残者和阻碍他们在与其他人平等的基础上充分和切实地参与社会的各种态度和环境障碍相互作用所产生的结果，残疾人包括肢体、精神、智力或感官有长期损伤的人，这些损伤与各种障碍相互作用，可能阻碍残疾人在与他人平等的基础上充分和切实地参与社会。所以无障碍问题产生在人和环境的交汇处，意味着残疾不一定会有障碍。如果能消除不利于残疾人平等参与和充分参与的各种障碍，残疾则不会有障碍。因此，对无障碍下一个明确的定义比较困难，因为人的能力是有差异性、动态性特点，环境又是不断变化的，如何实现每个人的无障碍非常具有挑战性。尽管如此，联合国《无障碍与〈残疾人权利公约〉及其任择议定书的现况》给出了一个准确而全面的定义，无障碍指提供无论是虚拟还是实体的灵活的设施和环境，以满足每个用户的需求和偏好，这可以是容易接近、到达、进出、与之交互、理解或以其他方式使用的任何地方、空间、项目或服务。该定义没有涉及残疾人，面向的是"每个用户"，无障碍环境包括实体环境和虚拟环境中的任何地方、空间、项目或服务。如前所述，随着设计思维的变化和对残疾模式认识的变化，现有无障碍环境的受益群体从残疾人转向全体大众，无障碍环境的设计必须考虑人的多样性，尊重人的多样性。该定义基本上沿用了国际标准化组织在建筑环境国际标准中对无障碍的定义。[②]在此之前，无障碍在《公约》中没有明确定义和具体解释，只是通过若干条文概括了无障碍环境的范围，以及列举了缔约方应当采取的具体措施。明确无障碍的定义有诸多好处，单一并且广泛接受的无障碍定义可以为讨论、开发、评

① 厉才茂：无障碍概念辨析［J］. 残疾人研究，2019(4):64-72.
② 国际标准化组织 21542：2011 年标准。

估、标准化、监测、立法、司法、执法等一系列活动提供一个通用框架。

自从 2003 年日内瓦信息社会世界峰会第一阶段会议以来，无障碍原则已得到信通技术主流社群的承认。[①]《公约》实施以后，无障碍在国际相关文件中的地位不断提高。无障碍是贯彻《公约》的核心概念，《公约》不仅把无障碍作为一般原则之一，而且第九条专门对无障碍环境范围和缔约方应当采取的适当措施进行了详细规定，在其他条文中也广泛涉及无障碍相关要求。《公约》实施以后，无障碍不仅成为残疾问题纳入主流的主要途径，同时也是残疾人实现融合发展的最终状态。在《关于为残疾人实现千年发展目标和其他国际商定发展目标的大会高级别会议成果文件：前进道路，2015 年之前及之后兼顾残疾问题的发展议程》中，强调必须在发展和人道主义对策的所有方面确保残疾人实现无障碍，并确保采用通用设计方法实现无障碍环境，消除物质环境、交通、就业、教育、保健、服务、信息以及诸如信息和通信技术等辅助工具方面存在的各种障碍，包括在边远和农村地区消除这些障碍，以使残疾人能够在整个生命周期最充分地发挥潜力。2011 年，国际标准化组织为建筑环境制定了国际标准。2019 年 6 月联合国启动的《联合国残疾融合战略》提出，把无障碍作为融合战略的重要指标之一，联合国将在其所有政策和方案中实施和适用通用设计原则，适当辨识、处理和解决无障碍方面的问题。联合国大会决议文件《执行〈残疾人权利公约〉及其〈任择议定书〉：无障碍》，认识到将通用设计作为环境设计的手段有种种好处，包括具有融合并且所有人都可使用的技术、产品、方案和服务，从任何开发工作的初始阶段即应用通用设计，可有助于使建立无障碍物质环境及信息和通信技术和系统的成本比进行改装式改造以消除无障碍环境方面的各种障碍的成本低得多。由于通用设计的应用，使得无障碍成为对整个社会进行投资的一种手段，也成为联合国《变革我们的世界：2030 年可持续发展议程》的有机组成部分。《变革我们的世界：2030 年可持续发展议程》直接涉及三个关于残疾人无障碍的目标：呼吁建设和改进敏感顾及残疾问题的教育设施；为残疾人提供无障碍交通；强调需要为残疾人提供无障碍公共和绿色空间。《变革我们的世界：2030 年可持续发展议程》尽管在其他具体目标中没有明确规定，但成功实施

---

① 残疾人权利委员会第十一届会议《第 2 号一般性意见（2014）：第九条：无障碍》（CRPD/C/GC/2），https://www.undocs.org/CRPD/C/GC/2。

该议程需要根据履行《公约》，采取更广泛的无障碍措施。

需要注意的是，为确保残疾人充分和平等地享有一切人权和基本自由，不排除在必要时为某些残疾人群体提供辅助用具以及在必要时提供合理便利。《公约》将合理便利定义为根据具体需要，在不造成过度或不当负担的情况下，进行必要和适当的修改和调整，以确保残疾人在与其他人平等的基础上，享有或行使一切人权和基本自由。无障碍和合理便利都是《公约》中的重要概念，二者相互促进，同时推进才能切实保障残疾人充分和平等地享有一切人权和基本自由。无障碍和合理便利有明显不同：缔约方对无障碍建设则负有前置的、渐进履行的主要义务，无障碍具有通用设计、规模化、经济化、无须个案考量等优点；合理便利具有个人化、可诉性、便捷性等优点，使合理便利成为灵活有用的权利保障工具。[①] 无障碍与群体有关，合理便利与个体有关。提供无障碍是一个事前责任，因此无障碍要标准化，并且标准的范围要尽可能广，应涵盖所有类型的环境，并确保向任何性别、所有年龄和不同类型残疾类别的人提供无障碍。当无障碍标准不能满足个体无障碍使用设施和服务时，可以使用合理便利原则。合理便利是一种事后责任，可以作为一种保障残疾人在特定情况下实现无障碍的一种手段，在不造成过度或不当负担的情况下使用。比如在考试时，延长考试时间、采用大字版是典型的合理便利措施。

第二节　残疾模式与障碍认知的演变 [②]

残疾模式是残疾问题研究的基本范式，是文化价值理念、社会话语体

---

① 曲相霏.“合理便利”的特点及其在我国就业领域的适用 [J]. 人权，2018(2):57-69.
② 本节内容主要来源于《融合教育背景下校园无障碍环境发展报告》，载于《残疾人蓝皮书：中国残疾人事业发展报告 2020》，社会科学文献出版社。

系、福利资源分配和政府政策设计的重要依据。① 随着社会的发展，人们对残疾和障碍的认识不断深化、更加科学。正如联合国《残疾人权利公约》明确提出，确认残疾是一个演变中的概念，确认残疾是伤残者和阻碍他们在与其他人平等的基础上，充分和切实地参与社会的各种态度和环境障碍相互作用所产生的结果。因此，目前国际社会比较一致的认识是，外部的各种态度和环境对残疾人平等参与社会各项事务都非常重要。过去几十年关于残疾模式和障碍的研究发展奠定了无障碍环境建设的理论基础。残疾模式也从个人模式、医学模式走向更易被人接受和更富有政策含义的社会模式、权利模式、生物—心理—社会模式、普同模式，残疾人社会参与的责任逐渐由以往个人承担与调适，转向社会与国家承担。在现代残疾观下，残疾人平等参与社会生活与活动是基本权利之一，这项权利需要政府与社会投入资源，改善外部社会结构与环境，使环境对障碍者更为友善，为其社会参与权利提供保障。② 因此，无障碍逐渐成为社会发展的优先考虑事项，无障碍环境建设从不受重视到逐渐纳入国家政策法规体系，融入国家发展战略，成为彰显社会文明程度的重要指标和各国公民的基本权利之一。

过去 50 多年关于残疾模式和障碍研究的发展奠定了公共政策的基础。残疾人社会参与的责任逐渐由以往个人承担与调适，转向社会与国家承担。残疾人参与社会生活与活动进而实现社会融合是其基本权利的一部分，这项权利内涵具有积极性，需要政府与社会投入资源，改善外部社会结构与环境，使环境对障碍者更为友善，为其社会参与权利提供保障。③ 残疾模式演变影响最大的是我们对障碍认知的转变，以及人们对残疾人负面的刻板印象而引发的偏见和歧视逐渐减少。④

在不同的残疾模式下，人们对障碍的认识不同，那么无障碍的内涵和边界也不同。在社会模式下，将障碍产生原因的分析视角从个人转向社会，指

① 王磊，张一舟. 残疾模式：残疾研究的理论、政策与福利框架 [J]. 残疾人研究，2018(2):30-36.

② 王国羽. 障碍研究论述与社会参与：无障碍、通用设计、能力与差异 [J]. 社会，2015(6):133-152

③ 王国羽. 障碍研究论述与社会参与：无障碍、通用设计、能力与差异 [J]. 社会，2015,35(6):133-152.

④ 关文军，孔祥渊，胡梦娟. 残疾污名的研究进展与展望 [J]. 残疾人研究，2020(1):41-51.

出不应当由人们来适应社会，而应当由社会适应人们的不同状况。① 社会模式的历史意义在于，对于障碍问题提供并促成了一种新的见解，"障碍是社会所造成的"在广泛的领域里都具有实践性。② 残疾的权利模式在联合国《残疾人权利公约》中得到了清晰的体现和表达。在权利模式下，无障碍是残疾人的权利之一，以法律法规的形式把无障碍变得规范化和强制化，残疾人的无障碍权利不容侵犯。③ 很多国家已经出台保障残疾人权利、加强无障碍环境建设的专门法律法规，是残疾人权利模式被普遍采纳的最好印证。在残疾的普同模式下，障碍不再是少数人的经验，而是每个个体都面临的风险，残疾不再是"有"和"无"的二元对立，而是早和晚、多和少的连续综合体。④ 在普同模式下，不建议建立多种多样的残疾人专用设施，而是提倡在所有的设施中增加应对各种障碍的功能，对任何公共空间的无障碍改造，在持续改善残疾人社会生活的同时，使得全体社会成员都能受益，为所有人提供更为人性化、更为安全的社会环境。⑤ 综合来看，在社会模式下，无障碍环境是社会应该提供的；在权利模式下，无障碍环境是社会必须建设的；在普同模式下，无障碍环境是一项重要的基础工程，是国家优先发展的事业和战略。

随着残疾模式的演化，无障碍概念不断演化，内涵不断丰富，边界不断拓展。社会的发展和文明的进步致力于残疾人的融合发展，使得无障碍的观念深入人心，地位不断提高，作用不断增大。国际上表达"无障碍"概念的词语从 Barrier-free 到 Accessibility 的转变，意味着无障碍理念的三大转变：从专门面向残疾人的特殊设计向面向全部人群的通用设计转变；从聚焦环境改变向聚焦能力发展转变；从特殊照顾向合理便利转变。⑥ 目前，无障碍的价值和作用不再仅仅局限于外部环境的改善，无障碍环境可以实现残疾人的功

---

① Oliver, M. (1996). Understanding Disability : From Theory to Practice. St Martin's Press, pp. 1 -2.

② 星加良司. 试论残障社会模式的认识误区及其实践性陷阱 [J]. 蔡英实，译:社会，2015(6):116-132.

③ Degener, Theresia. "Disability in a Human Rights Context." Laws 5. 3 (2016):35, https : // doi. org / 10. 3390 / laws5030035.

④ Zola, Irving Kenneth. "Toward the Necessary Universalizing of a Disability Policy." Milbank Quarterly, 83. 4 (1989): 401 -28.

⑤ 杨锃. 残障者的制度与生活：从"个人模式"到"普同模式"[J]. 社会，2015(6):85-115.

⑥ 厉才茂. 无障碍概念辨析 [J]. 残疾人研究，2019(4):64-72.

能补偿、增能赋能、潜能开发和优能发挥，降低残疾与环境作用带来的负面交互影响。确保对所有人开放的物质环境、交通、信息和通信以及服务实现充分的无障碍，是残疾人有效享有《残疾人权利公约》所述许多权利的关键条件，也是残疾人实现社会融合的前提条件。

在无障碍环境的建设中，一个共识是：与其在建好各类设施之后再进行高成本的无障碍化改造，不如从一开始就强化无障碍的观念，采用通用设计，这样可以大大节约成本、取得更好的效果，在障碍研究的发展过程中我们面临着同样的局面：社会模式在我国正在逐渐被接受，虽然社会模式遭受了太多批判，但不妨碍我们在无障碍环境建设之始就应该采用更好的设计，而不是等到社会模式在各个领域都被接受后再进行困难重重的"改造"。[1]中国目前的法律和实践仍然在沿用残疾的"医学模式"，作为《残疾人权利公约》的缔约方，中国应当尽快采取有力措施，在法律和实践中采纳《残疾人权利公约》的"权利模式"，实施《残疾人权利公约》，从而提高我国残疾人的权利保障水平。[2]此外，还应广泛普及和正面宣传残疾的普同模式，让无障碍人文意识深入人心。

第三节　无障碍与残疾人社会融合的关系

联合国七十四届会议秘书长的报告《无障碍与〈残疾人权利公约〉及其任择议定书的现况》明确指出，无障碍对于落实《公约》和《2030年可持续发展议程》而言既是手段也是目标，缺乏无障碍是造成残疾人被排斥的根本障碍，迫切需要解决这一问题，以促进残疾人独立生活并参与社会和发展。《公约》为残疾人实现社会融合提供了清晰的路线图，《2030年可持续发展议

---

[1] 于莲. 以可行能力视角看待障碍：对现有残障模式的反思与探索[J]. 社会，2018，38(4):160-179.

[2] 曲相霏.《残疾人权利公约》与中国的残疾模式转换[J]. 学习与探索，2013(11):64-69.

程》对残疾人实现社会融合提出了具体任务和量化指标。无障碍与社会融合的关系可以描述为手段与目标的关系，无障碍既是社会融合的手段，也是社会融合的目标。

世界银行把社会融合定义为：改善个人和团体参与社会的条件的过程，以及根据身份提高处境不利者的能力、机会和尊严的过程，以参与社会活动。① 联合国教科文组织把"融合社会"定义为所有人的社会，其中每个人都可以发挥积极作用，这样的社会基于平等、公平、社会正义、人权和自由的基本价值观以及宽容和拥抱多样性的原则。② 联合国通过的《变革我们的世界：2030 年可持续发展议程》提出"绝不让任何一个人掉队"，其本质就是社会融合的通俗表达。将残疾人群体排除在社会之外会造成沉重的社会成本。比如，将残疾人排除在工作之外可能使国家损失国内生产总值的 1% 至 7%，再加上由此造成的税收损失和国家福利制度的经济负担，成本难以估算，采取积极步骤消除残疾人参与的障碍，有助于融入公共生活和经济发展，给社会带来巨大福利。③

社会融合是国际残疾人运动的发展潮流，是现代残疾人观的核心理念，是残疾人平等参与社会生活、共享社会发展的唯一途径。④ 社会模式、权利模式、生物—心理—社会模式、普同模式和可行能力模式等残疾模式无不把无障碍环境建设作为优先考虑事项，把残疾人社会融合作为最终追求目标。无障碍是残疾人独立生活以及充分平等参与社会的前提条件。虽然无障碍环境建设是国家的发展战略和社会的普遍需要，但是残疾人社会融合的实现对无障碍环境建设的需求更加突出、依赖程度更深。因此，可以从残疾人社会融合视角审视无障碍环境建设的方方面面。现有研究残疾人社会融合的文章起

---

① https://www.worldbank.org/en/topic/social-inclusion.

② https://humanrights.gov.au/about/news/speeches/social-inclusion-and-human-rights-australia.

③ UNDP. Disability Inclusive Development in UNDP[R]. 2018, https://www.undp.org/publications/disability-inclusive-development-undp.

④ 吴文彦，厉才茂. 社会融合：残疾人实现平等权利和共享发展的唯一途径[J]. 残疾人研究，2012(3):34-42.

源于社会排斥的研究，多是关注残疾人与非残疾人的差别。① 由于残疾人与非残疾人存在的差别有基于自身因素的、有基于环境因素的以及基于二者相互作用导致的，这种研究范式不能很好地区分三者分别对残疾人社会融合的影响和贡献，也不能很好地揭示残疾人独立生活以及平等参与社会面临的障碍，其政策含义和实践价值不高。无障碍是一项复杂的社会系统工程，其概念不断演化、内涵不断丰富、范围不断拓展。从发展领域来看，联合国一直致力于残疾人的融合发展，无障碍的地位不断提高、作用不断增大，成为残疾人、老年人等特殊需要群体独立生活、融合社会的前提条件。在促进残疾人社会融合的过程中，无障碍的价值和作用不仅在于环境的改善与优化，无障碍的支持性服务为残疾人赋能，降低残疾人与环境负面作用带来的影响，是残疾人融合发展的重要动力，环境障碍消除的程度、社会支持的力度和残疾人自身参与的能力，共同决定着残疾人社会融合的程度。②

《公约》的宗旨是促进、保护和确保所有残疾人充分和平等地享有一切人权和基本自由，并促进对残疾人固有尊严的尊重；残疾人包括肢体、精神、智力或感官有长期损伤的人，这些损伤与各种障碍相互作用，可能阻碍残疾人在与他人平等的基础上充分和切实地参与社会。其目的是为了保障残疾人权利，消除损伤与环境相互作用产生的障碍，促进残疾人社会融合。无障碍是《公约》八大原则之一，具有重要的地位。《公约》第九条专门对无障碍进行详细规定，为了使残疾人能够独立生活和充分参与生活的各个方面，缔约方应当采取适当措施，确保残疾人在与其他人平等的基础上，无障碍地进出物质环境，使用交通工具，利用信息和通信，包括信息和通信技术和系统，以及享用在城市和农村地区向公众开放或提供的其他设施和服务。据此可以说明无障碍与残疾人社会融合之间的密切关系。通用设计的应用不仅能使残疾人，而且也能使所有人都融入社会，把无障碍的价值拓展到整个社会的融合。确保对公众开放的物质环境、交通、信息和通信以及服务实现充分的无障碍，是残疾人有效享有《公约》所述许多权利的关键前提条件，也是残疾

---

① 艾靓，胡苏敏，徐丹露. 共生理论视角下残疾人社会融合研究 [J]. 残疾人研究，2015(2):34-38.

② 厉才茂. 无障碍概念辨析 [J]. 残疾人研究，2019(4):64-72.

人实现社会融合的前提条件。[①] 如果执法、司法机构所在的建筑物没有实行无障碍，残疾人就不可能有效地获得公正（如公约第十三条规定）。无障碍环境、交通、信息和通信以及服务，是使残疾人融入各自地方社区以及实现独立生活的前提。关于教育，如果没有到学校的无障碍交通，学校建筑物没有实现无障碍，信息和通信也不采取无障碍手段，残疾人根本不可能享有受教育的权利。此外，教育以及学校课程内容都应推广手语、盲文、替代文字，同时还要特别注意盲人、聋人以及聋哑学生所使用的适当语言、模式和手段，教育模式和手段都应该在无障碍环境中进行。如果工作地点本身不是无障碍的，那么残疾人就不能享有工作和就业权。

包括残疾人在内的社会融合被纳入联合国《变革我们的世界：2030 年可持续发展议程》。《变革我们的世界：2030 年可持续发展议程》承诺建立和平、公正和融合的社会，绝不让任何一个人掉队。该议程中的 7 项目标和 11 个指标与残疾人明确相关，包括受教育和就业的机会、无障碍交通、无障碍公共和绿化空间等。为了实现 2030 的可持续发展目标，国际和国家的发展政策需要优先残疾人的融合发展，以实现公平和融合的社会。针对残疾人融合发展现状，联合国提出四点行动建议，其中第一个便是明确造成残疾人社会排斥的基本障碍。残疾人的社会价值只有在社会融合中才能得到真正体现，消除各种障碍，使其能够以正常的社会角色充分参与正常的社会生活是社会必然的抉择，无障碍是整个社会系统的重点。[②] 扫清障碍，才能促进残疾人的融合发展，实现残疾人的社会融合。

欧盟成员国中有大约 8000 万残疾人，占欧盟人口的六分之一。为赋予残疾人权利，使他们能够享受自己的权利并充分参与社会，以《公约》为基础，欧盟制定了《欧洲残疾战略 2010—2020》（European Disability Strategy 2010—2020），该战略侧重于消除八个主要领域的障碍：无障碍、参与、平等、就业、教育和培训、社会保障、健康和外部行动。[③] 因为无障碍是平等参

---

① Fina, Valentina Della, et al. The United Nations Convention on the Rights of Persons with Disabilities. 2017.

② 罗新阳. 从排斥到融合：残疾人社会融入路径研究——基于对浙江省绍兴市 1845 份问卷的分析 [J]. 中共南京市委党校学报，2014(6):72-80.

③ https://www.europarl.europa.eu/RegData/etudes/STUD/2020/656398/IPOL_STU(2020)656398_EN.pdf.

与和充分参与经济社会的前提条件。在《欧洲残疾战略 2010—2020》的 2017 年进度报告中指出，战略的所有八个领域都取得了进展，特别是在无障碍领域取得了重大进展。

《2018 年残疾与发展报告：通过残疾人、为了残疾人和残疾人一同实现可持续发展目标》[①]（The UN Flagship Report on Disability and Development 2018-Realizing the SDGs by, for and with persons with disabilities）是联合国第一部从全球视角审视残障与 2030 可持续发展目标的报告，也是残疾人融合发展问题的第一份进度报告，旨在推动努力消除障碍和增强残疾人权能。该报告指出，尽管残疾人充分融合和参与社会已经取得了不少进展，但仍面临很多障碍，导致的结果是残疾人贫困率更高，失去受教育、健康服务和就业的机会，很难有机会参与政府决策。而这些障碍主要包括基于残疾的歧视、物理和虚拟环境的障碍、缺少使用辅助器具和基本康复的机会、缺少独立生活的支持。充分表明无障碍环境建设对残疾人社会融合的重要性。由世界卫生组织和世界银行组织编写的《世界残疾报告》（World Report on Disability）[②] 于 2011 年公开发布，由全球从事残疾领域研究的 200 余名专家参与编写。该报告指出，残疾人往往不能进入或获得建筑环境、交通系统以及信息和通信。由于不能获取交通无障碍，残疾人因参与受限而不能享受基本权利，如受教育权、就业权利和基本医疗的权利。由于缺乏信息无障碍，残疾人通常没有发表言论的权利。可以说，无障碍环境建设是残疾人社会融合的基础和前提条件，残疾人社会融合是无障碍的结果和归宿。从社会融合视角研究和看待无障碍，具有重要的理论价值和实践意义，一方面可以根据残疾人社会融合存在的问题回溯无障碍存在的不足和短板问题，另一方面可以根据社会融合目标更好地推进无障碍环境建设。

---

① https : //www.un.org/development/desa/disabilities/publication-disability-sdgs.html.

② https : //www.who.int/publications/i/item/world-report-on-disability.

第四节　无障碍与残疾人社会融合现状

一、国际无障碍与残疾人社会融合概况

《公约》和《变革我们的世界：2030 年可持续发展议程》是两个相辅相成的框架，构成了由残疾人、为残疾人和与残疾人一起实现可持续发展的核心框架，共同促进无障碍发展和残疾人社会融合。签署国有义务履行相关内容，所以签署国对这两个文件的执行情况能充分反映国际无障碍和残疾人社会融合状况。联合国无障碍与残疾人社会融合的执行报告、决议文件主要有以下几个，如表所示，本章将根据这几个报告和文件梳理国际无障碍与社会融合概况。

表　无障碍与残疾人社会融合的权威报告或文件

名称	来源	网址
世界残疾报告	世界卫生组织、世界银行，2011 年	https://www.who.int/teams/noncom-municable-diseases/sensory-func-tions-disability-and-rehabilitation/world-report-on-disability
第九条：无障碍	残疾人权利委员会第十一届会议决议第 2 号一般性意见 (2014)（CRPD/C/GC/2），2014 年	https://www.undocs.org/CRPD/C/GC/2
无障碍与《残疾人权利公约》及其《任择议定书》的现况	联合国大会秘书长的报告（A/74/146），2019 年	https://undocs.org/A/74/146
执行《残疾人权利公约》及其《任择议定书》：无障碍	联合国第七十四届会议决议（A/RES/74/14），2019 年	https://undocs.org/en/A/RES/74/144

名称	来源	网址
执行《残疾人权利公约》及其《任择议定书》：无障碍	联合国第七十四届会议议程项目（A/C.3/74/L.32/Rev.1），2019 年	https://undocs.org/A/C.3/74/L.32/Rev.1
残疾与发展报告：《通过残疾人、为了残疾人和残疾人一同实现可持续发展目标》	联合国，2019 年	https://www.un.org/development/desa/disabilities/publication-disability-sdgs.html
与残疾人一道为残疾人实现融合发展	联合国大会秘书长的报告（A/75/187），2020 年	https://undocs.org/en/A/75/187

《与残疾人一道为残疾人实现融合发展》《残疾与发展报告：通过残疾人、为了残疾人和残疾人一同实现可持续发展目标》指出，近年来，尽管残疾人融合发展取得了进展，但残疾人在参与社会生活的许多方面仍然面临障碍，包括物理环境障碍和虚拟环境障碍，不利于他们充分融入和参与政治、法律、经济、社会和文化领域；残疾人受教育和就业的机会有限，缺乏社会保障、保健和营养，获取水、环卫设施、能源、信息和司法途径的机会不足。以服务为例，在需要社会服务的残疾人中，80% 的人得不到有效满足，因为缺乏无障碍的服务申请程序，不能无障碍地办理申请材料。由于缺乏无障碍的交通，很多残疾人不能走出家门，不能享受教育和工作的权利。在推进融合教育方面，一半左右的国家在执行报告中提到消除教育设施的障碍、提供适当的学习材料和辅助用具、改造校园无障碍环境。在一些国家，由于缺乏财政资金、缺乏无障碍的医疗设施和交通工具，以及对保健人员的培训不足，导致 50% 以上的残疾人对这些服务的需求没有得到满足。新冠疫情的流行，由于无障碍环境的不完善加剧残疾人在疫情防控中处于不利地位以及不能有效获取医疗保健服务。在金融服务中，由于缺乏无障碍环境，至少 30% 的银行不是无障碍的，导致残疾人不能有效获取金融服务。发达国家的数据显示，大约 69% 的卫生间对轮椅使用者是无障碍的。在使用信息通信技术方面，14 个国家的数据显示，只有 19% 的残疾人使用因特网，而非残疾人有

36%，存在差距的主要原因之一是这些信通技术缺乏无障碍。在交通方面，一些国家的现有数据表明，超过 30% 的残疾人认为交通工具和公共空间无法进入。在居住方面，超过 15% 的残疾人认为住房对生活有妨碍。来自五个发展中国家的证据表明，大约五分之一的残疾人因残疾而遭到殴打或辱骂，但 30% 以上的法院和警察局无法进入，90% 以上需要法律咨询的残疾人无法接受法律咨询。综合来看，缺乏无障碍环境是主要原因之一，导致残疾人融合发展状况并不乐观。因此，为促进残疾人融合发展，首先要创建无障碍环境，消除造成残疾人被排斥的基本障碍，如消除歧视性法律和政策；消除物理环境和虚拟环境中的障碍，消除公共设施、交通、信息及通信中的障碍，使残疾人参与到教育、就业和社会生活中，提高独立生活的能力；提高认识，消除社会大众的消极态度、耻辱和歧视，以确保残疾人能够在与他人平等的基础上无障碍地进出物质环境，享用向公众开放或提供的所有设施和服务。

《第九条：无障碍》（CRPD/C/GC/2）和《无障碍与〈残疾人权利公约〉及其任择议定书的现况》（A/74/146）比较详细地报告了无障碍环境发展历程、现状、存在的挑战，并提出了一些解决对策。现有数据表明，各地执行《条约》和《2013 年可持续发展议程》的情况不同，无障碍环境发展不平衡不充分的特征比较明显。无论是物理环境还是虚拟环境，都存在很多障碍。通过审查发达国家 120 多万个公共场所，发现轮椅使用者无法进出 53% 的教育设施、30% 的图书馆、48% 的休闲设施、31% 的公共厕所、20% 的医院、32% 的药店、45% 的诊所、32% 的公共交通设施、61% 的地铁站、59% 的邮局。在灾害期间进行疏散时，全球范围内的数据表明约 73% 的残疾人面临疏散困难，6% 的人根本无法疏散。在虚拟环境方面，对 193 个联合国会员国的国家在线门户网站的分析表明，2018 年，61% 的网址包含残疾人无法访问的功能，与 2012 年的 63% 相比，进展很小。

根据《公约》126 个签署国提供的信息，大约有 92% 的国家以立法规定了无障碍有关条款，大约欧洲 97%、美洲 95%、亚洲 91%、大洋洲 86% 和非洲 84% 的签署国通过了以残疾人为重点的法律或令；一些国家有具体的无障碍环境法律，如芬兰有建筑物无障碍法律，安哥拉政府批准了一项无障碍法律提案，旨在建立一个全面、一致和有序的全民无障碍系统；约有三分之二的国家提到已有一项国家计划或战略，来解决残疾人无障碍问题或需要；89%

的国家为改善建筑物无障碍环境而采取了行动；75% 的国家为改善信息、交流和其他服务无障碍而采取了措施；针对向公众开放或提供的设施和服务，73% 的国家开发了无障碍标准或导则；78% 的会员国努力就残疾人面临的无障碍问题为有关方面提供了培训；约 36% 的国家采取了干预措施，在向公众开放的建筑和其他设施中提供了盲文标志及易读易懂的标志；约 61% 的国家采取措施提供各种形式的现场协助和中介，包括提供向导、朗读员和专业手语翻译人员，以保障公众开放的建筑和其他设施的无障碍；只有 13% 的国家侧重于采取措施促进在早期阶段设计、开发、生产、推行无障碍信息和通信技术和系统，以便能最大限度降低成本。

当前无障碍环境存在五大挑战。一是各个国家和地区落实《公约》情况参差不齐，突出了在实现无障碍能力方面存在明显的区域差异。二是不同社会领域落实无障碍的情况参差不齐，工作场所明显缺乏无障碍举措，缺乏针对私有部门或个体的无障碍环境要求。三是从无障碍权利到无障碍存在较大挑战，赋予无障碍权利并不会自动实现无障碍，如环境存在障碍。四是在信通技术设计和开发的早期阶段缺乏对无障碍的关注。五是各个国家的行动和措施重点在于克服行动不便者遇到的障碍，忽视了其他残疾类型的无障碍需求。

关于无障碍环境存在各种挑战和无障碍环境发展不足的原因，《第九条：无障碍》（CRPD/C/GC/2）指出，主要有三大原因，一是认识不足。为加强无障碍相关政策的执行力度，必须开展经常性的教育、提高认识、文化宣传和交流等活动，抵制污名化和歧视，改变对残疾人的态度。特别是要纠正对无障碍认识的误区：（1）在设计、开发或生成早期阶段就考虑无障碍，几乎不增加任何额外成本；（2）即使无障碍改造成本较高，但是无障碍环境带来的回报和收益能抵消成本，无障碍环境有助于残疾人独立生活和平等参与社会，可以大幅度节约福利支出，有利于残疾人参与社会创造价值；（3）通用设计的应用不仅能使残疾人，而且能使所有人都能平等参与社会，实现融合发展和共享发展，无障碍环境应该被看作为社会投资的一种方式和社会可持续发展的重要组成部分。二是缺乏保证切实执行无障碍标准和政策法规的监测机制，监测的工作由地方政府负责，但地方政府缺乏足够的人才、财力、物力和技术知识。三是相关利益主体得不到培训，残疾人及其代表组织没有充分参与无障碍环境建设、管理与维护的过程。

二、中国话语和中国叙事体系下的无障碍与社会融合

习近平总书记在加强我国国际传播能力建设的中央政治局第三十次集体学习时指出："要加快构建中国话语和中国叙事体系，用中国理论阐释中国实践，用中国实践升华中国理论，打造融通中外的新概念、新范畴、新表述，更加充分、更加鲜明地展现中国故事及其背后的思想力量和精神力量。"无障碍与社会融合二者虽然都是舶来词，但其内涵并不陌生，其实践具有源远流长的历史。《礼记·礼运》中记载"使老有所终，壮有所用，幼有所长，鳏、寡、孤、独、废疾皆有所养"，充分表达了残疾人也拥有社会保障的权利，体现了无障碍权利。《列子·汤问》中愚公移山的故事家喻户晓，反映了我们自古以来便有努力消除环境障碍的宝贵精神。《中国共产党尊重和保障人权的伟大实践》白皮书指出，中国共产党成立一百周年以来，坚持生存权、发展权是首要的基本人权，坚持人民幸福生活是最大的人权，坚持促进人的全面发展，不断增强人民群众的获得感、幸福感、安全感，成功走出了一条中国特色社会主义人权发展道路。在中国特色社会主义人权发展道路上，不仅保障了全体人民的一般权利，而且全面保障特定群体权利，以残疾人为例，直接保护残疾人权益的法律有90多部，行政法规有50多部。事实上，中国特色社会主义人权发展道路实际上也是不断促进无障碍发展和社会融合的道路。坚持以人民为中心的发展思想，坚持发展为了人民、发展依靠人民、发展成果由人民共享。共享发展是五大新发展理念之一，包括全民共享、全面共享、共建共享和渐进共享，与无障碍和社会融合的本质理念是相通的。在脱贫攻坚中，科学提出"因病、因残致贫"，700多万建档立卡贫困残疾人如期脱贫。在全面建设小康社会中，提出"残疾人一个也不能少"，2021年7月1日，习近平总书记在庆祝中国共产党成立100周年大会上庄严宣告我国全面建成了小康社会，历史性地解决了绝对贫困问题。在新冠疫情防控中，坚持人民至上、生命至上，把保障人的生命安全和健康放在第一位，慎终如始、全力以赴救治每一位患者，并且特别关注妇女儿童、老年人、残疾人等弱势群体。在二〇三五年基本实现社会主义现代化远景目标中，提出人民平等参与、平等发展权利得到充分保障。在全面建设社会主义现代化国家新征

程上，把推动人的全面发展、全体人民共同富裕取得更为明显的实质性进展作为努力目标。这些都是中国话语和中国叙事体系下无障碍与残疾人社会融合的具体呈现。我们在研究国外无障碍与社会融合时，做好与国际可比的同时，更要讲好中国故事，传播好中国声音，输出我们在无障碍与社会融合方面做出的成绩和贡献。

党的十八大以来，习近平总书记一直格外关心残疾人这个特殊困难的群体，明确强调"全面建成小康社会，残疾人一个也不能少"。在致 2013 — 2022 年亚太残疾人十年中期审查高级别政府间会议的贺信中，习近平总书记强调，随着联合国《残疾人权利公约》和《2030 年可持续发展议程》实施，保障残疾人平等权益、促进残疾人融合发展越来越成为国际社会和各国的普遍共识和共同行动。习近平总书记关于残疾人和残疾人事业发展提出的一系列指示和要求，深刻阐述了促进残疾人社会融合的价值理念，是共享发展理念的生动实践，是"以人民为中心"发展思想的真实写照，无不体现着"平等、参与、共享"的理念。

"平等、参与、共享"是我国残疾人事业发展的重要理念和目标。《平等、参与、共享：新中国残疾人权益保障 70 年》白皮书指出，中华人民共和国成立 70 年来，中国从国情和实际出发，努力促进和保护残疾人权利和尊严，保障残疾人平等参与经济、政治、社会和文化生活，走出了一条具有中国特色的残疾人事业发展道路，但中国残疾人事业发展仍然不平衡、不充分，滞后于全国经济社会发展总体水平，残疾人生活状况与残疾人对美好生活的期待相比依然存在较大差距，充分保障残疾人平等权益，全面促进残疾人融合发展依然任重道远。受习近平总书记委托，韩正在中国残疾人联合会第七次全国代表大会上的致词中指出："推动新时代残疾人事业发展，必须促进残疾人全面发展和共同富裕，我们要顺应残疾人过上美好生活的新期待，不断健全残疾人事业政策法规体系，加强残疾人社会保障制度和服务体系建设，加快推进无障碍环境建设，切实提高残疾人事业科技应用水平，进一步保障残疾人平等权益，促进残疾人融合发展，实现残疾人共享经济社会发展成果。"因此，促进残疾人社会融合是共享发展理念的生动实践和真实写照。党的十九届四中全会提出坚持和完善共建共治共享的社会治理制度，建设人人有责、人人尽责、人人享有的社会治理共同体。共建是共同参与社会建设，共治是共同参与社会治理，共享是共同享有社会治理成果。因此，让残疾人参与社会治理的共建共治共享，实现残疾人的社会融合，是社会治理制度的应有之义，是推进国家治理体系和治理能力现代化的一个体现。

立足新发展阶段，无障碍是实现共享发展的前提条件和重要基础。习近平总书记指出，只有坚持以人民为中心的发展思想，坚持发展为了人民、发展依靠人民、发展成果由人民共享，才会有正确的发展观、现代化观。这与联合国《变革我们的世界：2030年可持续发展议程》促进由残疾人、为残疾人和与残疾人一起实现可持续发展的目标是一致的。贯彻新发展理念、构建新发展格局、推动高质量发展，归根结底是不断推进全民共享与全面共享，最终实现全体人民的共同富裕。习近平总书记在党史学习教育动员大会上强调"要教育引导全党深刻认识党的性质宗旨……推动改革发展成果更多更公平惠及全体人民，推动共同富裕取得更为明显的实质性进展"。因此，进入新发展阶段，党和国家把扎实推动共同富裕和促进人的全面发展摆在更加重要的位置，实际上是共享发展理念的具体实践。实现共同富裕，无障碍既是手段也是目标。

着眼第二个百年奋斗目标，无障碍将有力促进全面建设社会主义现代化。无障碍环境不仅是特殊群体的利益和需求，更是全体社会成员的共同需要，具有巨大的社会价值。着眼第二个百年奋斗目标，应从全面建设社会主义现代化的高度提高对无障碍环境的认识。习近平总书记指出，无障碍设施建设问题是一个国家和社会文明的标志，我们要高度重视。同时，我国现代化是人口规模巨大的现代化，是全体人民共同富裕的现代化，是物质文明和精神文明相协调的现代化，是人与自然和谐共生的现代化，这些都与无障碍直接有关。现代化是包括残疾人在内的现代化，无障碍环境是物质文明、精神文明及其相协调发展的标志。可以说，没有无障碍环境高质量发展，就不可能全面建设社会主义现代化；无障碍环境高质量发展将有力促进现代化；全面建设社会主义现代化一定是无障碍环境高质量发展的现代化，为残疾人实现共同富裕、与自然和谐共生提供基础和条件。因此，无障碍环境是现代化的有力支撑和标志。

我国发展无障碍事业具有重要的世界意义，对促进世界可持续发展和人类命运共同体都具有非常重要的推动作用。改革开放40多年来，如果说我国残疾人事业在改革开放的大潮中乘势而起、因时而进，从一个人群、一个侧面映照出中国特色社会主义的蓬勃生机，展示了我国社会文明进步的良好形象，那么，进入新发展阶段、面向第二个百年奋斗目标，如果以无障碍环境为重要抓手，残疾人事业发展将变被动为主动，有力促进全面建设社会主义现代化进程，不仅彰显中国特色社会主义的优越性，而且具有重大的世界意义。联合国《2030 年可持续发展议程》在 7 项目标和 11 个指标下明确提到残疾人。我们已经消除了包括残疾人在内的绝对贫困，提前 10 年实现减贫目标。为实现"一个都不能少"的承诺，无障碍不仅是重要事项，而且是优先事项。中国拥有全球最多的残疾人和老年人，消除他们融入和参与经济、政治、文化、社会的各种环境障碍，保障他们无障碍获取教育、工作、健康、信息、交通等权利，将会改变可持续发展进程的世界版图。因此，我国无障碍环境发展可以为全球贡献中国智慧，使我国成为全球可持续发展的积极倡导者、有力推动者和主要贡献者，进而推动构建人类命运共同体，并加快全球实现可持续发展目标。

第七次人口普查数据显示，我国 60 岁及以上人口有 2.6 亿人，占总人口的比重为 18.7%，人口老龄化已成为今后一段时期我国的基本国情，具有规模大、程度深、速度快等特征。随着人口老龄化加深，残疾老龄化和老龄残疾化现象会更加明显。2006 年第二次全国残疾人抽样调查数据显示，在 8296 万残疾人中，60 岁及以上的人口有 4416 万人，占比为 53.24%，残疾老龄化比较突出；4416 万残疾老年人占 2006 年全国老年人总数的比例为 29.6%，老龄残疾化比较明显。[1] 值得注意的是，与 1987 年全国残疾人抽样调查相比，60 岁及以上残疾人数增加了 2365 万，占全国残疾人新增总数的 75.5%。[2] 人口老龄化是残疾人数量增加的主要因素。据此推算，2020 年残疾老年人规模会进一步显著增大。随着中度老龄化和重度老龄化的到来，社会对无障碍环境的需求更加强烈。加快无障碍环境建设是老龄社会的刚需和标配。

不可否认的是，与广大人民的需求相比，我国无障碍发展存在明显不足和短板，残疾人社会融合水平还不高。无障碍法律法规还比较缺乏、标准规范还比较滞后、体制机制还不健全，无法可依、有法难依、质量不高、实施

---

① https://www.cdpf.org.cn/zwgk/zccx/cjrgk/f6a18ca7bda04196b4bbf50fa4e7a478.html.

② http://www.stats.gov.cn/tjgz/tjdt/200612/t20061205_16908.html.

绩效较差的问题比较突出。我国无障碍环境建设已经实践三十多年，存在的问题主要表现为无障碍理念有误区，方向有偏，宣传不足，意识不强，人才培训、培养比较滞后。无障碍环境建设面多量广，主体多元，职责交叉，建设、改造、管理、维护主体责任和法律责任尚不清晰，体制机制尚未建立。无障碍环境"重物理环境、轻信息和服务环境""重建设、轻管护"，发展不平衡不充分的特征比较明显，远不能满足人民日益增长的美好生活需要。无障碍环境存在建设太少、建设不达标、改造欠账多、改造难度大、改造成本高、改造意愿低、改造不规范、重复改造等常见问题。我国8500多万残疾人、2.64亿老年人在独立生活、便捷出行、平等参与社会、获取信息和服务方面还面临很多环境障碍，导致无法充分分享高质量发展成果和共享高品质幸福生活。由于建筑物缺乏无障碍设施，很多残疾人不能安全、独立、方便出入建筑物；由于缺乏无障碍交通，残疾人出行受阻导致不能享受其他权利，如教育、就业、健康、自由等；由于缺乏无障碍信息交流，很多残疾人、老年人无法享受自由表达权利和共享数字生活带来的便利。随着人口老龄化的持续加深，残疾老龄化和老龄残疾化现象会更加突出，残疾人、老年人不仅是规模最庞大而且是不断增长的最困难群体，无障碍环境不完善、不系统、不达标是他们面临的最突出问题，平等参与社会治理、共享社会发展成果是他们的最现实利益。为保障无障碍权利、建设无障碍环境、实现无障碍目标，应系统地、持续地逐步消除面向公众或向公众开放的设施和服务的各种障碍。

第三章
重大突发公共卫生事件与残疾人的健康融合

中共中央、国务院于 2016 年 10 月 25 日印发并实施《"健康中国 2030"规划纲要》(以下简称"纲要"),"纲要"认为,健康是促进人的全面发展的必然要求,是经济社会发展的基础条件,是民族昌盛和国家富强的重要标志,也是广大人民群众的共同追求。强调"人的全面发展",坚持以人民为中心的发展思想,是化解社会主要矛盾的必然要求。健康融合是新时代残疾人健康权利的具体体现,是残疾人生存权的基础内容,是实现残疾人社会融合的生物基础和必要条件。健康融合的实现是公民进行正常社会活动的基础,也是获得美好而富足生活的基本条件。残疾人是人类大家庭的平等成员,保障其健康权能够使其以平等的地位和均等的机会充分参与和融入社会生活,是尊重和保障残疾人人权和人格尊严的充分体现,是国家保障其能够共享物质文明和精神文明成果的义不容辞的责任,也是中国特色社会主义制度的必然要求。

2020 年,全球暴发新冠疫情。在这一突发重大公共卫生事件爆发的特殊时期,全球社会经济的发展均不同程度受创,人民的日常生活受到了极大影响。其中残疾人群作为弱势群体,在抗击疫情的过程中,其健康权利、健康管理和健康保护均面临着更大的挑战,相应的工作也更为艰巨繁重。因此本章节将在突发重大公共卫生事件——新冠疫情传播蔓延的背景下,从残疾人的健康权利、健康管理和健康保护三个方面展开讨论残疾人健康融合的现状和挑战,对未来新冠疫情可能常态化的发展趋势下残疾人健康融合的政策建议提供参考。

第一节　突发重大公共卫生事件的概念

一、突发重大公共卫生事件的爆发——新型冠状病毒的流行

国际上将突发公共事件定义为公共紧急状态的解释,即"一种特别的迫在眉睫的危机或危险局势,影响全体公民,并对整个社会的正常生活构成威

胁"。[①]2003 年 SARS 疫情过后，2003 年 5 月 9 日，国务院颁布的《突发公共卫生事件应急条例》中将"突发公共卫生事件"定义为突然发生的，造成或者可能造成社会公众健康严重损害的重大传染病疫情、群体性不明原因疾病、重大食物和职业中毒以及其他严重影响公众健康的事件。[②]其中，突发重大公共卫生事件主要包括：重大急性传染病暴发流行，群体不明原因疾病、新发传染病、预防接种群体性反应和群体药物反应，重大食物中毒，重大环境污染，急性职业中毒，放射污染和辐照事故，生物、化学、核辐射恐怖袭击，重大动物疫情，以及由于自然灾害、事故灾难或社会治安等突发事件引发的严重影响公众健康的卫生事件。"2019 新型冠状病毒"于 2020 年 1 月 12 日被世界卫生组织命名为 2019-nCoV，2020 年 2 月 11 日被国际病毒分类委员会命名为 SARS-CoV-2，[③]其在短时间内暴发流行的特征，已经可以划归为突发重大公共卫生事件（以下简称"新冠疫情"）。

二、突发重大公共卫生事件的特征

（1）突发性。即疫情出现突然，其暴发源头、危害程度、发展态势难以预测，对社会经济发展和人们的正常生活影响巨大。2003 年的 SARS 疫情和本次新冠疫情均为骤然而至并迅速扩散。[④]

（2）全球性。疾病传播难以用疆界隔离，它是通过人与人之间或是人与动物之间的交叉接触实现传播的。人口在空间的流动性和聚集性决定了疫情暴发的蔓延性和聚集性。本次新冠疫情在暴发后，虽然在中国政府的全力控制下，国内疫情快速得到了控制，但是疫情仍旧跨越洲际和国际，全球几乎所有国家先后出现感染病例。之后在中国已经完全控制国内疫情的情况下，有国外病例回流造成了疫情发病的起伏。

（3）不可预测性。突发重大公共卫生事件有许多无法预知的因素，正如本次新冠疫情的暴发，其源头至今未有定论，疫情传播的速度快，全球各国

---

① 祁明亮，池宏，赵红，等．突发公共事件应急管理研究现状与发展 [J]．公共管理与公共政策，2006．

② 王泉洁．论我国城市突发公共事件的应急管理 [D]．济南：山东师范大学，2009．

③ 关于新型冠状病毒感染的肺炎，你应该了解！联合国 I 引用日期 2020-01-21]．

④ 邢力新．突发公共卫生事件应对研究 [D]．天津：天津大学，2005．

几乎无一幸免，截至 2020 年 6 月 5 日，全球诊断总数已超过 660 万，死亡人数达 387,000。

（4）危险性和危害性。疫情暴发的危险性和危害性既针对一般人群，也针对医护人员。2003 年 SARS 暴发期间，一线的医护人员患者人数约占非典患者总数的 20%。[1]

三、重大公共卫生事件突发过程中残疾人潜在的健康危机

《"健康中国 2030"规划纲要》和《健康中国行动（2019—2030 年）》中均体现了以习近平同志为核心的党中央做出推进健康中国建设的重大决策部署，残疾人的健康保障工作也得到了空前的高度重视。在"大健康"思想指引下，健康保障要惠及全民、覆盖全生命周期，实现诊疗结合，重视疾病预防。新冠疫情下，残疾人自身健康意识、家庭社区支持协助力度以及诊疗康复机构在流程设置、器械辅助、社工协同等方面的必要配合均显现出一定的问题。

第二节　重大突发公共卫生事件下残疾人的健康融合

一、健康融合与社会融合的关系

早期的社会融合理论曾提出，应当从文化融合、交流融合、功能性融合和规范性融合四个层面来解读社会融合概念。使用这一分层方法对残疾人社会融合进行解读需要增加一个层面的讨论，即社会融合的生物基础——健康状态。已有研究揭示，社会融合水平和健康具有较为强烈的正相关关系，因此，残疾人的健康融合是中国残疾人社会融合的重要组成部分。

---

[1] http://wenda.tianya.cn/wenda/thread?tid=09884beb6816de0e.

残疾人的社会融合强调残疾人享有平等的权利，要求残疾人享有参与的权利，最大化发展过程中社会利益的共享。从本质上看，融合发展就是要坚持社会公平正义，促进人人平等获得发展机会，着力保障和改善民生，在可持续发展中实现经济社会协调发展。残疾人是一个特别需要帮助的社会群体，在包容经济的增长下，保障残疾人合法权益，给予残疾人群体更全面和周到的关怀，为他们提供更有效率的支持服务社会福利，实现残疾人平等、参与、共享的目标。

二、残疾人健康融合实现的评价标准

当前国内尚未建立统一的评价体系对残疾人社会融合进行评价，难以客观地得出社会融合水平高低的结论，更无从判断新时代残疾人社会融合实现的现状和挑战。

第三节　重大突发公共卫生事件下残疾人健康权利的伦理思考

一、残疾人健康的权利与伦理

在政治法律领域，权利和义务是相对应的；在道德领域，义务与权利同样相对应，但伦理学强调义务不以权利为前提，不认为有权利就尽义务，没有权利就放弃责任。在新冠疫情下思考残疾人的健康权利，应当从伦理的视角进行把握，即不能把得到获得健康的权利作为尽义务的前提，这有违道德义务的初衷。[1]在重大突发公共卫生事件下，残疾人的健康权利应当指的是医患双方在医学道德允许的范围内可以行使的权力和应享受的利益，它既指医务人员行使的权利、承担的义务，也包括病人应该享受的利益。

---

[1] 邱仁宗. 医学伦理学［M］. 北京：中国大百科全书出版社，1993.

考虑到残疾人的特殊性，以及这次疫情中首要保障公民生命安全的原则，残疾人健康权利保障伦理主要从对残疾人的伦理责任来分析。

（一）保密问题

在实践中，服务提供者有责任和义务保护残疾人的隐私问题，替残疾人保密。保密内容包括涉及残疾人的个人信息，疾病的性质、诊断和治疗信息等，所有这些都涉及患者的隐私。①医务工作者在未获得残疾人同意的情况下，不得利用专业关系向他人透露有关残疾人的资料与个人信息。医务社工应遵循保密原则，尊重案主，为案主保守秘密。但在实际工作中，服务提供者经常会因为一些特殊原因，并不能做到绝对保密。尤其在这次抗疫中，每个公民的出行情况和体温情况都是需要定时向社区或者单位汇报，如若隐瞒会对公众造成极大的生命安全隐患。服务提供者应尊重案主的隐私权，为其保密而放弃链接更多的社会资源与援助，还是应上报真实信息给有关单位为案主及社会谋取更大的利益都是两难的选择。目前隐报瞒报已上升到国家法律层面，因此，服务提供者必须做出慎重思考，避免出现伦理错误。

在突发的疫情下，普通民众对新冠肺炎患者是有恐惧心理的，这种恐惧会转移到患者以及患者家人身上，更有甚者在网络上谩骂肺炎患者及其家人，"污名化"残疾人士，给他们的生活和治疗带来了困扰。对于新冠疫情的肺炎患者的"绝对保密"和"相对保密"有了现实的伦理意义。

（二）知情权

重大突发公共卫生事件往往爆发突然，且刚开始对病原体和治疗药物尚不清楚。为了避免引起恐慌，部分医院在一开始向患者隐瞒了真实情况，并且向其他住院治疗的病人也隐瞒了收治患者的传染性。新冠疫情暴发的突然性是任何人都没有预料到的，部分医院的隐瞒也情有可原，但是应当征得患者及其亲属的同意，告知他们真实的情况。

二、残疾人健康权利的伦理挑战

残疾人指在心理、生理、人体结构上，某种组织、功能丧失或者不正

---

① 白莲. 医务社会工作在实践中遇到的伦理困境［J］. 科教导刊：中旬刊，2015(10):148-
  149.

常，全部或者部分丧失以正常方式从事某种活动能力的人[①]。相较于一般人群的健康权利，实现残疾人健康权利有三大特殊性：第一，是其特殊性决定。残疾人不同于一般的老人、儿童贫困群体、他们是因功能全部或者部分丧失而不能正常参与社会生活。因此可以说他们的弱势是"叠加的"；第二，残疾人因年龄跨度大、残疾种类多、残疾程度不同，其健康需求更加多元化、差异化。第三，在健康需求满足过程中的艰巨性。在实现残疾人健康权利的过程中，需要更多的"同理心"，而事实上这一点很难做到，健康服务的提供者很难有与残疾人相似的生活经历及感受，容易造成服务过程中的沟通不顺畅[②]。

（一）医疗资源分配引发的伦理困境

2019 年新冠疫情暴发突然，且刚开始主要集中在湖北省武汉市，这无疑对武汉市医疗资源是一个重大考验。不仅患者的医疗资源缺乏，而且医护人员的防护物资也十分缺乏。并且，在快速封城下，城市内需要救治的人员也只能在当地就医，无法再外出就医，这也增加了医疗资源的压力。在国外抗疫中，我们不难发现在资源有限的情况下，当地政府会优先选择治愈可能性高的患者分配医疗资源。而残疾人士因本身的身体功能部分或者完全丧失，他们的疾病是叠加的，治疗起来难度更高。对社会工作者来说，在资源有限的情况下，如何公平合理的配置资源仍是一个重大难题。应如何选择分配标准？是以结果为重，按最佳效益原则进行分配？还是以过程为主，采用先到先服务，随机抽取和按需分配的方法进行资源配置[③]。而无论采取哪种方式，都会有一部分患者无法惠及，会对分配方式、社会工作者乃至医院产生质疑，不利于工作顺利进行。医务社会工作者常会陷于诸如如何选择分配的标准和机制、如何抉择伦理的本质等伦理困境中[④]。

（二）由"患者自决"与否导致的伦理困境

按照当代自由主义学者伊赛亚·柏林江"积极自由"的观点，现实中个

① 全国人大常委会. 中华人民共和国残疾人保障法：2018 年修正［M］. 2018-10-26.

② 王思斌. 社会工作概论［M］. 第三版. 北京：高等教育出版社，2014.

③ 郑卫荣，高秀，戚海锋，等. 医院社会工作的伦理困境及其应对策略［J］. 中国卫生事业管理，2018(6):415-417.

④ 沈雪峰. 社会工作介入农村留守儿童教育参与式研究［J］. 长春师范学院学报，2014(1):25-28.

体的自决是由积极自由导向的自决，是相对于特定的范围，根据具体情境做出的自由抉择，需要且允许服务提供者的适度干预，而非无条件的自我决定或选择。因此，在社会工作领域中的自决应当是案主在不损害社会及他人基本权益的基础上做出的决定。^①在这次的疫情中由于病毒具有潜伏期，患者及服务提供者做出的决定是很难去判定是否会影响到他人及社会的。

（三）人情与法制及规定的冲突问题

我国是一个人情社会，人与人之间的社会关系在日常生活中非常重要。在处理家庭、邻里、社区等矛盾时往往会遇到情、理、法的冲突。在疫情期间，残疾儿童无人照料在发动其其他亲属照料时也遇到这种情理之间的冲突，这也会使服务提供者陷入两难的困境中。

由此可以看到残疾人健康权利保障的复杂性，也因此在健康权保障相关服务的供给中常常会面临各种挑战和矛盾。正如在这次突如其来的疫情中，当面临医院床位资源有限，救援物资有限的时候，必然面临选择难题——先救谁？资源先给谁？这当中不仅包括社会资源本身是缺乏的，也包含体制和政策的限制，还涉及伦理原则自身的相互制约，这就是残疾人健康权利保障实践中面临的医学伦理挑战。

伦理难题本质是价值多元性和矛盾性的结果，也是健康权利保障实践中责任与义务之间冲突的具体表现。残疾人健康权利保障面临的伦理困境是多重的、复杂的、交织的。疫情期间，新冠疫情的患者本身是受害者，也是传染源。人们出于对疾病的恐惧心理会把这种情绪转移到患者身上。这些医学伦理难题一方面反映了人类社会不同价值观、心理认知的矛盾，也潜在地反映了政策制度之间的矛盾。

三、重大突发公共卫生事件下从伦理视角加强残疾人健康权利的保障

（一）加强残疾人健康权利保障应优先考虑残疾人的生命利益

对残疾人的健康权利的保障通常以其利益为出发点，将其利益看作首位。在这次重大卫生事件中，如何保障好残疾人的生命利益和生存权利是我

---

① 柴琦惠，王志中. 医务社会工作在实务中常见的伦理困境 [J]. 卫生软科学，2019，33(12):65-67.

们要放在首位考虑的内容。

（二）专业价值高于个人价值

在残疾人健康权利的保障过程中，服务的供给方很难做到"感同身受"，因此在实践中，常会遇到价值观的冲突。这包括医护工作者、社会工作者等个人和残疾人的价值观冲突，医护工作者、社会工作者等个人和机构（医疗卫生机构）的价值观冲突，残疾人和机构的价值观冲突。这些冲突并不是单一的，在实际生活中他们是叠加发生的。在这种情况下，残疾人健康权利的医学伦理要求医护工作者、社会工作者等服务供给方的个人价值要服从专业的价值要求。残疾人健康权利保障的医学伦理约束和指引功能就显得尤为重要。

（三）加强系统性和权威性

医学伦理视角下所包含的价值观的具体行为规范都是经过系统、严格论证并由专业协会统一发布的。以保障残疾人健康权利为出发点，势必要求对相关服务人员如医护人员、社会工作专业人员进行权威的约束。因为服务对象的特殊性，伦理认证不仅需要医学伦理委员会、社会工作的专业认证，还应得到中国残疾人联合会的认证。

四、应对残疾人健康权利保障伦理难题的对策

（一）处理伦理难题的基本原则

伦理原则的优先次序应当为保护生命原则（保护生命原则高于其他所有伦理原则）；差别平等原则（把握平等待人和个别化服务）；自由自主原则；最小伤害原则；生命质量原则；隐私保密原则；真诚原则。[①]

在突如其来的重大公共卫生事件中，残疾人健康服务提供者面临的考验不同寻常，应该遵循优先次序原则，首先考虑保障残疾人士的生命安全，遵循生命至上的原则。与此同时，在服务过程中，若服务对象陈述的个人隐私涉及第三方利益相关者的生命安全，如在疫情中出现瞒报出境记录私自偷跑回家的情况应及时告知相关社区和单位，帮助残疾人做好自我隔离，并且做好相应的预防和准备。

---

① 拉尔夫·多戈夫，弗兰克·M. 洛温伯格，唐纳·哈林顿. 社会工作伦理［M］. 隋玉杰，译.
　北京：中国人民大学出版社，2005.

（二）新冠疫情下处理伦理难题的原则

2020 年 1 月 31 日，由中国社会工作教育协会发布的《社会工作参与新型冠状病毒感染肺炎防控工作实务指引》为社会工作者提供了专业指导。同时，为应对疫情防控中残疾人及其家庭的脆弱处境，所编写的《抗疫期残疾人及其家庭社会工作服务指引》特别指出了在这次疫情中为残疾人群体服务的伦理指引：

第一，合法。严格遵守党中央、国务院和所在地区党委、政府针对新冠肺炎防控工作做出的统一部署，在当地疫情防控指挥部的领导和统筹下，立足本地、因地制宜，做到依法有序地开展抗疫期残疾人及其家庭的社会工作服务。

第二，安全。服务提供者应当首先提高自我保护能力，做好个人防护工作。密切关注自身的身体状况，在安全、健康的情况下，力所能及地提供专业服务。

第三，专业。持守服务提供者的专业价值与伦理，以避免伤害及维护残疾人及其家庭和社会的最大福祉为基本出发点。

第四，网络。遵守疫情防控的部署和要求，有效运用互联网工作技术，积极为残疾人及其家庭提供专业服务。

在保障残疾人健康权利的伦理困境中，要以生命原则至上，处理好伦理矛盾：首先，做好绝对保密和相对保密。由于病毒的高度传染性，涉及民众安全时一定要做好患者病情的信息公开度，做好防疫工作。同时，不能随意泄露患者的个人隐私和家庭情况，造成舆论申讨。

其次，要尊重残疾人的知情权。病毒暴发时大多医院和医生并不知情没有高度重视，这也情有可原。但是在后期治疗时应及时告知患者真实情况和治疗进度，避免引起医患矛盾。

再次，合理链接医疗资源。服务提供者在疫情中不是领导者也不是决策者，在有限的医疗资源分配情况下，基层服务提供者做不到主导资源分配，但是可以做资源的链接者，可以积极发动社会组织和民众的力量帮助残疾人，让他们也能分配到合理的医疗资源。

最后，尊重残疾人的自决权但也保护其他民众的生命利益。突如其来的疫情往往会让很多人陷入恐慌之中，很多患者产生了沮丧、失望乃至报复社会的想法。这个时候我们一方面要处理好残疾人的情绪问题，尊重他们的决定权，但也要注意这个决定是否会伤害他人和社会。重大公共卫生事件下，法制在前，人情在后。明确要严格遵守党中央、国务院和所在地区党委、政府针对新冠肺炎防控工作做出的统一部署，在当地疫情防控指挥部的领导和统筹下，做到依法有序地开展抗疫期残疾人及其家庭的服务工作。

第四节　重大突发公共卫生事件下残疾人健康管理的现实困境和路径思考

以 2019 年新冠疫情为例，疫情中有的残疾人是在家隔离需要照料的人士，有的是需去医院进行日常康复治疗的人士，还有不幸感染新冠肺炎需要救治的人士。重大公共卫生事件突发早期，往往会伴随疫情防控工作中责任落实不到位、基层工作者缺乏等一系列问题。部分残疾人资讯获取滞后，对疫情的反应比正常人慢，防护物资告急，这些均成为突发疫情下残疾人健康管理所面临的难题缩影。

我国的"十四五"规划中提出"把保障人民健康放在优先发展的战略位置，坚持预防为主的方针，深入实施健康中国行动"，将提高全民健康管理水平放在国家战略的高度。《"健康中国 2030"规划纲要》指出要"加强老年常见病、慢性病的健康指导和综合干预"，[1] 强化老年人和残疾人健康管理。可见，随着我国社会老龄化程度的不断加深和人民医疗卫生服务需求的不断增长，传统的集群式医疗保障模式受到了挑战，以个体和群体健康为中心的健康管理模式变得越发重要，[2] 而国外的研究和实践证明，健康管理已经成为可

---

[1] 中华人民共和国中央人民政府. 中共中央国务院印发《"健康中国 2030"规划纲要》[EB/OL]. http://www.gov.cn/zhengce/2016-10/25/content_5124174.html.

[2] 刘芳露，董胤佳，刘芳琳，刘毅. 开展健康管理对亚健康人群的影响及意义[J]. 成都医学院学报，2020，15(1):120-123.

有效解决当前我国残疾人健康需求与供给之间矛盾的重要路径之一。[①] 目前，我国的健康服务体系主要以医疗为主[②]，虽然覆盖面较广，但针对性不强、精细化程度不高，无法很好地实现预防功能。因此，应针对残疾人群的实际状况创建有针对性的健康管理模式。

一、重大突发公共卫生事件下残疾人面临的主要现实困境

总的来看，本次突发的重大公共卫生事件中残疾人主要面临以下三个方面的困境：

（一）物质层面的困境

物质层面的困境是多方面的。首先，是基本生存资料的保障，这关系到残疾人群基本生命的保障，也是健康权利保障伦理中最先要考虑的原则——生命原则。残疾人及其家庭本身收入少、支出大，家庭经济困难程度大。残疾人本人因身心上的社会障碍长期需要家庭成员或者医护护工的照顾。当外在照顾者缺失的时候，谁来照顾无疑成为一个社会难题。其次，是居住困境。这次的新冠疫情中响应政策号召，市民们需居家自我隔离，减少外出活动。残疾人大多存在各种行动性障碍，需与家庭长期照顾者共同居住。这时，居住空间的舒适度和安全性存在挑战。第三，医疗困境。残疾人本身就因许多特殊困难和自身疾病需要就医，而在医院进行集中治疗又会加大他们感染新冠肺炎的概率。

（二）精神层面的困境

当残疾人的家庭照顾者被隔离时，残疾人则可能陷入缺乏帮助和照护的境地，其内心的焦虑和无奈感十分强烈。与之同时，外在环境的"污名化"也会进一步加剧残疾人及其家庭的精神压力，会让他们在新冠肺炎疫情下更容易感受到孤独感、焦虑感和无奈感。

（三）社会交往的困境

---

① Belmin Joël, Lafuente-Lafuente Carmelo, Hittinger Luc. [Heart failure in the elderly: A challenge for the health system and a model for the management of chronic diseases]. [J]. Pubmed, 2019.

② 胡琳琳，胡鞍钢. 中国如何构建老年健康保障体系 [J]. 南京大学学报（哲学.人文科学.社会科学版），2008，45(6):22-29+138.

2019 年新冠疫情防控重点为要求居家隔离，而这也会进一步加剧残疾人社会交往的困境。

二、重大突发公共卫生事件下残疾人健康管理的路径思考

（一）健康管理相关概念

1. 健康管理

健康管理作为一门全新的学科和一种新兴的健康服务方式，最早起源于 20 世纪 50 年代的美国。其概念来自于"Health Management"，是指致力于改善人群健康的服务组织实施的政策开发和相关实践活动，重点是研究和改善其服务提供及健康变化。[1] 关于健康管理的概念，学术界有不同表述。

陈君石、黄建始认为健康管理是"对个体或群体的健康进行全面监测、分析、评估、提供健康咨询指导和干预健康危险因素的全过程"。[2] 其流程包括健康管理体检、健康评估、个人健康咨询、个人健康管理跟进服务和特殊健康管理服务等，[3] 以监测、分析、评估、预测各种健康风险因素并进行计划、预防和控制，从而调动个人、群体和社会的积极性，通过有效利用有限的医疗卫生资源来满足健康需求达到最优的健康效果，促进人的健康水平提升和全面发展。[4] 王陇德等将健康管理定义为：以现代健康理念、中医"治未病"思想和医学、管理学等相关学科的理论和方法为基础，以促进人人健康为目标，对个体或群体的健康状况及健康风险因素进行全面、连续的监测、评估和干预的新型医学服务过程。[5] 张开金、夏俊杰认为健康管理是"利用现代管理理论、生物医学和信息技术，从社会、心理和生物学角度进行全面监测、分析、评估个人或群体的健康状况、生活方式、社会环境等，并提供健康咨询指导、干预健康危险因素的全过程"。[6]

---

① D.J. Hunter, J. Brown, "A Review of Health Management Research," European Journal of Public Health, Supplement, 2007, 17(1):33-37.

② 陈君石，黄建始. 健康管理师 [M]. 北京：中国协和医科大学出版社，2007.

③ 黄建始. 什么是健康管理 [J]. 中国健康教育，2007(4):298-300.

④ 黄建始. 美国的健康管理：源自无法遏制的医疗费用增长 [J]. 中华医学杂志，2006(15):1011-1013.

⑤ 王陇德，等. 健康管理师（基础知识）[M]. 北京：人民卫生出版社，2013.

⑥ 张开金，夏俊杰. 健康管理理论与实践 [M]. 南京：东南大学出版社，2011.

目前，健康管理学尚未形成完整的学科体系，国际上研究和应用的重点领域及方向也不同，暂时没有公认和统一的定义，但对其基本内涵已经形成了一致的认知，即健康管理是对健康风险因素进行评估、监测与干预控制的过程，通过建立档案、健康评估、健康教育、健康咨询、健康指导、健康干预等方式改善居民的健康行为方式，从而使有限的资源产出最好的健康效果，提升整体健康水平。[①]

健康管理的目标是通过为个体和群体提供有针对性的健康信息和措施，调动其积极性以改善自身健康状态，有效利用有限资源。其运作过程可简单表示为"评估—管理—改善—重新评估"的循环过程。健康管理主要具有以下特点：（1）以控制健康风险因素为核心，如禁止抽烟、饮酒等不良嗜好，调节高血压、高血糖等；（2）体现病因预防、疾病早期预防和临床预防，达到三级预防；（3）反映评估、监测、干预三个环节的循环运行。[②]

目前，我国的健康管理对象主要集中于糖尿病、高血压等慢性病患病人群及部分 65 岁以上老年人，但是，仍然缺乏针对老年人群体的具有系统性、连续性的健康管理和指导，而老年人群体作为弱势群体，是慢性病、高血压、心脑血管疾病等的高发人群，面临着更大的健康风险，因此加强此类人群的健康管理具有十分重要的意义。

2. 社区健康管理

社区健康管理是基于现代化的管理理念和新健康理念，通过对社区健康人群与患病人群的健康风险因素进行全面监测、分析、评估、预防和维护，不断提升个人与家庭的健康维护技能。通过社区健康管理，可以将被动的疾病治疗模式转化为主动的疾病预防及疾病治疗模式，有效提升居民的健康水平，有利于解决民生问题。[③]结合上述讨论，社区健康管理是指从社区层面对居民提供健康教育、健康信息收集、健康风险评估、健康咨询和健康指导等服务，包括对生理心理健康状况、生活方式、居住环境、社会适应情况等进行评估、分析、监测，对健康风险因素进行检测、干预、控制，并提供健康

---

① 赵一莎，周郁秋，吕雨梅. 脑卒中健康管理模式的研究进展 [J]. 中国全科医学，2016，19(22):2724-2728.

②③ 邢秀敏，王俊华，郭亮军. 社区健康管理双向互动模式实践研究 [J]. 科技经济导刊，2019，27(29):240.

咨询、指导及其他后续服务的全过程，是主动预防及有效治疗疾病和促进社区居民身心健康的重要手段。

发达国家的社区健康管理实践起步较早，具有较为丰富的经验，根据主体、管理方式等方面的不同，可划分为5种模式：（1）以美国为代表的多元化管理与经营模式。美国强调社区健康管理的多元化和一体化，在服务内容上，涉及生理健康服务和心理健康服务；在资源使用上，医院服务与社区康复、急诊护理与长期护理相结合；在社区筹资上，多元引入并进行统一管理。[①] 此种模式可以有效提高社区健康管理的抗风险能力，但美国的社区健康管理服务存在覆盖范围不够广、服务不够系统和深入等问题，并未实现完整的健康管理服务，因为其只实践了完整的社区健康管理过程的一个阶段，而健康管理是一个可持续发展的循环过程。[②]（2）以英国为代表的国家经营管理模式。英国的社区健康管理服务由国家卫生行政部门统一进行计划管理，通过社区健康管理机构和全科医生与社区居民签约提供服务，主要包括全科医疗、康复、预防、保健及其他社区服务，建立了较为完善的服务体系，是持续、全面的服务系统。（3）以德国为代表的国家计划管理与私人提供服务相结合模式。该模式既包括国家管理的社区医疗服务、社区健康站、急救医疗网和劳动卫生服务，也包括私人机构等提供的专业化健康服务。国家将为社区患者提供门诊医疗保健服务的社区医疗服务、为社区家庭提供健康生活指导服务的社区健康站、以医院急诊中心和消防站为核心的急救医疗网与负责劳动监督的劳动卫生服务相结合，共同为德国居民在社区层面提供了丰富且较为全面的健康管理服务内容。[③]（4）以芬兰为代表的政府与医疗机构合作的网络模式。芬兰的社区健康管理主要由政府投资、计划和实施，由社区医疗机构主要负责执行，将患者、社区、医疗机构和政府共同纳入其中，通过改变居民的生活方式和行为习惯，降低健康风险因素的影响，从而预防常见慢性病和生活方式性疾病的发生，充分发挥社区的预防保健功能，提升人们的健康水平。（5）以日本为代表的全民参与模式。日本的健康管理内容包括健

① 朱亚.社区健康管理与传播研究 [D]. 武汉：武汉大学，2010.

② 周光清，付晶，夏瑶，赵瑞瑞，张龙生，朱宏，李文源，戴萌.城市社区健康管理理论与实践经验探讨 [J]. 中国全科医学，2018，21(36):4484-4488.

③ 卢祖询.国外社区卫生服务 [M]. 北京：人民卫生出版社，2001.

康体检、健康风险评估和健康教育等。其中，健康教育是日本较为重视的环节，通过宣传健康知识、开展健康教育活动等，让居民了解到更多关于疾病预防、健康生活的相关知识，加强健康管理认知，提升自我健康管理意识，从而更好地参与到良好的健康管理中，促进居民行为方式的转变和健康行为的发生。[①]

但我国的社区健康管理仍处于起步阶段，需进行进一步的实践和探索。结合我国人口老龄化和残疾人群分布现状导致的对社区健康管理服务的现实需求，医疗重心不断向基层下移的政策倾斜和"健康中国2030"的号召，将健康管理与社区卫生服务相结合，完善和发展社区医疗服务功能，加强社区健康管理，成为有效缓解我国医疗资源不足现状、提升居民健康水平与生活质量、使有限的医疗卫生服务资源发挥最大效果的重要路径。

3. 健康结局

健康结局评价指对人群健康状况乃至生活质量的改变进行的评价。[②]世界卫生组织将健康定义为生理、心理和社会的完好状态，而非仅没有疾病或虚弱。[③]所以关于健康结局的研究不仅针对个体的生理状况，也包括心理和社会等方面的功能状态。残疾人由于年龄的不断增长、身体机能的衰退、社会适应能力的下降和其他外部因素的影响，是易患常见慢性病和产生健康问题的高风险群体。常见的健康结局指标有生活质量、躯体功能、心理状态、自我健康感知、[④]焦虑、抑郁、功能状态、照护者负担等。[⑤]健康结局评价有利于了解老年人健康状况的动态发展，是衡量社区健康管理效果的重要指标之一。

4. 健康风险因素

健康风险是指人所面对的由环境、社会等外部环境因素和自身的内部因

[①] 符美玲，冯泽永，陈少春. 发达国家健康管理经验对我们的启示[J]. 中国卫生事业管理，2011, 28(3):233-236.

[②] 张璐. 体力活动和抑郁对维持性血液透析患者健康结局的预测[D]. 广州：中山大学，2010.

[③] 夏聪，许军，吴伟旋. 我国老年人口的健康状况及影响因素分析[J]. 护理研究，2016, 30(21):2580-2583.

[④] 周玉刚. 某社区全科医生签约老年慢性病共病患病情况及其患者主动度与健康结局关系的研究[D]. 沈阳：中国医科大学，2015.

[⑤] Baumgarten M, Lebel P, Laprise H, et al. Adult day care for the frail elderly: outcomes, satisfaction, and cost[J]. Journal of Aging and Health,2002, 14(2):237-259.

素威胁或损害健康的各种可能性。健康风险评估（Health Risk Assessment，HRA）是对个体或群体的健康状况和健康危险因素导致特定疾病和（或）死亡的频率以及潜在的健康损失程度的描述和估计。健康风险评估是一种方法或工具，是风险评估的特殊类型，是健康管理的基础工具与关键技术。广义的健康风险评估包括临床评估（包括体检、门诊、住院、治疗的评估等）、健康与疾病风险评估（包括健康、亚健康、非健康评估等）、健康过程及结果评估（患病危险性、疾病并发症及预后的评估等）、生活方式和健康生活行为评估（包括膳食、运动、心理、卫生观念的评估等）、公共卫生与人群健康评估（包括环境、食品安全、职业卫生的评估等）等。狭义的健康风险评估包括一般健康风险评估、疾病风险评估、生命质量评估、行为方式评估、体力活动评估、膳食评估和精神压力评估等。

健康风险评估需了解有关疾病的危险因素与死亡率或发病率之间的数量关系。所需收集的资料主要包括当地目标人群危险因素、个人健康危险因素和危险分数资料等，收集信息的最基本方法是问卷法，可以帮助全面、准确、迅速地进行健康风险评估。风险计算的步骤主要是：（1）将危险因素转换为危险分数；（2）计算组合危险分数；（3）计算存在死亡危险；（4）计算评价年龄；（5）计算增长年龄；（6）计算危险因素降低程度。一般健康风险评估的指标包括血压评估、血糖评估、血脂评估、体重与体重指数、肥胖与相关疾病危险的关系、高血压危险分层。健康风险评估报告的内容一般应包括个体或群体的人口学特征、疾病风险评估分析与描述、健康风险评估结果、健康干预的方法措施、体检项目建议等。[①]

（二）理论基础

1.健康管理理论

健康管理是通过利用相关技术和方法，帮助个体降低疾病发生率、改善健康状况、改进卫生服务利用方式、提升自身健康水平的一种预防方法。[②]健康管理起源于美国，以缓解当时无法抑制的医疗费用增长的现实，由此可

---

① 顾建钦，常战军.健康管理学教程[D].北京：北京大学出版社，2015.

② L. Chapman & K. Pelletier. Population Health Management as a Strategy for Creation of Optional Healing Environments in Worksite and Corporate Setting[J]. The Journal of Alternative and Complementary Medicine, 2004, 1(10):S-127.

知，健康管理是改善国民健康的最经济、最有效的手段。其核心是评估、监测、分析、预测及计划、预防和控制个体和群体的健康风险因素，充分发挥有限医疗卫生资源的最大健康效果[1]，流程主要包括健康体检、健康监测、健康咨询、健康教育、后续服务和专项健康管理服务等[2]。健康管理的核心理念与中医的"治未病"思想、"预防为主"的医学观念和现在提倡的"大健康"理念有异曲同工之处。

2. 马斯洛需求理论

马斯洛将人的需求分为：生理需求、安全需求、情感和归属需求、尊重需求和自我实现需求。这五种需求从低到高，逐级递升，当一种需求满足后，会产生另一种更高的需求，并成为引导人的行为的动力，尚未满足的需求会影响人的行为。

生理需求是人最基本的需求，包括食物、饮水、住所、睡眠、氧气和性等，是人们生存的基础。安全需求包括生理和心理上的安全。老年人随着年龄的增长，生理机能减退，容易产生行动不便、疾病病痛等，生理安全状况堪忧。同时，空巢老年人、高龄老年人等的心理安全也值得关注。情感归属需求指人们都渴望与他人建立并保持一种感情深厚的关系，获得归属感。残疾人对情感的需求更加渴望。尊重需求包括自尊与得到他人尊重。自我实现需求指人发挥自己的潜力，达成目标，实现自我[3]。

健康管理对于残疾人的生理需求和安全需求来说至关重要，完善的健康管理服务机制可以有效促进残疾人生理、心理健康需求的满足，提高其生活质量。

3. 增能理论

增能理论与认知理论，尤其是人文主义方法相关联，认为社会工作者应在宏观的社会变革之前，协助服务对象向现存的社会结构争取权利，促使一些相关政策或规章制度发生改变，以维护服务对象的利益。增能是社会工作者帮助服务对象厘清如何满足自己需要的多种可能，并在影响自己生活的事

---

① 黄建始. 美国的健康管理：源自无法遏制的医疗费用增长 [J]. 中华医学杂志, 2006, 86(15):1011-1013.

② 黄建始. 什么是健康管理 [J]. 中国健康教育杂志, 2007(4):300.

③ 彭聃龄. 普通心理学 [M]. 北京：北京师范大学出版集团, 2003.

务上自己做出决策的过程。增能不仅针对个人，也针对群体，社会工作者可以帮助面临同样问题的人组成的群体，通过群体内部的互惠、坦率及培养出的相互依赖性，促进其内部的相互支持，以更好地实现服务目标。在增能的实务过程中，社会工作者必须保持尊重、公平的态度，以服务对象认为是可信任的方式进行帮助，帮助服务对象通过增能达到自我指导、个人责任与自我实现[1]。总的来说，增能是一种理论、一个目标，也是一种方法，一个介入过程。个人层面，增能可以帮助服务对象厘清需求，实现自我意识、自我掌握、自我能力的提升；人际层面，增能可以帮助服务对象建立人际关系、完善同辈及同类的社会支持网络；社会层面，增能是一个过程，可以帮助服务对象争取社会资源分配、改变不合理的分配秩序等，有利于促进社会公平。[2]因此，在具体实务工作中，要着重强调服务对象自身的能力，承认其主观能动性，支持服务对象自决。社区健康管理过程中社会工作者的介入，实际上就是增能的过程，帮助残疾人掌握健康知识，增强健康管理意识，评估自身健康风险并提高健康管理能力，获得更幸福的生活。

4. 社会支持理论

关于社会支持，目前缺乏统一的定义。社会支持是个体在社会交往中形成的网络大小、网络组成和网络中与其他人的互动频率，也指从行为角度看个体与周围人互相交换行为发生的频率。此外，社会支持也可被理解为个人认为可能会接受的精神支持或对现有社会支持网络可能给予支持的评价。社会支持是重要的社会资本，对个人意义重大。从横向来看，社会支持包含物质、心理、信息、精神等各个层面；从纵向来看，社会支持网络伴随整个人生发展阶段，对残疾人群来说，社会支持的功能更加重要。

社会支持主要分为正式社会支持与非正式社会支持，正式社会支持主要来自社区、政府、志愿者、福利组织等，非正式社会支持主要来自家庭成员、亲友邻里、同辈群体等。对于残疾人而言，非正式社会支持的影响更为深远持久，获得稳定、完善的非正式社会支持有利于提升残疾人的心理满足感，满足情感需求，降低疾病发生率或提升疾病治疗的效果。正式社会支持是从社会政策的宏观层面出发，为老年人提供帮助，弥补和增强非正式社会

---

① Malcolm，Payne. 现代社会工作理论 [M]. 上海：华东理工大学出版社，2005

② 王思斌. 社会工作导论，[M]. 第 2 版. 北京大学出版社，2011.

支持系统的作用。[①]

（三）残疾人健康管理相关实践经验

当前并未有专门针对残疾人的健康管理模式，随着人口老龄化进程的加快，老年人健康管理模式得到了极大的发展，中国的残疾人和老年人在群体分布上存在加大的交叉性，因此我们可以通过借鉴老年人健康管理的相关探索性经验，思考中国残疾人健康管理模式的建设。

1. 老年人健康管理模式

健康管理从 20 世纪 90 年代末开始在我国兴起。2001 年，第一家健康管理服务机构注册成立。2005 年，健康管理师正式成为一个独立职业。2007 年，中华医学会健康管理分会成立，健康管理领域的专业学术期刊《中华健康管理学杂志》创刊。2009 年，国家正式启动九项基本公共卫生服务项目，老年人健康管理位列其中，要求社区卫生服务机构对辖区内 65 岁及以上常住居民开展健康管理服务。在 2017 年国家卫生计生委发布的《国家基本公共卫生服务规范（第三版）》中，列出了 12 项基本公共卫生服务项目中，老年人健康管理依然是其中的重要内容。该服务对老年人的身体健康具有重要意义，是应对人口老龄化挑战的可行办法。[②]

学术界对老年人健康管理的内容也有一些探讨。张冬妮等认为老年人的健康管理是老年人对其自身的健康状况有一定了解，对疾病有一定的认识，及时获取相关健康知识，主动配合治疗并改善不良生活方式，做好疾病管理和后期护理，保持良好的生活状态。[③]林伟良认为老年人的健康管理内容主要包括家庭访视、健康体检、精细化慢性病管理和康复指导。董芬等选取纳入社区健康管理的中老年居民进行问卷调查，发现城市社区中老年居民对健康管理的需求较高且具有多样性，需求度最高的是体检服务（77.84%）、中医诊

① 彭华民. 人类行为与社会环境 [M]. 第一版. 北京：高等教育出版社，2011.

② Xiuqi Hao,Yuehan Yang,Xiaotong Gao,Tao Dai. Evaluating the Effectiveness of the Health Management Program for the Elderly on Health-Related Quality of Life among Elderly People in China : Findings from the China Health and Retirement Longitudinal Study.[J]. International Journal of Environmental Research and Public Health, 2019, 16(1).

③ 张冬妮，刘永军，李文源. 自我健康管理综合策略研究进展 [J]. 护理学报，2013，20(11):25-27.

疗服务（58.35%）和专家预约挂号（55.96%）等。[1]

概括而言，健康管理的内容主要包括四大方面：生理健康管理、心理健康管理、社会适应能力健康管理和综合健康管理，细化可分为生活方式管理、需求管理、疾病管理、残疾管理、灾难性病伤管理等种类，[2] 全面的健康管理服务有利于减轻老年人的医疗开支，提升老年人的生活质量。

2. 老年人健康管理模式

关于老年人的健康管理模式，国内的学者有不同的看法。从实施主体来看，一些学者认为从社区层面开展健康管理效果较好。鲍娟提出"个人—社区健康管理模型"，认为可以结合物联网、数据采集和其他先进的科学技术，在社区层面对居民的身体数据进行及时检测和智能管理。[3] 高莉、杨韵歆将128例2型糖尿病病人随机分为对照组、观察组，发现"医院—社区—家庭"一体化延伸护理模式能更好地改善老年糖尿病病人的代谢指标，提高用药依从性、降低再住院率，并提升社区医护人员糖尿病专科知识水平，更好地对病人亲属进行一级预防。[4] 从方法来看，互联网技术、中医理论等均可以提升健康管理效果。李琴兰认为"互联网＋健康管理"模式可以通过利用互联网和先进的科学技术，记录和分析老年人的睡眠、运动、身体状况等相关数据，从而为老年人健康管理提供科学的建议。[5] 丁雅净等认为应以中医整体观和五态人格理论为指导，引入中医"心身一体化"健康管理方案，将老年人的人格体质进行分类，监测、评估其健康状况并进行及时治疗和护理，有根据、针对性地为老年人提供一对一、心身一体化的疾病防治和养生保健的建议，使老年人增加健康知识，增强健康管理意识，从而为老年人提供更精确、个性化、人性化的健康管理服务。[6]

① 董芬，江志琴，王俊，王勋. 城市社区老年居民健康管理需求及实施路径研究 [J]. 现代实用医学，2016, 28(4):535-537.

② 陆燕梅. 城市社区老年人健康管理研究 [D]. 苏州：苏州大学，2013.

③ 鲍娟，柯尊平，魏刚. 基于物联网的社区医疗健康管理模型研究 [J]. 医学信息学杂志，2014, 35(1):7-11.

④ 高莉，杨韵歆."医院—社区—家庭"一体化延伸护理模式在老年糖尿病病人健康管理中的应用 [J]. 全科护理，2018, 16(35):4453-4456.

⑤ 李琴兰."互联网＋健康管理"模式探讨及其应用 [J]. 中国社会医学杂志，2018, 35(1):4-6.

⑥ 丁雅净，吴寒斌，叶尔森·波拉提."医养结合"背景下社区老年人"心身一体化"健康管理方案的优化与实践 [J]. 科教导刊（中旬刊），2018(6):159-160+163.

可以看出，不同学者结合自己的研究领域对健康管理模式提出了不同的构想，既有从管理手段出发，强调互联网的应用及多级联动的模式，也有从管理内容出发，强调综合干预、中医干预的模式，但不同的老年人群体分别适合怎样的模式，有待进一步讨论。

3. 老年人健康管理影响因素

老年人健康管理的影响因素主要包括生物人口学因素、社会经济因素和社会心理学因素。黄菲菲等认为老年人健康管理主要受生物人口学因素影响，尤其是年龄。[①]冯丽娜等人认为经济收入等社会经济因素的影响较大，居住环境、受教育程度、婚姻状况等其他影响因素也会造成一定影响。[②]社会心理学因素对老年人健康管理的影响主要体现在社会支持和自我效能两个方面。裘奕嘉等基于安德森模型对流动老年人社区健康管理利用行为影响因素进行研究，发现主要有三方面，一是情景特征，包括医疗卫生体系、政策、宣传力度、服务质量、服务设施、医护人员数量等；二是人群特征，包括：（1）倾向特征，如社会人口特征（年龄、性别、教育、婚姻状况等）、健康信念（对健康管理的态度、价值观和知识）等；（2）使能资源，如社会经济情况、获得的社会支持程度、需求、文化因素等；（3）需求，主要是老年人的医疗服务需要；（4）文化因素，包括语言差异、社会认同、社会互动等；三是健康结果，如健康管理服务的利用效果评价等。[③]

虽然目前部分学者对老年人健康管理的影响因素进行了一些研究和分析，但各影响因素间是否存在关系，这些因素又是如何影响老年人健康管理服务利用行为的，需进行进一步探讨。

（四）残疾人健康管理现状

中国的残疾人和老年人在群体分布上存在较大的交叉性。例如国内学者从不同老年人群体出发，研究了我国老年人健康管理的现状，而其中主要包括失能老人、院舍老人、患有慢性病的老人等较为弱势的残疾老年人群体。

---

① 黄菲菲，赵秋利，郭美宜，田秀霞. 成年人健康自我管理能力现状及影响因素的调查[J]. 中华护理杂志，2011，46(7):701-704.

② 冯丽娜，陈长香. 老年人社会经济地位与其健康自我管理的相关性研究[J]. 中华护理杂志，2014，49(11):1303-1307.

③ 裘奕嘉，曹梅娟，刘慧萍. 基于安德森模型的流动老年人社区健康管理利用行为影响因素的研究进展[J]. 护理研究，2019，33(15):2619-2622.

郭飏等针对失能老人的调查发现，失能老人缺乏对常见疾病及症状的认知和相关的健康行为，由于其家庭照顾者的照料负担和压力较重、获取到的社会支持较少且部分医护人员存在负性态度等原因，失能老人对健康管理服务需求较高，但目前实际利用的健康管理服务仅以健康教育的方式开展。① 孙靖对院舍老人进行调查，发现其健康管理情况不佳，目前患有慢性病的老年人较多，且多数老年人身体功能退化，存在睡眠质量不高等问题。② 通过研究健康管理对糖尿病、高血压、心脏病等慢性病患者群体的介入效果，均发现有显著的效果，有效提高了患者对疾病的认识和处理能力，改善相关指标，降低疾病风险，提高患者的生活质量。

因此，我们可以通过老年健康管理的相关研究思考残疾人健康管理可能面临的问题。例如健康管理意识薄弱、健康管理方式单一和社会支持网络不够健全等问题；③ 未养成良好的健康行为习惯和对健康知识的掌握不足等问题；④ 对健康管理的需求较大，但健康管理服务仍存在宣传力度不够、服务人员服务水平低以及服务态度不佳等问题。⑤

健康管理目前呈现以下三个主要发展趋势：第一，健康管理与社区卫生服务紧密结合；第二，健康管理服务与健康保险业务相结合；第三，社区与医院合作，共同开展体检、健康讲座等活动，提高居民的健康管理意识和能力，增强健康管理效果。⑥

---

① 郭飏, 尚少梅. 我国社区失能老人健康管理现状及对策 [J]. 中国老年学杂志, 2012, 32(15):3341-3343.

② 孙靖. 福州市养老机构老年人自我健康管理与护理服务需求研究 [D]. 福州：福建医科大学, 2016.

③ 宋雨婷. 社会工作介入老年慢性病患者健康管理的研究 [D]. 贵阳：贵州大学, 2018.

④ 廖梦微. 社会工作在老年人健康管理中的应用研究 [D]. 贵阳：贵州大学, 2019.

⑤ 施帆帆, 李磊, 刘志军, 刘丹萍, 张强, 孙敏, 何艳霞. 城市社区老年居民健康管理服务需求定性评估——以成都市为例 [J]. 预防医学情报杂志, 2014, 30(2):101-104.

⑥ 戴云云, 何国平. 健康管理在中国的发展现状趋势及挑战 [J]. 中国预防医学杂志, 2011, 12(5):452-454.

第五节　重大突发公共卫生事件下
残疾人健康融合的对策

习近平总书记于 2020 年 2 月 23 日《在统筹推进新冠肺炎疫情防控和经济社会发展工作部署会议上的讲话》中系统地阐明了中央的战略部署和要求，在"打赢疫情防控人民战争"方面，提出"要发挥社会工作的专业优势，支持广大社工、义工和志愿者开展心理疏导、情绪支持、保障支持等服务"。这是对全社会抗击疫情的期望和要求，社会各界要积极予以响应，更加深入有效地参与新冠肺炎疫情防控战，促进经济社会稳定和协调发展。这是党和政府对社会工作的殷切期望，也是将残疾人健康融合理念应用于新冠疫情必要性的体现。

一、积极发挥社会工作者在基层残疾人健康融合中的作用

我们都知道，政府在应对疫情中发挥着主导和核心作用，市场作为资源配置的重要手段在疫情防控中也发挥重要作用，社会工作作为基层群众与上级部门的协调者，能够有效承担政府分派的具体基层防控任务，通过个案工作、小组工作、社区工作的手段开展相关服务来弥补市场和政府的不足之处；医学专业和公共卫生专业作为应对本次疫情的主体，承担了大多数的救助任务，但是那些由疫情引起的次生灾害和不良影响则需要他们与其他专业共同面对，例如医护人员的心理压力、疑似病患的心理问题以及人民群众的恐慌等问题都需要社会工作这样的助人专业来提供解决方案。

（一）开展新冠疫情社区居家残疾人隔离者社会工作的介入方法

在疫情期间对居家残疾隔离者开展的社会工作服务，是对社会工作专业能力和应急能力的一次大考，要充分考虑到每个残疾人的不同情况，有针对性地为不同年龄、不同身体状况的残疾人提供合适的专业服务。社会工作也

应承担相应的社会责任和专业责任，奔赴在抗击疫情第一线，采取"线上＋线下"的模式，全方位地为社区居家老年隔离者服务。疫情就是命令，防控就是责任，一线社会工作者和其他防疫部门站在一起，众志成城，坚守社工情怀，在抗疫一线发光发热，一起打赢疫情防控阻击战。

1. 线上服务

疫情期间大家都处于居家隔离状态，残疾人更是如此，传统的社会工作的线下服务因疫情原因较难长期持续开展，所以社会工作的服务逐渐开始向线上转移，社会工作者可以通过微信等渠道，进行社群宣传和服务，主要分为三级微信群（居民大群、服务中群、个案小群）为居民服务，主要是为社区居民进行情绪疏导、提供疫情信息、帮助链接资源、开展疫情教育等。此外，线上服务也是社会工作发展的新常态，线上服务可以省去服务对象的路程时间，也可以避免当面的尴尬，服务快捷及时，可以通过线上与服务对象建立关系，给予及时安抚和帮助。

2. 情绪疏导

在疫情期间，由于长时间隔离，很多残疾人都会存在厌烦等不良情绪，社会工作者可以链接志愿者（和残疾人有共同背景）或社区老友，以视频或电话的方式，每天给残疾人以慰问、话家常、排寂寞、解烦忧，在情感上以温暖有力的支持。社工可以通过多种方式给予残疾人情绪疏导的途径，可以在线上组织、协办文娱活动，利用音乐、游戏等舒缓身心。在服务过程中，残疾人可能会伴随一定的恐慌感、无力感、心情低落、愤怒，社会工作要充分利用社会工作的专业方法，在不同程度上对服务对象进行梳理，安慰其恐慌情绪，正常化对方的情绪，引导服务对象接纳自己的情绪，具体地去讨论他的担忧及影响。

对于社会工作者可解决的问题，提供一些行之有效的解决方法，对于社会工作者不能解决的问题，要及时地转介医生或者心理咨询师等，帮助服务对象获得及时有效的服务。

3. 资源链接

社会工作者要充分了解其所在社区的资源、文化、优势，在提供具体服务中不仅要关注疾病的预防和社区本身的缺陷，也要注意利用社区现有的优势，察觉社区现有的积极赋权资源，并增强社区抗逆力，这样面对疫情的社区才不会被进一步边缘化，提供的各种风险评估、心理支持、同伴教育、社区动员才能被社区居民接受，并起到积极的作用。

社会工作者也要充分发挥信息联络员的作用，与各部门及时沟通，统一决策、统一执行，形成抗击疫情的强大合力。社会工作者要及时了解社区居家残疾隔离者的情况，及时汇报，也要在社区内及时发布关于疫情的信息，充分让官方信息得以流通和传播，不断凝聚民心、集聚力量，从而夺取疫情防控阻击战的胜利。社会工作者也需要不断思考，在政府的统一疫情防控体系下，如何进行多方联动，争取通过自身的能力建设与积极推动，充分发挥社会工作协调者与联结者的角色，协助政府做好防疫工作。

4. 疫情教育

社区教育是疫情防控的第一步，社会工作者需要和社区残疾人充分沟通协调，教会残疾人使用获取信息的现代化渠道，充分调动社区志愿者，通过微信群、公众号等方式发布与疫情防护、疫情动态等公共卫生健康信息，及时将社区动态告知居民，使残疾人足不出户可知天下事。

社会工作者还应该积极发展社区支持网络，使居民通过正式的、非正式的会谈、对话或讨论，得到更为丰富的信息，提升老人们的意识和能力，引导残疾人正确、理性地对待此次疫情。同时，由于残疾人对信息鉴别真伪的能力较差，社会工作者也要确保信息的正确性和可靠性，帮助他们获取官方权威信息，做到不信谣，不传谣，避免引起不必要的麻烦。

5. 线下服务

社会工作是一门关于人的专业和学科，聚焦于人的需要和关怀，在专业价值观的指导下，运用专业的方法为有需要的人进行服务，疫情期间，要充分发挥社会工作的优势，体现社会工作的专业性，彰显社会工作的人文关怀。社会工作者除了提供线上服务以外，适当有效的线下服务也是必需的。在疫情相对稳定的时期，社会工作者要在做好防护措施、保护自身安全的前提下，开展适当的排查走访与日常慰问活动，给社区居家残疾人提供日常生活所需要的资源与服务。

排查走访。社会工作者要配合政府、企事业单位、社区做好基层工作，做好社区居家残疾隔离者的信息登记，确保社区内残疾人的走动往返都记录在案。社工的排查走访可能只是社工自己工作的一部分，而对于一些服务对象而言，一句简单的问候，一次平常的走访，都能让处于情绪低落、社会边缘的残疾隔离者感到温暖。

社会工作者要及时将走访中获知的需求信息反馈给主管部门和防疫部门，积极链接资源，协助政府及时反应，在资源调配过程中，要及时发挥"在一起"的优势和专业担当，做好自我防护，将物资资源快速送达需要的人手中。社会工作者也需要注意记录疫情发展与防控的全过程，在这个过程中不断总结和反思相关经验与教训，做日常生活的有心人，做到理性和热情并行。

日常慰问。与广大奔赴在一线的社会工作者一样，每一名社会工作者都承担着使命和责任，社会工作者不是公务人员，但是具有专业价值和理念，可以在危难时刻挺身而出。在社工的走访慰问中，要深切地察觉残疾人的个人需求，既要完成一般性的服务，也要照顾到残疾人的个性化需求。

（二）开展社区居家残疾隔离者社会工作的启示

1. 社工要坚持自身专业价值观与伦理道德

在疫情大背景下，有部分人会对与新冠肺炎相关的人群有排斥和抵触情绪，例如那些疑似病患或隔离者、病患照护者等都可能会因为人们的恐惧心理和不信任心理遭受到社会的歧视和不公正对待。疑似病例或隔离者由于身体原因和对患病的恐惧本身就会承受很大心理压力，再加上社区中的一些人对他们的排斥与谴责，会让他们压力更加难以承受；病患照护人员也会由于接触感染者而可能受到社会排斥，与社区和家庭隔离。平等既是社会主义核心价值观，也是社会工作的基本价值观，社会工作者理应坚持自身的专业价值观和伦理道德，尊重、接纳、非评判、同理心等原则依旧需要在新冠疫情背景下的工作中坚持贯彻。社会工作者要力争防止各种人群被歧视和污名化，在冲突过程中开展居间调解，通过对双方的情绪疏导、同理心引导、平等沟通引导等服务，让群众可以相互尊重相互理解，倡导人们互帮互助。

2. 社工要注意疾病事件中的弱势和边缘群体

社会工作为一门助人型专业，在诞生之初就是首先为那些社会上最困难、从道义上讲最应该帮助的人或家庭服务的，一方面是由于基本道德要求社会帮助最弱势群体，另一方面是有限的社会福利资源使得我们必须在开展服务时进行必要的取舍。这些对象被称作社会工作基本对象，主要包括贫困群体、脆弱群体和弱势群体等。在本次新冠疫情背景下，社工更不能缺乏对弱势群体（特别是确诊病例的密切接触人员进行隔离期间）的社会关怀。社会工作应该重视对社区居家残疾隔离者这种本身就存在困难的人群的关注，他们一直都是社会中常见的弱势群体，是社会中的边缘人群，在面临新冠疫情这样的灾难时，多重困境会让他们难上加难，需要社会工作的特别支持与照顾，社会工作也应该为他们提供良好的直接服务或者是链接资源提供医疗和生活保障的间接服务等。

3. 社工要强调社区参与，实现"三社联动"

在重大突发公共卫生事件中，利用社区工作的方法处理问题是很有必要的，这是因为任何流行疾病的暴发都具有典型的社会学特征，从疾病的产生、传播、影响以及防范等各个环节都具有较强的社会性或者是社区性，社会工作者从社区层面介入会事半功倍。因此，社会工作要发挥社区工作的专业功能，充分发挥社区网络和社区居委会工作人员、社区工作者、社区社会组织等主体的作用，以防控疫情为契机，多方动员社会资源，发动凝聚社区居民的力量，努力实现社区、社工、社会组织的"三社联动"，在社区教育、社区宣传、社区动员等方面发挥自身的专业能力，帮助老年人等群体更好地融入社区。

4. 社工要加强自身能力建设，提升专业化水平，注重多学科融合

首先，在公共卫生事件下开展社会工作是一件专业性和实践性都特别强的工作，是对社会工作者的巨大挑战，因此与常态化、一般化的日常社会工作相比，它对社会工作者的专业素质要求更高、更科学、更规范。在公共卫生事件背景下，社会工作者应该具备的理论知识包括：社会流行病学原理；健康促进、赋权的原则和理论；经济、环境和社会问题对高危人群的影响；卫生系统的相关知识；社区组织的理论和原则、社区计划与发展；宏观层面推动为保护健康及高危人群的卫生安全而制定的政策和立法；能够了解不同文化、种族、族群的不同特点、需求、价值观，以及这些因素对人群健康状况、健康行为和项目制定的影响情况等等。社会工作者也应该掌握不同的方法和分析技巧，比如利用数据阐明政治、科学、经济、社会和整体公共卫生问题；收集和解释来自人口统计、人口普查调查的数据中关于社会和健康状况的服务利用情况（特别是弱势群体和缺医少药人群），微观上开展心理危机

干预、团体建设、心理评估与心理疏导、认知矫正、放松训练等。同时社会工作者还需要具有领导和沟通能力、政策倡导和影响能力等等。社会工作者只有具备充足的理论知识和专业技能，才能更好地为残疾人或者其他特殊群体开展有效的服务，满足他们的特定需求。

其次，在疫情面前，社工不仅要加强自身能力建设，提升专业化水平，也要认识到单凭社会工作自身的专业技能是远远不够的，需要"医务＋社工＋心理"共同协作。医务人员主要是识别重点监护对象，对疑似患者进行重点跟踪，给予患者居家隔离的指导，解答关于疫情的专业问题；心理咨询师负责接待求助人员进行及时的心理疏导，及时跟进严重焦虑人员的个案情况，与社会工作者的个案服务互为补充。社会工作者在其中更为重要的是要起到链接资源的作用，统筹工作的安排，做好社群宣传工作，发布疫情的最新进展情况，提供专业的科普文章和及时的情感支持，对于严重的个案进行转介，给予情感支持，协助紧急求助。

5.社工在关注服务对象利益同时要兼顾自身利益

社会工作讲求以服务对象的利益为根本，一切以服务对象为中心，这是社会工作的重要原则，也是社会工作价值观的基础，是在任何时候都要认真贯彻落实的。但是在新冠疫情面前，无论是社会工作者还是服务对象都有着患病的风险，特别是对于那些需要走访慰问的社会工作者来说，接触的各类人群较多，更需要特别小心，在关注服务对象利益的同时也要兼顾自身利益。社会工作者也有权向上级部门申请必需的防护用品，做好自身防护，保护自身安全是一切工作的前提和基础。同时，面对某些残疾人明显不合理的请求或询问时，社工也应该表明态度和立场，向他们做出澄清，维护好自身的权益。

二、积极加强和发挥社区健康管理服务在残疾人健康融合中的作用

目前能够为残疾人提供社区健康管理服务的供方主要包括社区和社会力量。由于残疾人的生理和社会属性，其健康管理服务的利用受到所在地区的福利保障和社区基础建设的影响。部分社区需为社区居民同时提供服务，医疗资源不够充足，在残疾人社区健康管理方面无法投入充足的人力、物力、财力，无法保证现有的社区健康管理服务完全落到实处并开展可满足更高需

求的服务。社区作为残疾人生活的地方，居委会对残疾人的健康应当重点关注，并通过合作和链接资源等方式，帮助其进行健康管理，但由于专业性不足、人员不足等原因，也不能满足当前残疾人的社区健康管理需求。社会力量作为对社区医院和社区的补充，可以为残疾人提供更为多元的选择，但对残疾人的接受程度和主动性有较高要求，其效果也有待进一步检验。

（一）社区：提高服务能力，扩大服务范围

我国现有的社区健康管理服务效果并不理想，一方面，现有服务并未覆盖到所有人群，尤其是残疾人，落实情况有待提升，另一方面，根据残疾人的实际情况，一些残疾人的实际服务需求并未有对应的服务，因此，社区作为社区健康管理的核心，应从以下两方面提高服务能力，扩大服务范围，真正为残疾人提供完善的社区健康管理服务。

一是加强社区医院的核心管理，以其为中心点，辐射多个社区。社区医院作为残疾人社区健康管理的核心，一方面，应加大资金、人力等投入力度，制定符合本社区残疾人特点的健康管理内容与执行标准，同时要整合各类内外部资源，为残疾人提供更好的健康管理服务。应进一步完善健康管理档案等系统，将线上资源与线下资源相结合，使健康监测服务落到实处，根据健康评估和健康监测的结果，对不同人群进行划分，并采取精准高效的后续服务。针对残疾人提出的实际需求，应进行实际的考量，为残疾人提供更为便捷的多元服务，扩大社区健康管理服务的资源种类和覆盖范围，不遗漏较远的社区。另一方面，对于已开展、落实的服务，应加大宣传力度，通知到每一位残疾人，尤其是老年残疾人、重度残疾人等，应予以重点关注。

二是社区要积极配合社区健康管理工作。作为直接与残疾人接触、对其日常生活情况较为了解的基层组织，社区在开展健康管理服务时有较好的工作基础。一方面，社区应加强与社区医院的联系，落实残疾人健康管理服务，也应根据社区的情况，协调、链接各类资源为残疾人提供服务，积极主动地与其他社会工作机构、社会组织、爱心社团等进行合作，为残疾人争取更多有效的资源。另一方面，社区应借助其对本社区残疾人的了解，探索适合本社区的残疾社区健康管理服务内容与模式。目前，社区的主要服务为健康教育，但是缺乏系统的服务方案，应建立社区残疾人健康管理档案，对社区残疾人的健康情况进行全面的了解，对健康风险较大的残疾人进行及时的跟进和转介，同时定期开展活动并进行活动评估，以更好地为社区残疾人提供服务。此外，社区开展健康教育等服务时，要注意方式方法，既要加大宣传力度，又要扩大影响，为社区的残疾人宣传健康管理的理念和知识。

（二）社会力量：多元参与，互为补充

养老驿站作为社区的补充，正在通过承办社区活动、提供免费服务、承担政府购买服务等方式逐渐进入社区居民的生活，以期得到更高的接受程度。相信在未来的发展中，驿站可以作为社区健康管理多元角色的一员，为残疾人提供高质量、多选择的健康管理服务，发挥其重要作用。因此，应鼓励企业、社会组织、机构、社团等社会力量作为社区的补充，提供更为完善的社区健康管理服务，使残疾人拥有更多的服务选择，不仅可以接受来自社区的健康管理，也可以自行选择专业化、标准化的优质服务，以满足不同残疾人群体的需求，提升其健康管理效果。

（三）政府：加强政策引导和支持力度

社区健康管理的发展离不开政府的支持和政策的规范。目前，国家基本公共卫生服务项目中包含老年人健康管理，对 65 岁及以上常住居民提供生活方式和健康状况评估、体格检查、辅助检查和健康指导等服务，但对于残疾人群体的服务利用情况并未有全面的认识，因此，政府应从以下三个方面提供更多的引导和支持。

一是完善相关政策。对残疾人社区健康管理的相关制度、规范、执行标准及要求等相关政策进行进一步完善，建立健全相关的福利保障制度，关注残疾人的社区健康管理现状，引导社区加强相关组织和制度建设。对政策的落实情况进行有效的监督，并积极收集反馈，以使残疾人能够真正享受到完善的社区健康管理服务，提升自身的健康水平和生活质量，也能够减少我国在社会医疗方面的支出。

二是加大投入力度。既要增加残疾人社区健康管理方面的资金投入，对社区医院、社区等服务主体提供资金支持，或通过政府购买服务的方式，为残疾人提供更加全面的健康管理服务，也要加强基础设施建设投入和人才培养力度，一方面，为残疾人在社区提供更多的康复中心、智能体检设备等设施，另一方面，加强对相关专业人才的培养力度，通过促进高等学校中相关专业的学科发展，对从业人员进行专业能力培训，加强健康管理师的考核等方式，做好人才的引进和培养工作，以为残疾人提供更为专业化、精细化的社区健康管理服务。

三是对参与到残疾人社区健康管理的社会力量提供一定的政策优惠和补贴，同时加强监管，完善行业标准。政府应为提供健康管理服务的企业、社团、社会组织等提供优惠政策和补贴，调动其参与的积极性。同时，也要对参与的社会力量加强监管，完善和提高行业标准及管理机制，促进我国社区健康管理服务产业的可持续发展。

第四章

新时代残疾人融合教育发展研究

第一节　我国融合教育发展概况

中国共产党成立 100 年来，创造了尊重和保障人权的伟大奇迹，谱写了人权文明的新篇章，坚持把保障人民生存权、发展权作为首要的基本人权，坚持在发展中保障和改善民生，以发展促人权，努力推动人权事业全面发展，促进人的全面发展。[①] 中国残疾人事业坚持贯彻平等、参与、共享的发展方针，残疾人权利保障不断加强。我国的融合教育也走出一条具有中国特色的发展之路。党的十九届五中全会开启了全面建设社会主义现代化国家新征程。残疾人的全面发展是社会全面进步的应有之义。残疾人的全面发展是在社会融合中实现的。在推进残疾人社会融合的过程中，融合教育发挥了至关重要的作用。融合教育是最基础、最关键、最重要的融合，是残疾人的基本权益之一，是保障和实现其他权利的重要基础。推动融合教育高质量发展是科学把握新发展阶段和深入贯彻新发展理念的必然选择。

近年来，我国政府大力推进残疾人融合教育。特别是党的十八大以来，为了提高残疾学生受教育水平，国家采取多项措施，大力推进融合教育。2017 年《残疾人教育条例》修订案明确提出，"国家保障残疾人享有平等接受教育的权利，禁止任何基于残疾的教育歧视"，[②] 将"积极推进融合教育"作为提高残疾人教育质量的重要原则。教育部等七部门共同下发的《特殊教育提升计划（2014—2016 年）》《第二期特殊教育提升计划（2017—2020 年）》中，将"全面推进融合教育"确定为特殊教育发展总目标。2019 年，中共中央、国务院发布的《中国教育现代化 2035》将"办好特殊教育，推进适龄残疾儿

[①] 国务院新闻办公室.《中国共产党尊重和保障人权的伟大实践》白皮书 [DB/OL]. http://www.qstheory.cn/qshyjx/2021-06/25/c_1127597571.html.

[②] 国务院. 中华人民共和国国务院令第 674 号：残疾人教育条例 [DB/OL]. http://www.gov.cn/gongbao/content/2017/content_5178184.html.

童少年教育全覆盖，全面推进融合教育，促进医教结合"作为教育现代化建设的重要任务。[①] 在实践层面，2015 年教育部确定的 37 个国家特殊教育改革实验区中，有 22 个开展了融合教育实验。[②] 各地积极开展以随班就读为主要形式的融合教育实践探索，以建立健全支持保障体系、为普通学校融合教育赋能、协调家庭社会资源为主要内容，形成了适应当地社会、经济发展的多样化的融合教育发展模式，基本实现残疾人接受教育学段全覆盖，残疾人接受教育水平不断提高。在融合教育大力推进过程中，也遇到了一些发展"瓶颈"，如普通学校融合教育能力不足，专业师资数量不够、水平不高，支持保障体系不够健全，校园无障碍环境不够完善等。特别是在信息化和数字化大发展的条件下，如何更好地促进残疾人在线教育质量、如何发挥新一代信息技术优势是新发展阶段面临的重要课题之一。为了更好地促进融合教育发展，有必要对我国融合教育的发展历程、现状进行全面梳理和深入分析，从中发现问题症结，寻求解决问题的对策和经验，为未来发展提供决策建议。

一、我国融合教育进入质量提升的内涵发展时期

近 40 年来，中国残疾人融合教育坚持扎根中国大地，结合中国实际进行积极探索，逐步形成以随班就读为主要的实践模式，历经萌芽期、发展期和转型期，目前已经进入改革深水区，以义务教育为重点任务，在残疾人入学率、残疾类型、随班就读质量、随班就读支持保障等各方面都有重大突破；以学前教育、高中教育、高等教育、职业教育为拓展，在受教育残疾人数、经费支持、制度保障等各方面都有所提高。自《特殊教育提升计划（2014—2016 年）》2014 年颁布以来，融合教育发展具有三个基本特点：一是以义务教育发展为重点，两头延伸、全覆盖；二是财政支持、无障碍环境建设等支持保障体系有显著提升；三是融合教育从扩数量转向提质量，以课程与教学、组织与管理为重点进行内涵式发展，在学生入学鉴定评估、制订个别化教育计划、弹性教学和课程调整、合作学习等方面获得了更大发展空间。随着融

---

① 中共中央，国务院. 中共中央、国务院印发《中国教育现代化 2035》[DB/OL]. http://www. moe.gov.cn/jyb_xwfb/s6052/moe_838/201902/t20190223_370857.html.

② 教育部. 教育部办公厅关于公布国家特殊教育改革实验区名单的通知 [DB/OL]. http://www. moe.gov.cn/srcsite/A06/s3331/201501/t20150112_189313.html.

合教育发展进入改革发展"深水区"，矛盾与问题逐步凸显，在融合教育法治、理念、专业化发展、师资队伍配备等方面，改革任务仍然艰巨。

二、学前教育阶段融合教育发展相对薄弱

目前，我国虽然没有颁布实施专门的学前特殊教育的法律法规，但是2017年《残疾人教育条例》修订案中对学前教育进行了专章论述，提出"县级人民政府及其教育行政部门、民政部门应当支持普通幼儿园创造条件招收残疾幼儿"。当前我国学前融合教育的发展尚处于起步探索阶段，许多发展难题亟待解决。从学前融合教育发展规模看，部分省市虽然开始建设融合幼儿园，但融合幼儿园尚未普及；残疾幼儿康复工作的开展，为学前阶段融合教育发展打下一定的基础；各项学前助学项目惠及残疾儿童，为学前融合教育发展提供了条件；但幼儿园工作者对学前教育阶段融合教育总体接纳度不高，成为学前融合教育发展的阻碍。学前阶段融合教育是融合教育最为重要的阶段，也是我国融合教育发展最为薄弱的环节，应给予高度重视和积极推动。

三、义务教育阶段融合教育成为主体形式

我国义务教育阶段融合教育经历了近40年的发展，目前已经形成了两种安置形式并存、多个残疾类别兼顾、两个主要学段衔接的格局，融合教育成为残疾儿童少年接受义务教育的优先选择。义务教育阶段的融合教育在安置形式上，残疾儿童少年在普通班级随班就读和在普通学校设置特殊教育班两种安置形式长期并存，以随班就读为主；接受融合教育的残疾儿童少年的障碍类型不断增加，以智障儿童为主。义务教育阶段融合教育主要包括小学和初中两个学段，当前初中融合教育足以满足小学融合教育的需求，小、初衔接完善，初中开展融合教育的能力显著提升。从整体发展脉络来看，小学与初中两个学段之间的衔接在不断加强，义务教育阶段全程融合态势也越来越突出。

四、高中教育阶段融合教育发展不断加快

与其他教育阶段融合教育相比，我国高中教育阶段融合教育起步较晚。进入21世纪后，我国加快发展非义务教育阶段特殊教育，努力发展和全面

推进融合教育，高中教育阶段融合教育在入学机会、学习过程、学习质量保障、支持保障体系、教育策略等方面进行了积极探索，近 5 年来呈现不断加快的势头。目前我国高中阶段的残疾人中等职业教育中有采用残健结合教学和在普通职教机构中设立特教班的半融合教育形式，也有以随班就读形式在普通高中接受教育的全融合教育形式，这种全融合教育形式还不够普及。高中阶段融合教育度，即高中阶段全融合教育形式的残疾学生数占接受高中阶段教育在校残疾学生总数的比例。不同类型残疾人高中阶段融合教育度存在差异，肢体障碍学生的高中阶段融合教育度最高。

五、高等教育阶段融合教育形成多元发展格局

我国高等教育阶段的融合教育已初步形成"以残疾人高等教育学院为骨干，以普通高校为主体，成人高等教育和远程教育等方式为辅"的高等融合教育发展格局。在我国高等教育阶段融合教育发展过程中，招生政策不断完善，招生规模逐步扩大，招生层次从以专、本科为主向更高层次发展。办学模式多元化，是高等融合教育发展的显著特点。目前主要有完全融合模式，即残疾考生参加普通高校全国统一考试后在高校随班就读；部分融合模式，即招收对象主要是参加高校单考单招的残疾考生在普通高校中以小规模形式集中办学；混合模式，将上述两种模式相结合，通过不同学习阶段使用不同的融合模式来更好地保障残疾学生的教育权利。随着中国高等教育阶段融合教育的不断发展，支持体系也得到了更加多样化的建设。各高校都在物质环境无障碍、信息和交流无障碍方面开始做出尝试和改革。同时，开始建立融合教育资源中心，为残疾学生提供学业支持、心理支持、就业支持等服务。

六、支持保障体系建设是融合教育推进的核心任务

我国随班就读支持保障体系建设可以划分为酝酿期、初建期、发展期三个历史阶段，包括政策支持体系建设、行政支持体系建设与专业支持体系建设三个层面。一是强化立法和政策支持，初步形成层级式政策支持体系。从整体来看，我国随班就读支持保障的政策体系建设已经进入了一个快速发展的时期，"国家—省—市—区县"层级式的随班就读支持保障政策体系框架初步构建形成，为融合教育的发展提供方向指引与支持保障。二是推进体制

机制改革，初步建立随班就读行政支持体系。主要以建立随班就读领导小组，形成联席会议制度，组建专家委员会，构建专业咨询机制，重视教育督导，加强质量监控为主要措施。三是以资源教室建设为重点，构建随班就读专业支持体系。以普通学校资源教室建设为重点，辅之以特殊教育学校资源中心建设以及随班就读师资队伍建设的随班就读专业支持体系已初具雏形。依托普通学校兴建资源教室，已被作为实践层面推进融合教育最普遍、最常规的支持手段，越来越多地被运用到区域融合教育政策制定与普通学校的实践中。依托基层特殊教育学校建设资源中心或指导中心，将特殊教育学校的专业优势应用于普通学校推进随班就读，是随班就读专业支持体系构建中越来越不可或缺的实践内容。各地重视师资培训、加强教师管理、改革教师教育、强化师资力量、构建专业团队已成为专业支持体系建设的核心内容。

七、校园无障碍环境政策法规逐渐丰富和完善

无障碍环境是社会成员平等参与社会生活、实现融合发展、提升生活品质、共享社会物质文化成果的重要条件。随着我国对无障碍环境的重视，相关法律法规和标准规范渐成体系。但现有政策对校园无障碍环境的规定较为宏观，可操作性不强，不够细化，相关具体配套措施亟待加强。国家尚未出台关于校园无障碍环境建设的政策法规，关于校园无障碍环境建设的规范和标准尚未建立。随着融合教育的发展，普通学校如何加强校园无障碍环境建设是亟待解决的重要课题。在走向教育现代化的过程中，校园无障碍环境建设必须优先发展。针对无障碍环境建设的不足、短板和割裂等突出问题，应完善政策法规保障，积极构建校园无障碍环境的连续体和综合体。

第二节　残疾人在线教育质量状况、问题和对策分析

一、残疾人在线教育概述

党的十九届五中全会审议通过的《中共中央关于制定国民经济和社会发展第十四个五年规划和二〇三五年远景目标的建议》中提出：发挥在线教育优势"十四五"规划首提"发挥在线教育优势"，明确了在线教育在建设高质量教育体系中的重要地位。[①]2020 年突如其来的新冠肺炎疫情给在线教育带来一场前所未有的大规模实践，让我们看到了在线教育的巨大优势。回顾这场实践，国家"停课不停教、不停学"政策无疑是疫情防控时期重要决策和正确决策，是教育部门和学校积极作为、主动应对疫情挑战的责任担当，有效抵御了疫情对教育系统的冲击，回应了全国范围内广大学生与家长的切实需求。[②]但不可否认的是，这场实践也暴露出在线教育的一些挑战。社会广泛关注的有数字鸿沟、信息素养低、网络基础设施发展不平衡、硬件配置不高、城乡差异、社会经济地位差异等问题。这些问题一定程度上加剧了在线教育不平等。[③④]但残障学生这一特殊群体似乎没有引起特别大的关注和研究。联合国教科文组织提出，残障学生在社会和教育上业已处于弱势地位，

---

① 杨程. 发挥在线教育优势 [N]. 光明日报，2020-11-18(04).

② 王晓宁. 一场大规模教育信息化社会实验的启示——教育系统在线抗疫的总结与展望[J]. 人民教育，2020(7):13-15.

③ 王毅杰，白杨，丁百仁. 在线教学扩大教育不平等了吗——基于江苏省 13176 份中小学问卷的实证研究 [J]. 上海教育科研，2020(8):10-15.

④ 罗长远，司春晓. 在线教育会拉大不同家庭条件学生的差距吗？——以新冠肺炎疫情为准自然实验 [J]. 财经研究，2020，46(11):4-18.

新冠疫情给他们造成了极为严重的影响。① 疫情防控背景下可能造成残障群体的受教育状况不稳定,产生更大的负面影响。② 大规模在线教育给残障学生教育变革带来了新机遇,同时也放大了残障学生在线教育的特殊需求和面临的障碍,使得残障学生在线学习面对的障碍表现得更加突出。2020 年 6 月,教育部出台《关于加强残疾儿童少年义务教育阶段随班就读工作的指导意见》专门提出"鼓励运用大数据、区块链技术提高服务的精准性"。发挥新一代信息技术在在线教育中的优势,可以引领残障学生教育新发展。③ 这场大规模的在线教育社会实验为我们研究残障学生在线学习效果及其影响因素提供了重要契机。不仅可以为在线教育"十四五"规划和 2035 年远景目标提供实证参考,而且可以为健全残疾人特殊教育保障机制和提高残障学生教育质量提供经验借鉴。

对残障群体而言,数字化无障碍学习具有显著的优势,可以实现残障学生的功能补偿、认知加工补偿、普特融合和个性化教育。④ 但残障群体由于能力限制,加上缺乏外部的环境支持保障时,会对在线学习效果产生重要影响。对自闭症、脑瘫等精神、智力残障学生而言,居家隔离等所导致的生活空间缩小极易诱发其整体精神状态恶化。非常态的远程教育会导致学生产生隔离焦虑、跨媒体不适焦虑等情绪波动问题,进而会影响学习效果。⑤ 培智学生在认知、语言、情感、动作、社交等领域存在障碍,造成注意力难以集中、易产生情绪问题。⑥ 听障学生利用网络资源在线学习时可能会遇到没有字

---

① https://en.unesco.org/news/including-learners-disabilities-covid-19-education-responses.

② 李英桃. 新冠肺炎疫情全球大流行中的"脆弱性"与"脆弱群体"问题探析 [J]. 国际政治研究, 2020, 41(3):208-229+260.

③ http://www.moe.gov.cn/jyb_xwfb/moe_2082/zl_2020n/2020_zl35/202006/t20200628_468757.html.

④ 吴鹏泽, 杨琳. 学习理论视角的数字化无障碍学习发展与变迁 [J]. 中国电化教育, 2018(12):136-141.

⑤ 李文昊, 祝智庭. 改善情感体验:缓解大规模疫情时期在线学习情绪问题的良方 [J]. 中国电化教育, 2020(5):22-26+79.

⑥ 衣文玉, 王淑荣. 新冠肺炎疫情下培智学校教学对策探析 [J]. 中国特殊教育, 2020(3):3-7.

幕、缺少职业化手语翻译等问题，信息获取和理解会出现较大障碍。[①] 视障学生如果缺少盲文图书、大字版读物、有声读物，互联网内容无障碍可访问性技术不达标时，在线学习效果也会大打折扣。[②] 在特殊教育信息化发展方面，由于信息技术和特殊教育的融合程度不高、特殊教育信息化资源没有建立共享机制、缺乏连续统一的个别化学习成长档案，造成特殊教育网络资源的建设缓慢，导致残障学生可使用的教育资源比较匮乏。[③] 国家在线教育资源公共服务在抗疫中发挥了重要战略作用，实现了在线教育资源公共服务跳跃式发展。[④] 但国家在线教育资源没有充分考虑残障群体的特殊需求，对残障群体的适切性和可及性比较差。因此，国家在线教育资源公共服务的不足也是影响残障学生在线教育的重要宏观因素。

二、残疾人在线教育发展状况

新冠疫情背景下，一场在线教育的大规模实验，引起了学界对在线教育未来前景的激烈争鸣，在线教育效果到底如何是非常值得研究的问题。[⑤] 在线教育是超越还是替代传统课堂？引起了学者的思考。[⑥] 比较主流和代表性的观点是，在后疫情时代，线上线下教育融合发展将是新常态。[⑦] 在线教育空间的压缩、时间的异化、距离的拉长打破传统教育的生态，将塑造线上线下教育共融发展的新局面，促使教育现代化在时间上加速、教育全球化在空间上拓

---

① 郑璇. 加快推进中国手语翻译的职业化——基于新型冠状病毒肺炎疫情的思考 [J]. 残疾人研究，2020(1):24-32.

② 李东晓，熊梦琪. 新中国信息无障碍 70 年：理念、实践与变迁 [J]. 浙江学刊，2019(5):14-23.

③ 刘洪沛，肖玉贤. 特殊教育信息化平台研发：融合教育理念的创新实践 [J]. 中国远程教育，2020(2):68-75.

④ 杨非，王珠珠. 国家在线教育资源公共服务在抗疫中的战略作用及疫后发展 [J]. 教育研究，2020，41(8):18-21.

⑤ 郭文革. 在线教育研究的真问题究竟是什么——"苏格拉底陷阱"及其超越 [J]. 教育研究，2020，41(9):146-155.

⑥ 王竹立. 替代课堂，还是超越课堂？——关于在线教育的争鸣与反思 [J]. 现代远程教育研究，2020，32(5):35-45.

⑦ 王竹立. 后疫情时代，教育应如何转型？[J]. 电化教育研究，2020，41(4):13-20.

展，以及教育公平性在新方位上推进。[①] 随着人工智能等新一代信息技术的蓬勃发展，人工智能与特殊教育的深度融合将成为教育发展的重要趋势，可以提升特殊教育质量。[②] 十九届五中全会提出"加快数字化发展"，新一代信息技术和在线教育、传统线下教育的充分融合发展将是不可阻挡的历史潮流，对于实现残障学生的功能补偿、增能赋能、潜能开发和优能发挥有重要前景。学界和社会普遍关注的是普通群体，对残障群体的研究比较匮乏。残障学生在线教育效果如何？其影响因素是什么？是未来发展残障群体在线教育必须直面的基本问题。

（一）研究对象

考虑到残障学生的分布以义务教育阶段为主，本研究调查了小学一年级到初中三年级的残障学生。通过问卷星收集 6564 份原始问卷，其中开展在线教学的问卷有 5465 份，进一步删除年龄 6 岁以下及 18 岁以上的样本、删除省份样本量少于 10 个的样本，共得到有效样本 4853 个。年级分布如图 4-2-1 所示。

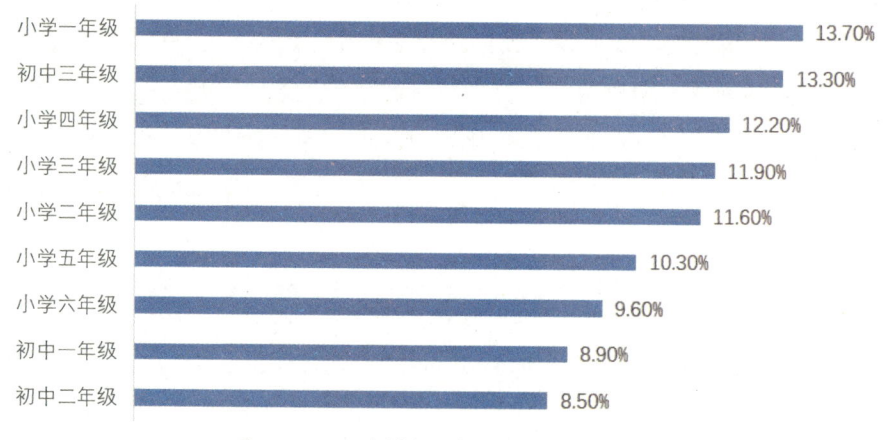

图 4-2-1　调查样本的年级分布（N=4853）

在有效的 4853 名残疾学生中，男生占比为 62.1%。从残障类型和等级来

---

① 易红郡，胡碧瑜. 压缩还是扩张：疫情下教育时空的转向 [J]. 天津师范大学学报（社会科学版），2020(6):1-6.

② 郭利明，杨现民，段小莲，邢蓓蓓. 人工智能与特殊教育的深度融合设计 [J]. 中国远程教育，2019(8):10-19+92-93.

看，样本中智力残障学生最多，占比为 26.4%；听障学生占比 21.6%；其次是视力（13.3%）、精神（含自闭症）（11.5%）、其他（9.9%）、多重残疾学生（9.1%）；言语和肢体残疾占比分别为 4.5% 和 3.8%。从残障等级来看，一级人数最多占比在 30% 以上，其次是二级占比 28.2%。从学校类型来看，85.2%的残障学生就读特殊教育学校，14.8% 的残障学生就读普通学校。城乡之间的分布比较均衡，比例相当，分别为 51.1%、48.9%。东、中、西部地区的占比分别为 43.5%、28.8%、27.7%。

问卷内容咨询了多位特殊教育领域专家，并预先进行了试调查，反复修改完善，因此问卷信度较高。围绕研究问题，问卷内容包括家庭背景特征、学生人口学特征、在线开课情况、在线学习内容和方式、家长和学生对在线学习的态度和看法、家长对在线学习效果的评价、在线学习问题与支持等内容。考虑到残障学生问卷回答的局限性，主要调查对象是学生家长，基于家长视角对在线学习情况进行调查。调查渠道是微信问卷星，是当前比较流行的方式。数据收集时间是 2020 年 4 月底和 5 月初，正是开展线上教学比较成熟的阶段。

（二）调查结果

1. 在线学习基本情况

对学生在线学习方式进行调查（如图 4-2-2 所示），在线学习方式呈多元化，发现老师本人在线直播的学习方式超过了一半，这种方式既可以方便老师了解学生的理解程度，还可以进行课堂互动。

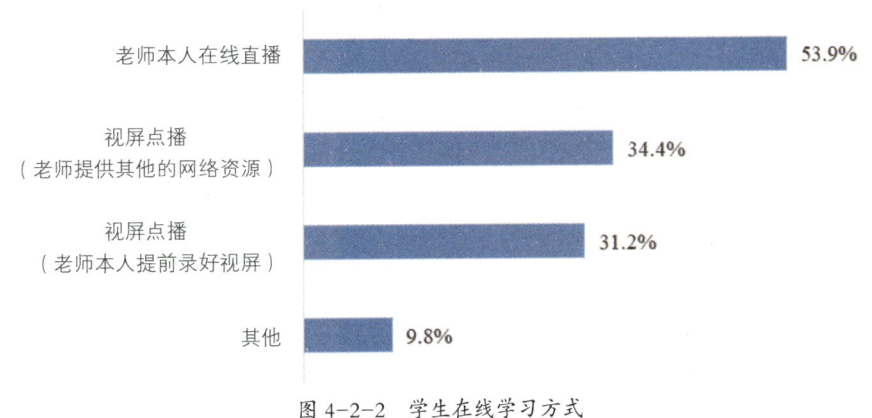

图 4-2-2　学生在线学习方式
注："其他"主要是微信、微信群、QQ 群，以"打字"为主

表 4-2-1 展示了学生学习计划的执行情况，49.4% 的学生"每天学习，严格遵循老师和家长制定的计划"；21.3% 的学生"在家长有空辅导的时候学习，完成部分感兴趣或有需要的内容"。

表 4-2-1 学习计划分布

学习计划	频数（个）	占比（%）
每天学习，严格遵循老师和家长制定的计划	2,397	49.4
每天学习，每周完成全部学习内容，但计划性不强	797	16.4
在家长有空辅导的时候学习，每周完成全部学习内容	624	12.9
在家长有空辅导的时候学习，完成部分感兴趣或有需要的内容	1,035	21.3

表 4-2-2 反映了学生家长对在线学习反馈的情况，发现 87.7% 的家长参与学习反馈，其中 43.4% 的家长在孩子出现学习进步、退步、没有效果等特殊情况时才进行反馈，35.1% 的家长每天或每周进行反馈；仅有 12.3% 的家长不进行反馈。说明了大部分家长都很关注孩子的网上学习、积极与老师进行沟通。

表 4-2-2 学生家长对在线学习反馈的情况

	频数（个）	占比（%）
定期反馈	1,704	35.1
出现特殊情况时反馈（如进步、退步、没有效果时）	2,107	43.4
看到别的家长反馈，我也反馈	446	9.2
不反馈	596	12.3

2. 家长和学生对在线学习的态度

义务教育阶段的残障学生自主学习能力有限，在参与在线学习的过程中需要家长或监护人的配合、支持。通过对家长和学生在线学习适应情况调查（如图 4-2-3 所示），发现家长对在线学习适应情况分布与学生适应情况基本一致，家长和学生网上"学习刚开始不适应，后来比较适应"的占比最多，分别为 41.2%、43.6%。总体来说，70.4% 的学生可以适应网上教学，比家长高 2 个百分点。

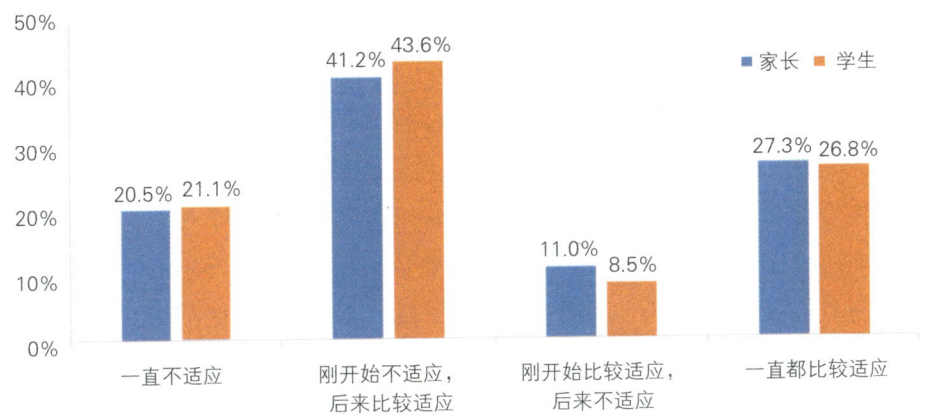

图 4-2-3　家长和学生对在线学习的适应情况

通过对学生在线学习喜欢程度的调查，[①] 回答"比较喜欢"与"非常喜欢"的占比分别为 23%、18.1%。回答"愿意配合"的占比为 35%，回答"有些排斥"与"非常排斥"的学生分别占比 18.4%、5.5%。

通过对家长配合老师辅导孩子在线学习情况的调查，[②] 发现"完全能够配合"的占比最多，为 40.6%，其次是"能够配合大部分"的占比为 33.2%，"能够配合一半左右"的占比为 26.2%。说明了 70% 以上家长能够很好配合老师辅导孩子在线学习。

通过调查"疫情结束后，家长是否希望继续开展网上教学"，发现 53.3%的家长"不希望继续开展，还是课堂学习比较好"，44.4% 的家长"希望继续开展，与课堂学习相结合"，只有极少数家长"希望继续开展，不需要课堂学习了"，占比为 2.4%。可见，一半以上的家长表示疫情结束，不希望继续开展网课，认为课堂教学效果更好。但同时也意味着未来线上线下相结合的教学方式有了一定的现实基础，是一些家长的期盼。

通过对在线学习内容适切性的调查，[③] 一般的比例最多，占比 51.3%，认

---

① 对在线学习喜欢程度的调查，回答选项有五个：非常喜欢、比较喜欢、愿意配合、有些排斥、非常排斥。

② 对家长配合老师辅导孩子在线学习的调查，回答选项有五个：完全能配合、能够配合大部分、能够配合一半左右、只能配合一小部分、完全不能配合。

③ 回答选项有三个：适合、一般、不适合。

为"适合"和"不适合"的比例分别为34.8%、13.9%。可见,在线学习内容不能很好地满足学生需求。

3. 家长对在线学习效果的评价

为了对比在线学习效果和课堂学习效果,通过对家长的调查,调查如表4-2-3所示,发现认为"比课堂学习效果差"的家长比例为51.3%,认为"与课堂学习效果差不多"的家长比例为42%,认为"比课堂学习效果好"的仅有6.8%。对比来看,普校家长认为"比课堂学习效果差"的比例高于特校2个百分点;农村家长认为"比课堂学习效果差"的比例高于城市2.1个百分点;东部地区认为"比课堂学习效果差"的比例分别高于中部、西部地区13.7、7.8个百分点。

表4-2-3　与课堂学习效果相比,家长对在线学习效果的评价(单位:%)

变量	分类	比课堂学习效果好	与课堂学习效果差不多	比课堂学习效果差
学校类型	普校	7.9	39.1	53.0
	特校	6.6	42.5	51.0
城乡	农村	6.0	41.7	52.3
	城市	7.5	42.2	50.2
地区	东部	6.2	36.5	57.4
	中部	7.4	48.9	43.7
	西部	7.1	43.3	49.6
合计		6.8	42.0	51.3

疫情期间,开展在线教育教学是否有用?通过调查,结果如表4-2-4所示,发现家长认为网上学习"非常实用,复学后仍然可以组织网上学习"和"比较有用,主要是在疫情期间使用"的比例分别为15.6%、36.8%,将二者组合为"有用",占总样本的52.4%;家长认为"作用一般,但在疫情期间没别的办法"的比例为38.2%;认为"作用不大,对生活和学习帮助较小"和"没有意义,反而浪费资源和时间"的家长分别占比7.8%、1.4%。可见,一半以上的家长认为网上学习"有用"。

表 4-2-4　在线学习的作用

	频数（个）	占比（%）
非常实用，复学后仍然可以组织网上学习	759	15.6
比较有用，主要是在疫情期间使用	1,788	36.8
作用一般，但在疫情期间没别的办法	1,856	38.2
作用不大，对生活和学习帮助较小	380	7.8
没有意义，反而浪费资源和时间	70	1.4

使用百分制对学生在线学习进行评分，范围在 0 到 100 之间，调查发现，家长对网上学习效果评分的平均分为 72 分，中位数为 80 分，众数为 80 分，标准差为 19.4，在线学习评分大多数集中在 80 分左右。

4. 在线学习遇到的问题

通过调查在线学习遇到的问题，如图 4-2-4 所示，在线学习存在的问题中，选择"网络信号不好"的占比最大，为 32.5%，其次是"工作比较忙"占比 32.1%，仅有 4.1% 的家长"没有在线学习工具"。可见，学生网上教育遇到的问题集中体现在："网络信号不好""工作比较忙""自己能力有限"。对在线学习中存在 8 个问题的数量进行研究，发现没有遇到问题的家长占比 16.2%，其余家长至少遇到 1 个问题，遇到 5 个以上问题的比例最少，为 2.6%。

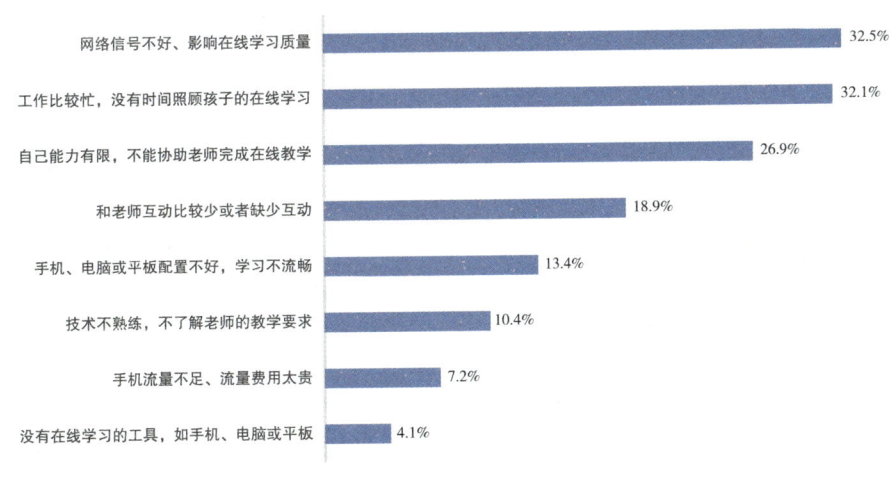

图 4-2-4　在线学习存在的问题

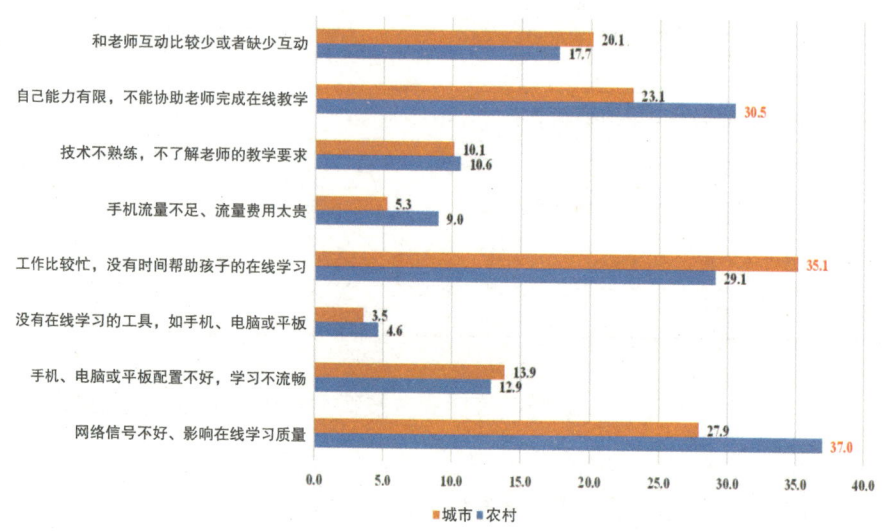

图 4-2-5　城市和农村在线学习存在的问题（单位：%）

　　分城乡的调查结果如图 4-2-5 所示。农村地区在线学习存在的问题，首先是"网络信号不好"（37.0%），其次是"自己能力有限"（30.5%）、"工作比较忙"（29.1%）。城市学生存在的问题和农村家长相同，但问题的重要程度有明显差别，首先是"工作比较忙"（35.1%），其次是"网络信号差"（27.9%）、"自己能力有限"（23.1%）。差别最大的是"网络信号不好"，农村比城市高 9.1个百分点，比较符合直观现实，农村地区网络基础设施较差。

三、残疾人在线教育发展问题分析

（一）网络基础设施建设有待进一步完善

　　网络基础设施建设不完善是在线教学所暴露出来的最明显、最严重、最突出的问题之一。"停课不停学"以来，从各地开展在线教育的情况来看，褒贬不一，乱象丛生，直播平台或在线教育平台由于承担着前所未有的峰值和并发请求，"卡顿、掉线、延迟、登录不了、听不到、看不清、画面不清晰、信号不稳定"等成了直播或在线学习的关键词。两会期间，教育部科技司司长雷朝滋在接受记者采访时表示，疫情期间大规模在线教学暴露出来信息技术保障不足的问题，信息化基础设施建设仍需进一步加强，"网速慢""卡顿"成为在线教学的制约因素，虽然全国大多数地区已实现网络覆盖，但仍有部分地区信息化基础设施水平参差不齐，部分家庭经济困难的学生不具备终端学习条件；同时，部分教学平台的负载能力较弱，难以支持大规模网络并发请求。[①]

造成该问题的主要原因是网络基础设施尚不完善和短时间内在线教育用户激增。根据中国互联网络信息中心发布的第 45 次《中国互联网络发展状况统计报告》，截至 2020 年 3 月，我国网民规模为 9.04 亿，互联网普及率达 64.5%；在 2019 年，我国已建成全球最大规模光纤和移动通信网络，行政村通光纤和 4G 比例均超过 98%，固定互联网宽带用户接入超过 4.5 亿户。[②] 在线教育呈现爆发式增长。截至 2020 年 3 月，我国在线教育用户规模达 4.23 亿，较 2018 年底增长 110.2%，占网民整体的 46.8%；手机用户在线规模达到 4.2 亿。2020 年初，全国大中小学校推迟开学，2.65 亿在校生普遍转向线上课程，用户需求得到充分释放，在线教育应用呈现爆发式增长态势。疫情期间，多个在线教育应用的日活跃用户达到千万以上。

网络和信息技术问题是目前在线教学普遍存在的问题，但是对残疾人在线教学的影响更大。国务院《"十三五"加快残疾人小康进程规划纲要》指出城乡残疾人家庭人均收入与社会平均水平差距仍然较大。全国残疾人人口基础数据库数据显示，近四分之三持证残疾人是农业户口。[③] 残疾人及其家庭经济状况不好、就业率低、更易陷入贫困，往往是"数字鸿沟"的劣势群体。根据笔者调查，在义务教育阶段的残疾学生中，有三分之一的群体遇到网络信号问题，并且在农村地区和中西部地区更加严重。此外，技术不熟练、学习终端配置不好、甚至没有学习终端、流量费用太贵也是残疾人在线教育面临的突出问题。现有信息技术不管是在软件上还是硬件上，都难以支撑大规模的在线教学，教育信息化的路还有很长一段要走。当然，也有专家提出这些问题不是在线教学的本身问题或内部问题，是限制在线教学发展的外部制约条件，会随着 5G、物联网、工业互联网、大数据中心等新型基础设施的完善而得到彻底改善。

---

① 复课了，线上线下如何深度融合？——代表委员热议在线教育，http://www.jyb.cn/rmtzcg/xwy/wzxw/202005/t20200524_330201.html.

② http://www.cnnic.cn/hlwfzyj/hlwxzbg/hlwtjbg/202004/t20200428_70974.htm.

③ 张钧. 全国残疾人人口基础数据库数据分析 [J]. 残疾人研究，2013(3):76-79.

（二）网络教育平台的信息无障碍程度偏低

联合国《残疾人权利公约》提出"确认无障碍的物质、社会、经济和文化环境、医疗卫生和教育以及信息和交流，对残疾人能够充分享有一切人权和基本自由至关重要"。进入新世纪，信息无障碍主要向互联网领域拓展，针对网络技术的"无障碍"规范越来越多。[①]平等访问互联网教育资源是实现教育公平的前提条件。美国网络高等教育质量标准的五大支柱之一便是无障碍，使所有有学习意愿的学生都有机会接受网络教育，让学生便捷获得资源、专门辅导和特殊教育资源。[②]基于互联网的在线教育，突破了传统教育时间与空间的限制，是现代人实现终身学习的重要手段，更应该深入践行"平等、参与、共享"的理念，严格遵守人人平等的原则。[③]为有不同障碍的群体构建一个无障碍的互联网环境，是残疾人实现社会融合的重要方面。

疫情期间，教育和学习的方式主要依托于互联网，网络教育资源的无障碍显得特别重要。但不可忽视的是，目前不管是全国性的网络教育平台，还是专门的特殊教育网络资源平台，信息无障碍程度偏低，不同残疾类型的学习者会遇到不同的障碍。孙树志和刘永福（2012）通过对国内外50个教育类别网站各页面的Bobby测试，并采用问卷和实地观察的方法对有关残疾人网络学习中遇见的障碍进行了调查和分析，发现我国教育网站在网站内容呈现、网页结构布局、网站导航设计和辅助技术提供等方面缺乏无障碍设计的意识。[④]张文兰等选取20个国内老年在线教育网站，借助自动检测工具对各页面进行A Checker测试，发现我国老年在线教育网站的无障碍程度整体很低，违反同一检测点的错误多次出现，低技术性的细节错误频发，页面导航、文字图片呈现、链接设置等方面的访问障碍在不同程度上制约着老年人

---

① 李东晓，熊梦琪. 新中国信息无障碍70年：理念、实践与变迁[J]. 浙江学刊，2019(5):14-23.

② 熊华军，李倩. 美国网络高等教育质量标准的五大支柱[J]. 外国教育研究，2014，41(11):102-110.

③ 文剑平，孙祯祥. 和谐教育：信息无障碍与网络教育整合[J]. 现代远距离教育，2008(3):48-50.

④ 孙树志，刘永福. 教育网站信息无障碍设计现状调查与分析[J]. 电化教育研究，2012，33(5):73-77.

的在线学习。[①]

国家中小学网络云平台和中国大学 MOOC（慕课）两大平台是国内两大优质教育资源的共享平台。前者主要面向中小群体，是教育部整合国家、有关省市和学校优质教学资源，在延期开学期间开通的云平台，免费供各地自主选择使用；后者由网易与高教社共同推出的在线教育平台，承接教育部国家精品开放课程任务，向大众提供中国知名高校的 MOOC 课程。笔者委托地方残联的信息无障碍检测机构，对两大平台进行信息无障碍检测，发现这两大平台没有通过无障碍网络环境测试，几乎没有无障碍环境支持。残疾人参与在线教育，不管是在疫情背景下还是平时情况下，都有潜在的巨大需求，但是需要加强无障碍技术支持。

（三）主流网络教育资源难以满足残疾学生需求，特殊教育网络资源系统性不强

为办好网络教育，积极推进"互联网＋教育"发展，加快教育现代化和教育强国建设，教育部研究制定了《教育信息化 2.0 行动计划》。该计划指出，教育信息化具有突破时空限制、快速复制传播、呈现手段丰富的独特优势，是促进教育公平、提高教育质量的有效手段，将为构建泛在学习环境、实现全民终身学习的有力支撑。为降低疫情对教育的负面影响，我国快速搭建并上线国家中小学网络云平台，集纳全国优质教育资源。除此之外，海量的学习资源和教育服务不再局限于学校，学校以外的大规模社会群体，如教育企业、辅导机构、高校科研工作者、博物馆、图书馆、社会组织等也可以提供专业、优质的学习资源。如作为企业的典型代表，常州市钱璟康复股份有限公司一直致力于特殊人群的在线康复教育平台的研发探索以"人工智能＋大数据＋云计算"等技术支持为基础的即时互动型服务平台，平台已在全国 30 个省 260 多家机构运行，服务量已超过 100 万人次。疫情期间，为了让更多特殊家庭和儿童在停课不停学期间也能够得到优质专业的康复教育和训练资源，钱璟康复通过 12 天的努力和过渡期 24 小时的人员值班守护，将康复训练、新课标教学和在线微课进行了手机适配，让更多有需要的家庭进行康复训练和教学。在 2020 年 2 月 10 日至 5 月 1 日期间，为全国 31 个省份，

[①] 张文兰，李昂，赵姝. 国内老年在线教育网站无障碍测评研究 [J]. 电化教育研究，2018，39(9):75—80+108.

共计 1400 多家特殊教育机构提交了申请，特需家庭用户流量高达三万人次，日活跃用户两千人次以上，累计康复训练进行六万余次，新课标教学进行十万次以上。苏州工业园区仁爱学校开发运行新特教线上资源平台，联合了学会、高校、特校等多家单位，整合全国很多特教学校的线上学习内容，对特殊教育资源优化和更新，里面所有的内容都是根据智障学生的认知特点设计，相对于其他网络资源更有利于智障学生学习。

但是我们应当注意的是，目前主流网络教育资源的内容和设置并未考虑残疾人等特殊群体的特点，难以满足残疾人的在线教育需求，同时特殊教育网络资源呈碎片化、系统性不强。网络上确实有丰富的教育和学习资源，形式也是多种多样。但是其中特殊教育方面的教学资源却很少，并且在这些资源中，有些在科学性和专业性方面还值得商榷，有些需要收取费用，真正可供特殊学生及其家庭使用的特教资源非常稀缺。数字化资源建设是特殊教育信息化的核心内容，通过优质网络资源建设与应用，可以弥补特殊教育信息资源匮乏、师资水平低下、教学仪器设备设施紧缺等不足，是改变特殊教育落后局面、促进特殊教育跨越式发展的重要途径。[1] 从权利视角和残疾的社会模式来看，"平台 + 教育"的服务模式在构建数字教育资源公共服务体系应该充分考虑残疾人的特点和需求，保障线上的"融合教育"。如英国开放大学上午全校性工程"实现更大程度无障碍"（Securing Greater Accessibility），把无障碍学习融入常规学习之中，而不是专门单独向残疾学生提供教育，目的是使所有学生（包括残疾学生）都能方便地参加在线教与学活动。[2]

网络信息资源丰富多彩，大量的数据资源给特殊教育人群查找资料造成了一定的困难。特殊教育网络信息资源目前尚未有效整合，难以提升特殊教育中网络资源应用效能。家长在进行家庭教育康复的过程中难以整合特殊教育的网络资源，虽然网络资源内有多媒体视频、图片等丰富的内容，但难以将资源进行有效整合从多方位全面地刺激智障儿童感官，智障儿童学习的兴趣不高，学习信心较弱。虽然在进行远程教学中，教师将适合智障儿童的网

---

① 郑权. 特殊教育网络资源建设的现状、问题与发展策略 [J]. 中国远程教育，2010(5):28-31+79.

② 马丁·库珀. 如何满足远程教育残疾学生需求？——来自英国开放大学的经验 [J]. 肖俊洪，译. 中国远程教育，2014(12):18-27+95.

络资源整合方法传授给家长，帮助其利用有效网络资源、甄别过滤无用资源的方法和技能，但资源与资源之间缺乏体系化，使得网络资源整合效用较低。不管是疫情背景下，还是一般状况下，保障特殊儿童的教育质量是一件非常有挑战的事情。比如针对一个自闭症孩子的访谈，了解到刚开始该生不能适应观看微课的线上学习模式，也不服从时间安排，后来稍有改善，但是随着学习任务的推进，出现无法集中精力学习微课、逃避学习、想要看动画片等问题，对远程学习表现出情绪问题，甚至拒绝完成学习任务。根据种种问题，该生的老师们后来决定放弃使用现有的网络资源，老师们亲自录制教学资源，让学生们看到老师熟悉的面孔，融入了课前和课后的多元活动，在课前根据相联系的课程内容，配合微课，在其中加入了动画元素，让该自闭症学生在爱好的发挥中伴随线上学习，同时在尊重学生主体的基础上，在居家指导中，融入强化练习，加入涂画、剪裁等动手操作的活动。显然，现有的特殊教育网络资源难以做到灵活调整和充满人文关怀。

（四）家庭支持比较欠缺

习近平总书记在2018年全国教育大会上指出：家庭是人生的第一所学校，家长是孩子的第一任老师，要给孩子讲好"人生第一课"，帮助扣好人生第一粒扣子。家校协同教育[1]已成为国际社会教育发展的趋势，受到许多国家的重视，已经成为中小学教育不可分割的部分。[2]家校合作共育是教育现代化、民主化、科学化的必然要求，也是教育和社会发展到当今信息时代的必然选择。[3]疫情背景下，对家庭教育的需求和依赖更大，对残疾学生家庭来说，暴露出来的问题也更明显。首先，教育场所从学校转移到家庭，在传统面授教育过程中，学生的学习大部分发生在教室里，规模化在线学习多发生在家庭里，学习场所发生了转变。其次，教育监督和管理从老师转移给家长，家庭负担加重。最后，整个学习过程的场景从学校环境转移到家庭环境，知识

---

① 家校协同教育就是家庭和学校互为共同的主体，在教育孩子的过程中，团结协作，行使共同的权利和承担同等的责任，发挥各自的优势，联合社会力量，形成协同一致的合力，利用各种资源，共同育人的活动。

② 陈中梅. 家校合作是现代教育的必然选择——城区小学家校协同教育实践探索[J]. 教育学术月刊，2018(6):86-91.

③ 朱永新. 家校合作激活教育磁场——新教育实验"家校合作共育"的理论与实践[J]. 教育研究，2017，38(11):75-80.

的获得由原来的主要发生在教室里，变为现在的主要发生在在线网络和家庭中，对家庭环境的要求更高。[①]

家庭教育与社会教育、学校教育都是特殊教育的重要组成部分，三方面是相辅相成、缺一不可的。家庭教育还是融合教育取得成功首要考虑的问题。[②]家庭教育是残疾学生学习和发展的基本单位，对残疾学生掌握居家生活技能、提升生活实践能力具有重要作用，因此支持家庭教育是残疾学生未来走向社会融合的重要基础。在通常情况下，特殊儿童先天的障碍决定了其自主学习能力较弱，自主控制、自我驱动、自我负责的能力均较弱，更需要教师、家长个别化的指导。在疫情背景下，传统课题教育转变为在线教育，对学生的自主学习能力有较高的要求，学生从教师那里只能获得非常有限的学习帮助，一旦失去家长支持和辅助，学习的效果会较差，中重度智力障碍儿童和自闭症儿童甚至不能完成学习。教师和学生在空间上的隔离，导致教师无法方便观察到学生的变化，家长则起到了反馈学生变化的重要作用。比如自闭症学生，自主学习能力有限，在参与远程教学的过程中更需要老师的指导和家长的配合、支持。社会功能障碍是自闭症者主要特征之一。由于语言理解和语言表达能力较弱，自闭症学生不仅在沟通互动方面受限，在生活技能的习得和养成方面也存在一定的困难。对于处在中年级的自闭症学生来说，生活技能的习得和养成有助于增加其自我效能感，提高生活信心，同时也是为将来融入社会、独立生活打下基础。因此，大规模在线教育更需要家庭教育和家长的支持。

中国教育科学研究院的调查数据显示，此次疫情期间在线教育中，以家庭环境条件和家长陪伴为主要内涵的家庭资本对在线教学效果有着至关重要的影响。[③]根据江苏省苏州工业园区仁爱学校老师提供的资料，发现特殊学生往往得不到很好的家庭支持。有的因为家庭贫困或者父母本身也有残疾，不具备指导学生线上学习的条件；有的家庭认为在特殊学生身上看不到"希

---

① 万昆，郑旭东，任友群. 规模化在线学习准备好了吗？——后疫情时期的在线学习与智能技术应用思考 [J]. 远程教育杂志，2020，38(3):105-112.

② 杨茹，邓猛. 融合教育背景下西方残疾学生家校合作的模式及启示 [J]. 现代特殊教育，2016(12):3-9.

③ 中国教育科学研究院课题组. "停课不停学"的中国经验 [N]. 光明日报，2020-04-21(14).

望"，早已放弃不愿配合；有的家长也确实不知道该如何指导特殊学生学习。[1]
若是在家校合作这一环上断了，针对残疾学生的线上教育就很难收效。此
外，在笔者调查的 6675 个义务教育阶段残疾学生家长中，有 31% 的家长辞去
工作，专门陪护残疾学生，这是一个相当大的比例。在居家在线学习的过程
中，有 31% 的家长因为工作比较忙，没时间帮助孩子完成在线学习；有 27%
的家长认为自己能力有限，不能协助老师完成在线学习；有 10% 的家长表示
技术操作不熟练，不能理解老师的教学要求；有 34% 的家长提出需要有人帮
助孩子在线学习。可见，残疾学生自主学习能力有限、部分残疾学生缺乏家
庭支持是影响残疾学生教育的重要因素。

（五）个别化教育比较缺乏

从 20 世纪 80 年代，我国开始引入个别化教育（Individualized Education
Program，简称 IEP）方法和理念。个别化教育是残疾儿童教育的重要基础，
可以保障残疾学生接受满足其特殊需要的教育。个别化教育一般有四个步骤：
一是对学生进行初步评估，界定障碍类型和级别；二是评估特殊教育需求；
三是根据评估信息，为每一个有特殊教育需求的学生制定个别化教育计划；
四是如果 IEP 无法促进学生的发展，或者有些问题难以得到有效解决，学校
就会求助校外专业机构或专家。[2] 美国、英国等一些国家通常以立法的形式规
定学校应为每个残疾学生提供 IEP，以保障所有残疾学生获得免费的、合适
的、公立的教育，至今为止，已经形成比较完善的制度和实践方式。[3] 我国也
在相关政策文件中提出实施个别化教育。2014 年、2017 年颁布的《特殊教育
提升计划》第一期、第二期均提出要改革特殊教育教学方法，加强个别化教
育，增强教育的针对性与有效性。最新修订的《残疾人教育条例》第二十四
条专门对个别化教育做出规定"残疾儿童、少年特殊教育学校（班）应当坚
持思想教育、文化教育、劳动技能教育与身心补偿相结合，并根据学生残疾
状况和补偿程度，实施分类教学；必要时，应当听取残疾学生父母或者其他

① 顾义寒 . 适性教育理念下培智学校线上教育的实施策略研究 [J]. 教育界 ,2021(8):44-45.

② 陈奇娟 . 从特殊教育需求评估到个别化教育计划：英国全纳教育的两大核心主题 [J]. 外国教
育研究，2014，41(4):104-112.

③ 傅王倩，王勉，肖非 . 美国融合教育中个别化教育计划的发展演变、实践模式与经验启示
[J]. 外国教育研究，2018，45(6):102-115.

监护人的意见，制定符合残疾学生身心特性和需要的个别化教育计划，实施个别教学"。

我国在实施个别化教育的过程中存在不少问题。首先，在政策法规上没有保障，从《残疾人教育条例》规定内容来看，个别化教育并不是一个强制性实施的措施，未出台法律法规专门对 IEP 制定的团队、内容、制定程序、评价进行完整的规定，从实践来看，实施并没有全国性的、统一的要求和规范。[①] 其次，在研究上尚未形成中国的学术话语体系。有关个别化教育计划的论述及模式大都是从国外引进，在学校层面具体实施起来，并不适合中国国情和现实情况，[②] 关于本土化的研究和实践较少。[③] 最后，在实践上差异较大。由于我国个别化教育起步相对较晚，残疾人教育在区域间和城乡间发展水平差异悬殊，发展方式多样，加上社会、学校和家庭的认识水平、实施策略相对滞后，导致缺乏标准化和高质量的实践模式。个别化教育的实践探索主要面临三个发展瓶颈：重视个别化教育计划的制定，轻视个别教学的实施，传统的书面形式内容冗长繁杂，实际推进效果不能令人满意；评量工具不足，绝大多数是引进国外评估量表，有些评量工具内容已落后于时代发展，不适合我国具体情况，有些项目的评量工具缺失，特别是干预后的综合评价与鉴定停留在文字与数字说明上，缺乏直观的可视化呈现与分析；个别化远程教育支持系统缺失，特别是信息系统的缺失，导致残疾学生数据缺失，无法对学生精准评估。[④]

疫情期间，对残疾学生的科学评估变得更加困难，针对残疾学生的个别化教育比较难以有效实施，教师"照搬"线下课堂，在线教学的灵活度不够，未能充分发挥在线教学的优势。"停课不停学"的在线教学要求，不仅让不少新手老师"慌了神"，也让在传统课堂上经验丰富的老教师不太适应线上教育方式。根据笔者对义务教育阶段的调查，发现没有在线开康复课的比例

① 戴士权. 美国特殊教育领域中个别化教育计划的立法演进及对我国的启示[J]. 外国中小学教育，2018(5):33-38+8.

② 邹红霞. 视力障碍学生个别化教育模式的行动研究[J]. 中国特殊教育，2018(5):29-32.

③ 邓猛，郭玲. 西方个别化教育计划的理论反思及其对我国特殊教育发展的启示[J]. 中国特殊教育，2010(6):3-7.

④ 郑权，张立昌，郑汉柏. 特殊儿童个别化远程教育的设计研究[J]. 中国远程教育，2018(3):27-33+79-80.

有 38.6%。"每天学习，严格遵循老师和家长制定的计划"的占比不到五成。在特校中，家长认为在线学习内容适合孩子的占比为 35.9%，在普校中，这一占比更低，仅为 28.2%，说明普校的在线上课内容更不适合残疾学生。停课不停学以来，教育部要求既不能搞"一刀切"、要求所有教师都制作直播课、所有学生每天上网"打卡"，又要扎实推进线上教学资源共享和教育教学方式创新。要注重加强以爱国主义教育为主要内容的思想引导，将防疫知识、战"疫"先进事迹教育、生命教育、公共安全教育、心理健康教育等融入在线学习，增强学生爱党爱国爱社会主义的思想情感。从学习内容来看，疫情期间的在线教育普遍是线下课程的"搬家"。事实上，"停教不停学"的学习内容不应局限于传统课堂的教学内容，利用居家在线学习的机会，在线教育内容可以回归生活、立足生活、善用生活，通过开展项目式学习、问题解决式学习。[①]对残疾人的教育主要目标归根结底还是帮助其建立良好的社会适应行为，更好地适应社会，达到社会融合的目标。因此，对残疾学生的教学内容应充分考虑增加学生与生活的融合需要，内容的选择上以生活体验为基础，目标的选择上是能切实参与社会生活，从而体现"以生活为核心""以社会融合为目标"。

（六）家长、教师和学生网络信息素养整体偏低

2018 年教育部发布的《教育信息化 2.0 行动计划》，在目标任务中提出，通过计划的实施，实现信息化应用水平和师生信息素养普遍提高，持续推动信息技术与教育深度融合，推动从技术应用向能力素质拓展，使之具备良好的信息思维，适应信息社会发展的要求，应用信息技术解决教学、学习、生活中问题的能力成为必备的基本素质。

为了保障残疾人的受教育权利，推进教育公平，防止网络时代残健群体之间的"数字鸿沟"，促进残疾儿童所受信息技术教育的实效性，最大化地改善残疾儿童在网络时代的生存与发展境况，有效地构建融合社会，必须重视培养残疾儿童的网络信息基础能力等网络信息素养，这对于提高我国人口素

---

① 宋灵青，许林. 疫情时期学生居家学习方式、学习内容与学习模式构建[J]. 电化教育研究，2020，41(5):18-26.

质以及保障残疾儿童成年后的就业权利，也具有不可替代的重要作用。[①]

疫情期间，一些学者通过问卷调查发现，信息素养是影响学生在线学习体验的重要因素。在线教学作为依托信息技术所进行的教学形式，对教师的信息素养提出了很大要求。虽然以往学校和教师利用信息技术开展教学已较为普及，但这些教学活动主要基于师生面对面的环境。王继新等通过对湖北省近6万个样本调查发现，31.03%的教师反映操作平台和工具的使用能力存在难度，有28.82%的教师表示平台和工具使用较为复杂。[②]中国教育科学研究院通过调查全国180万个样本数据，发现教师教龄与疫情期间在线教育的诸多指标之间，呈现值得关注的负向差异现象，即教龄越短，在线教育相关指标表现越好。[③]表明信息素养或网络素养在教学效果中起到重要的调节作用，其中的原因是教龄越短，意味着教师越年轻，越能掌握网络使用技术，越有可能应用信息技术优化课堂教学和应用信息技术转变学生学习方式。吴砥等调查发现师生信息素养存在的问题主要有四个：一是部分教师对在线教学不习惯，同时欠缺在线教学软件使用知识；二是部分教师缺少在线教学策略，难以实现对课堂纪律的管控，部分在线课堂一度出现混乱的现象；三是部分学生对在线教学的接受度较低，其原因不仅有课程的适切性问题，也由于视频课程中缺乏熟悉教师的介入，导致约束性与临场感不足，难免产生抗拒心理和应付心态；四是大部分学生利用网络资源主动开展自主学习、主动解决问题的意识较为薄弱。[④]

数字鸿沟的发展经历了两个阶段：接入机会差异导致的数字鸿沟和因使用互联网的差异而产生的数字不平等，[⑤]前者可以称为"接入鸿沟"，后者称为"使用鸿沟"。对残疾学生及其家庭来说，最困难的不是"接入鸿沟"，可

① 侯晶晶. 残疾儿童网络信息基础能力的现状与影响因素研究 [J]. 教育研究，2016，37(1):85-93.
② 王继新，韦怡彤，宗敏. 疫情下中小学教师在线教学现状、问题与反思——基于湖北省"停课不停学"的调查与分析 [J]. 中国电化教育，2020(5):15-21.
③ 中国教育科学研究院课题组. "停课不停学"的中国经验 [N]. 光明日报，2020-04-21(14).
④ 吴砥，余丽芹，饶景阳，周驰，陈敏. 大规模长周期在线教学对师生信息素养的挑战与提升策略 [J]. 电化教育研究，2020，41(5):12-17+26.
⑤ 邱泽奇，张樹沁，刘世定，许英康. 从数字鸿沟到红利差异——互联网资本的视角 [J]. 中国社会科学，2016(10):93-115+203-204.

以通过加快网络基础设施建设和终端提供而快速弥补，比较困难的是"使用鸿沟"，受个性特征、生理条件、无障碍环境建设、网络稳定性、使用技术熟练程度等多种因素的影响，残疾学生使用互联网往往存在较大的困难。[①] 对残疾学生来说，不单是教师和学生的网络信息素养会影响在线教学效果，家长的网络信息素养也会对在线教学的影响很大。学生—家长—教师三者密不可分，家长作为中间传递的环节，在线教学中起到了非常重要的角色影响。笔者在访谈中发现，有些残疾学生是由爷爷奶奶照顾的，大部分老年人不会使用电子设备。特别是在一些农村地区的父母，基本不具备信息素养。调查中发现一位家长不知二维码是什么如何使用，对比较新型的软件、图标等都没有接触过，因此在进行居家亲子活动的时候存在非常大的困难。

（七）社会支持体系尚不完善

疫情发生以来，深刻认识到社区是疫情联防联控、群防群控的关键防线，推动防控资源和力量下沉，全国各地快速建立健全区县、街道、城乡社区等防护网络，调动社会力量共同参与疫情防控，全国基层社区构建的网格化治理机制，在疫情防控中发挥着不可替代的重要作用，是社会治理重心下移的具体体现。事实证明，通过将防疫资源和力量下沉至各个社区和村庄，广泛联系群众、发动群众、凝聚群众，外防输入、内防扩散，有效确保了各项措施的贯彻落实，筑牢了抗击疫情的人民防线。[②] 同样也表明，对残疾人的服务和支持不仅需要常态化的社会支持体系，更需要应急状态下的支持体系，才能保障残疾人的各项权利，促进残疾人社会融合。

残疾人接受教育的目标是能够更好地适应社会。除了学校、家庭之间的配合协作，社区提供的支持也有着不可替代的作用。特殊儿童的很多生活技能训练、沟通交往的意识和技能都需要在社区中进行。《培智学校义务教育课程标准（2016年版）》中将"生活适应"课程纳入培智学校一般性课程，并明确指出生活适应课程的教学空间应从课堂扩展至家庭及社区。疫情期间，特别是全国居家隔离期间，社区（村）成为直接递送居民服务的唯一渠道，机关和企事业单位下沉的工作人员、社区工作者、残疾人专职委员、志愿者和

---

① 赵英. 针对残障人士的信息无障碍影响因素研究 [J]. 四川大学学报（哲学社会科学版），2018(5):84-93.

② 孙迪亮，杨烁. 在疫情防控实践中完善社会治理体系 [N]. 经济日报，2020-03-17(012).

邻里亲友成为社区残疾人服务的主要依靠力量。有的基层社区（村组）平时就没有开展常态化的残疾人服务，疫情防控紧张时刻更抽不出身来顾及他们的特殊需要。① 在应急状态下，残疾人教育的社会支持体系未能有效运转，暴露出该体系缺失比较严重，残疾学生很多必需的社会服务和支持因疫情防控而被迫终止，对残疾学生的教育造成很大影响。如自闭症的主要特征之一是社会功能障碍，自闭症学生不仅在沟通互动方面受限，在生活技能的习得和养成方面也存在一定的困难。居家隔离让自闭症孩子与社会隔离，对自我效能感和生活信心造成很大打击。

四、发挥新一代信息技术优势，引领融合教育新发展

随着 5G、大数据、区块链、人工智能等新一代信息技术和数字经济的蓬勃发展，国家正加快布局新型基础设施建设。疫情之下的超大规模在线教学使"互联网＋教育"全面深入人心。抓住新基建机遇，加快新一代信息技术在随班就读中的系统化应用，充分发挥信息技术优势，恰逢其时，是全面破解融合教育一系列突出问题的关键利器，是全面推进教育现代化的必由之路。②

（一）发挥新一代信息技术在科学评估和控辍保学中的优势

统计工作对国家教育事业发展具有重要意义，统计监督是党和国家监督体系的重要组成部分。健全科学评估认定机制是融合教育的首要考虑因素，凸显加强残疾儿童青少年统计的迫切需要，说明评估认定、建立工作台账是随班就读的基础工作，为安置残疾儿童青少年提供重要依据，为强化控辍保学提供统计监督。对适龄残疾儿童青少年摸底排查、全面规范评估、建立工作台账、加强监测等具体要求都需要信息化手段辅助。新一代信息技术可以在科学评估和控辍保学中发挥强大优势。一是区块链技术的应用解决残疾儿童青少年数据来源多样、不统一的问题，实现多源数据、异构数据的互联互通，大幅提高残疾儿童青少年数据的时效性、保密性、可溯性、权威性，为

① 厉才茂，张梦欣，李耘，杨亚亚．疫情之下对残疾人保护的实践与思考［J］．残疾人研究，2020(1):4-15.

② 凌迎兵．关于《关于加强残疾儿童少年义务教育阶段随班就读工作的指导意见》的解读［DB/OL］．教育部官方网站．

科学评估提供基础数据架构；二是基于大数据挖掘技术辅助残疾人教育专家委员会开发标准化的评估工具箱，提高评估的客观性、可靠性、科学性；三是人工智能技术可以逐步实现评估的智能化，解决专家数量少、难以全面评估残疾儿童青少年的问题；四是大数据平台对控辍保学进行实时的、动态的统计监督，为残疾学生的灵活安置、及时干预提供支撑。

（二）发挥新一代信息技术在资源支持和精准服务中的优势

完善随班就读资源支持体系是保障融合教育质量的重要条件，可以最大限度地使残疾儿童青少年融入普通教育，促进身心发展和健康成长。资源教室和资源中心的重要作用是为随班就读学生、学校和家长提供个性化、专业化的服务和支持。面对随班就读学生规模和占比日益增加的客观现实，随班就读学生的特殊教育需求因其特征、性格、所处环境不同而呈现复杂、多元、个性、易变等特征，普通学校教师和家长难以应对这一客观现实和满足随班就读学生的需求。迫切需要借助大数据、区块链等新一代信息技术，改变特殊教育专业服务和专业咨询的传统方式。随新一代信息技术等技术的应用，创设虚实结合、人机统一、万物互联的一体化就读资源支持体系，实现特教学校、专业机构、资源教室、资源教师、资源中心的互联互通和云端融合，从而极大提高资源教室的利用率，充分放大资源中心的辐射范围，为随班就读学生提供智能、便捷、精准、优质、无障碍的资源支持和服务。

（三）发挥新一代信息技术在课程调适和学生评价中的优势

根据随班就读学生实际情况，对随班就读学生实施个别化教育和个别化评价，是充分尊重和遵循残疾学生身心特点和学习规律、科学评价学生的必然要求。融合教育注重课程教学调适，合理调整科学教学内容，科学转化教育方式，不断提高随班就读学生教育的适宜性和有效性；实施多维内容的综合评价和以能力为目标的个别化评价。疫情之下的大规模在线教育推动了教育新形态的产生，加速了教育变革。在课程调适中，新一代信息技术的应用将加速特殊教育网络资源建设和全面覆盖，丰富优质课程资源供给，创新教育教学方式，为线上线下融合开展教育、灵活调适教学课程提供广阔空间，立足于学生大数据的精准评估实现个别化教育资源的智能推送。同时在教育教学过程中，以大数据、区块链等信息技术为支撑的学生评价，将品德、学业、健康、素养、实践等多维内容纳入学生综合评价，强化学生能力的个别化评价，让政府、社会、教师、家长、学生等多元主体获得科学的、可溯的、权威的、对称的评价信息，实现学生的个别化评价和过程化评价，全景式建构学生的学业和身心成长画像，为家校协同育人和促进残疾学生社会融合提供坚实的技术支撑。

（四）发挥新一代信息技术在专业教师队伍建设中的优势

教师特殊教育专业能力对推进随班就读速度和保障融合教育质量发挥着至关重要的作用。抓好培训培养是专业教师队伍建设和提升特殊教育专业能力的关键之举。十九届四中全会提出"发挥网络教育和人工智能优势""构建服务全民终身学习的教育体系"，为加强专业队伍建设提供了根本遵循。借助网络教育和人工智能优势，打破时空的限制，突破师资数量和结构的局限，可以有效实现专业师资队伍培训的终身化、常态化、规模化、专业化，为配齐师资力量提供坚实基础。积极利用现代信息技术加快推动培训培养方式和内容的变革，建设人人皆学、处处能学、时时可学的学习型社会，加快发展面向每个人、适合每个人、更加开放灵活的教育体系，不断壮大师资队伍和提高专业水平，是解决任课及指导教师数量不足、专业水平不高的长效之策。

第三节　从融合教育走向社区融合：
镇江特教模式

《国家中长期教育改革和发展规划纲要（2010－2020年）》指出：要提高残疾学生的综合素质，注重潜能开发和缺陷补偿，培养残疾学生积极面对人生、全面融入社会的意识和自尊、自信、自立、自强的精神。《特殊教育提升计划》指出：全面推进全纳教育，使每一个残疾孩子都能接受合适的教育。促进残疾学生的个性化发展，为他们适应社会、融入社会奠定坚实基础。鉴于此，为给残疾学生谋一条适应社会、体面就业、尊严生活的生存之路，镇江市特殊教育指导中心、镇江市特教中心自2010年起紧紧围绕"特殊需要学生生存力培养"这一课题展开了长达十二年的实践探索，初步构建了具有镇江特色的特殊需要学生生存力培养运行模式，使残疾学生从融合教育走向社区融合。

一、残疾学生生存力培养目标：力求突破残障孩子生存之困

残疾学生像其他孩子一样走出家庭、接受教育、正常生活，但他们的成长之路充满困境、充满艰辛，需要教育者提供特殊服务和专业支持。

涵盖三类学生：居家接受送教上门的重度学生；特教学校接受教育的中度学生；普通学校随班就读的轻度学生。

面临三大困境：居家送教学生在家"出不了家门、进不了学校"；特教学校学生"离不开学校、进不了社区"；普校融合学生"随班就座、随班混读"。

实现三种突破：居家送教学生生活力培养；普校融合学生学习力培养；特教学校学生生存力培养。

二、残疾学生生存力培养：镇江模式的 10 年探索之路

"生存教育"是特殊教育的核心内容，其目的和意义在于促进学生生命的健康生长。

（一）鲜明提出社区融合教育创新理念

特殊需要学生：狭义上指基于个体差异，在身心发展或学习、生活中需要提供特殊帮助和支持的学生。

社区融合：指处于相对弱势地位的个体平等参与社区生活，并获得相应的适合自己的一种生存和发展位置。从广义上说学校也是社区的一种。

生存力：指生存的能力，生活的本领。联合国教科文组织提出 21 世纪教育的四大支柱是"学会求知、学会做事、学会共处、学会生存"。其中"学会生存"就是实现从"自然人"到"学校人"，最后成为"社会人"的能力转化。

镇江特教以提高学生生存力为目标，在汲取国内外融合教育理论，践行陶行知先生"生活即教育、社会即学校、教学做合一"教育理念和探索实践的基础上，初步构建了"社区即课堂、生活即教材、市民即老师"的"社区

融合干预（SCI-156）"理论。"SCI"即："support（支持式）community（社区）intervention（干预）"，"156"即一个培养目标：从封闭的"自然人"、"学校人"变成开放的"社会人"；五项干预工程：将教育、康复、教学、职训、心理等课程融入社区；六大支持系统：从空间、技术、心理、社会、人才、课程等方面提供融合支持，逐步打通社区和学校之间的壁垒，构建社区支持系统，实施有效干预，使学生在知识学习、生活适应和技能训练上获得平等参与社区生活的机会。

（二）立足镇江本土的十年实践探索历程

1. 2010年—2013年，开展"一体两翼"研究，实现特教学校培养模式的新突破

主要改变以"文化 + 考试"为主的单一办学形式，在特校探索德智体美教育为"一体"、康复训练和职业教育为"两翼"的"一体两翼"学生培养模式，既关注学生缺陷补偿，又重视学生潜能开发，全面提升学生素质，形成"大爱育人、技能育才"的学校特色。

2. 2014年—2017年，开展社区融合教育研究，实现镇江融合教育模式的新探索

从教育、康复、教学、职训四个方面整体推进，依托社区教育资源，创设了社区融合教育平台，让学生从封闭课堂走向开放社区；研发了社区融合教育课程，使教学从单一课程走向多元课程：打造了社区融合教育模式，让学生从传统学习走向生活融合；建立了社区融合教育机制，使特殊教育从独立办学走向复合开放办学。

3. 2018年—2021年，开展社区融合生存力研究，实现特教模式镇江经验的新途径

覆盖面从最初镇江市特教中心一家实施研究，发展到至今的"1+7+5+159"模式，即"1个大市特殊教育指导中心、7个区域特殊教育指导中心、5所特殊教育学校、159所融合教育资源中心"。研究对象涵盖了全市家庭学校接受送教服务的重度学生、特教学校接受特殊教育的中度学生及普通学校接受融合教育的轻度学生，分别从生活力、学习力和生存力等方面对三类学生开展适性教育。

（三）特殊需要学生生存力培养创新做法和实践

1. 有效探索社区融合四大创新途径

（1）送教上门式的家校融合：秉承"一个不能少"的教育理念，全市5个特教学校与普通学校携手走进全市105个重残儿童少年家庭开展送教上门免费服务。

（2）一人一案式的普特融合：根据学生身心发展特点，对课程进行适宜调整，形成一人一案，适应不同学生的学习需要。

（3）浸润本土式的社区融合：结合镇江本土风情，充分挖掘本土资源，镇江市特教中心开展了长达12年的以生存力培养为目标的社区融合教育模式探索。

（4）合作双赢式的校企融合：镇江市特教中心在校内外建立"名企工作坊""名家工作室"等实训、实践基地，采取"请进来、走出去"的方法，实现学校和企业的双赢。

2. 创设社区融合教育五大生存课程

为全市5所特教学校523名在校学生创设了综合化、立体式、开放性社区融合教育五大生存课程：生活化社区融合德育、个别化社区融合康复、情境化社区融合教学、技能化社区融合职训、浸润化社区融合心理。

3. 开拓构建社区融合生存力五大发展共同体

学校以培养学生社区融合生存力为目标，充分挖掘社区资源，根据融合心理、融合德育、融合康复、融合教学和融合职训等社区融合课程建设需要，立体式建立由医疗机构、公益组织、校外机构、生活场所、残联系统组成的社区融合五大共同体，初步形成社区融合教育爱心协作联盟运行模式。

4. 整合社区资源架构社区支持保障体系

镇江市特殊教育指导中心组织7个特殊教育指导中心、5所特教学校和159所融合教育资源中心，为全市1607名在普通学校随班就读的融合学生提供巡回指导服务，实现全面覆盖、凝聚力量、整体推进的特教资源整合。

5. 示范推广可复制的镇江特教模式

开创的居家重度学生"三四五"送教上门法、特校中度学生社区融合生存力培养和普校轻度学生一人一案教育模式曾多次面向省内外特教同行开展研讨、展示和观摩活动，受到多方赞誉和推崇。镇江特教模式已引领全国特教改革发展的新方向，树立中国特殊教育的新标杆，对特殊教育具有可复制、可操作性，对全国 2000 多所特殊教育学校具有一定的借鉴意义和推广价值。

三、镇江特教模式的成效

所覆盖的三类学校分别有 105 个送教上门家庭学校，5 所特教学校和 159 所普通学校。惠及三类特殊学生：所惠及的教育对象由特教学校在校学生扩展到普通学校随班就读学生和居家重残学生共约 2135 人，实现全覆盖、零拒绝。有 8 名送教学生成功走出家门、进入学校接受教育。对普校学生提供的 1253 人次的筛查评估为其"就近入学、应随尽随、应融尽融"提供合适的教育安置。特校 90% 以上的学生能走出校门、走进社区适应社区生活；80% 以上的学生获取职业技能等级证，持双证毕业；70% 的听障学生考取了大学，进一步深造；90% 的听障学生和 40% 以上的中度学生走上工作岗位成为自食其力的劳动者。他们不仅获得学习自信，还提高生活和生存能力，实现了融合教育的全方位、无死角。

第四节　新时代残疾人融合教育发展的路径选择

2020 年 6 月，教育部出台《关于加强残疾儿童少年义务教育阶段随班就读工作的指导意见》（以下简称《指导意见》），坚持人民立场，坚持问题导向，对进一步完善随班就读工作机制，指导各地改革创新，着力破解限制随班就读发展的障碍，努力让每一名适龄残疾儿童少年都能平等接受公平而有质量的教育。结合《指导意见》，发展新时代残疾人融合教育的路径选择需做到以下三个坚持。

一、坚持科学评估、应随尽随，彰显人类命运共同体的思想光辉

习近平同志提出要构建"人类命运共同体"，"全面建成小康社会，残疾人一个也不能少"，这正是"以人民为中心"发展思想的体现。世界作为一个命运共同体，是健全人的，也是残疾人的。生命本身就有不同的存在方式和生存样式，尊重生命的多样性、平等性，应首先体现在"融合教育"理念下的义务教育之中，让残障学生与健全学生一起进入教育殿堂，不是对残疾群体的扶助，而是为了推动残疾人与健全人的和融互助、和合共长。《指导意见》的发布，既是实现教育公平的重要举措，更是闪耀着人类命运共同体的思想光芒，标志着随班就读已经从提高残疾儿童少年义务教育入学率的机会平等，转向提高残疾儿童少年义务教育质量的更高层次的过程平等和结果平等。而要实现过程平等和结果平等，对于残疾儿童少年来说，就是提供适合的教育。而实施适合的教育，就要对残疾儿童少年的教育需求进行科学评估，根据评估结果，按需提供教育支持和服务，才能落实《特殊教育提升计划（2014—2016 年）》中提出的"一生一案"的要求。

（一）实施科学评估，体现尊重生命保障公平的民本思想

从 20 世纪 80 年代倡导随班就读开始，就一直存在着对随班就读对象的认定问题。1986 年 9 月在总结我国农村自发探索随班就读实践的基础上，国务院转发的《关于实施义务教育法若干问题的意见》中最早提出了特殊教育的三种办学形式，即特殊教育的"办学形式要灵活多样，除特设特殊教育学校外，还可在普通小学或初中附设特殊教学班。应该把那些虽有残疾，但不妨碍正常学习的儿童吸收到普通中小学上学"。这里对何谓"不妨碍正常学习"，并没有明确界定。由于当时普通学校对残疾儿童的认识还很陌生，把接受残疾儿童进入普通学校学习的困难想象得过大，因此以"妨碍正常学习"为由，拒绝残疾儿童的事件时有发生。为了充分保障特殊儿童公平接受义务教育，党和国家对随班就读工作出台了一系列政策和保障措施，要求对残疾儿童少年接受义务教育实行"零拒绝"，普通学校接受残疾儿童少年入学已经成为常态。但是"零拒绝"带来了新问题，不同特殊儿童残障类型和严重程度各有不同，只有科学评估才能为其提供合理的教育。《指导意见》在总结多年随班就读工作实践的基础上，抓住这一核心问题，开宗明义提出对残疾儿

童少年进行科学评估认定，根据评估认定结果进行合理安置，制订个别化教育方案，实行"一生一案"，这是实现残疾儿童少年教育公平的起点，也是为残疾儿童少年提供有质量的教育的前提。这充分体现了尊重生命、保障公平的以民为本的思想。

从科学评估的实施对象和责任主体看，《指导意见》指出"随班就读对象是具有接受普通教育能力的各类适龄残疾儿童少年"，并且明确由县级残疾人教育专家委员会进行评估认定。这既考虑到我国特殊教育发展不均衡的当前现状，也考虑到随班就读向融合教育转型过程中的渐进需求。随班就读是融合教育的一种实践形式，尚未达成融合教育的理想。随班就读在我国目前的发展，也存在着发展不均衡的现象。有的地区融合教育发展较快，已经将特殊教育对象从残疾儿童少年扩大到有特殊需要的其他儿童少年，如江苏省就发文规定"融合教育资源中心的特殊教育对象包括视觉障碍、听觉障碍、言语障碍、智力障碍、肢体障碍、精神障碍（含孤独症）以及学习障碍、情绪行为障碍、发育迟缓等有特殊教育需要的儿童少年"。[①] 但是从全国来看，有的地区仍有普及残疾儿童少年义务教育的任务，在提高随班就读质量的同时，仍需首先解决残疾儿童少年义务教育阶段的入学问题。因此为了保证适龄残疾儿童少年全部能接受义务教育，《指导意见》将随班就读对象明确为"具有接受普通教育能力的各类适龄残疾儿童少年"，是本着对人民负责的态度，按照"保底"要求，实事求是地把凡是能够具有接受普通教育能力的特殊儿童都纳入随班就读范围，而不是"排斥"通过对残疾儿童少年进行科学评估认定，由残疾人教育专家委员会提出合理安置意见并实施，既保证了残疾儿童少年义务教育的"零拒绝"，又能为残疾儿童少年提供"适合而有质量的教育"。这是实现教育公平的正确选择。

（二）坚持应随尽随，体现关爱特殊覆盖全体的民生情怀

《指导意见》在坚持科学评估的前提下，提出残疾儿童少年随班就读要"应随尽随"。这是《国家中长期教育改革和发展规划纲要（2010—2020年）》中提出"不断扩大随班就读规模"要求的进一步升级，也是社会发展中人民群众对特殊教育高水平发展的迫切追求。

---

① 江苏省教育厅，江苏省民政厅，江苏省卫生健康委员会，江苏省残疾人联合会. 关于加强普通学校融合教育资源中心建设的指导意见（苏教基〔2018〕25号）[Z]. 2018-12-26.

理解"应随尽随"，首先是正确理解"应随"的含义。从字面上看，是"应该随班就读的学生"。什么是"应该随班就读的学生"？就是《指导意见》所说的"具有接受普通教育能力的各类适龄残疾儿童少年"。残疾儿童少年是否"具有普通教育能力"，要由残疾人教育专家委员会来进行科学评估。同时，"具有接受普通教育能力"也是普通教育学校与残疾儿童少年相互作用的结果。如果一所普通学校在接纳了残疾儿童少年之后，不做任何改变，完全采用教育普通孩子的方式和方法对残疾儿童少年进行教育，忽视残疾儿童少年特殊的教育需要，或者用"一刀切"的方式对残疾儿童少年进行要求和评价。这造成很多随班就读的残疾儿童少年难以适应普通教育的困境，因此被看作"不具备接受普通教育能力"而遭排斥。

理解"应随尽随"，其次是正确理解"尽随"的要求。《指导意见》具体规定了"尽随"的工作要求。首先，对评估认定的工作流程进行规定，要求"开展入学登记""进行摸底排查，全面摸清名单"，再由残疾人教育专家委员会对残疾儿童少年身体状况、接受教育和适应学校学习生活能力进行全面规范评估，对是否适宜随班就读提出评估意见。其次，对评估结果运用也提出明确要求，"根据评估意见，县级教育行政部门应建立义务教育阶段残疾儿童少年随班就读工作台账，作为入学安置的基本依据"。第三，为了保证"应随尽随"，还提出了"健全就近就便安置制度"的指导意见，明确了残疾儿童少年随班就读安置要求。通过这些措施，促进残疾儿童少年获得平等优质的教育，切实提高残疾儿童少年义务教育普及水平和普及质量。

应随尽随原则，充分体现了党和政府对特殊儿童少年家庭的关爱，确保能够接受普通教育的所有各类适龄残疾儿童少年，全部纳入随班就读范围，充满着以人民为中心、为人民服务的民生情怀。

（三）倡导适合教育，体现实事求是按需供给的民主作风

在应随尽随的前提下，又对随班就读的特殊儿童少年进行了科学评估，那是否就意味着残疾儿童少年得到了适合的教育？得到了合理的教育培养？如果只是把残疾儿童少年接纳到学校来，但是没有提供适合的教育，没有得到合理的教育培养，那么残疾儿童少年的随班就读，很可能就成为"随班就座"或"随班就混"。科学评估一定是适合教育的前提和基础，适合的教育一定要按照评估结果进行科学的设计和安排，只有适合的教育，才能为有质量

的教育奠定坚实的基础，才能体现实事求是按照特殊儿童少年需求供给的教育民主，也才能真正保证教育质量，否则不适合的教育，从结果而言也就是不公平的教育。

为残疾儿童少年提供适合的教育，还包括提供适合的校园文化环境。《指导意见》特别强调了《残疾人教育条例》中所提出"严禁任何基于残疾的教育歧视"的原则，提出"加强校园文化建设"，要求"接收随班就读学生的普通学校要在做好无障碍环境建设基础上，最大限度创设促进残疾学生与普通学生相互融合的校园文化环境"，要"积极倡导尊重生命、包容接纳、平等友爱、互帮互助的良好校风班风，把生命多样化观念、融合发展理念，办成学校鲜明的特色"。这说明"应随"是建立在为残疾儿童少年提供教育教学关爱文化的基础上的，要求普通学校为适应残疾儿童少年的发展需要而进行教育教学改革。残疾儿童少年随班就读不仅是残疾儿童少年获得平等受教育权利的措施，也是所有儿童少年在成长过程中认识生命多样性的途径。教育所有学生，无论残健，都应建立生命平等观，尊重生命、珍爱生命，认识生命多样性、差异性，才能使我们的学生养成包容接纳的人生态度，形成平等友爱、互助互爱的良好品行，涵养构建人类命运共同体的博大胸怀。

二、坚持尊重差异、因材施教，遵循特殊青少年成长的教育规律

《指导意见》着力于特殊教育质量提升，其目标指向"实现特殊教育公平而有质量发展，促进残疾儿童少年更好融入社会生活"。为了保障特殊教育公平而有质量的发展，《指导意见》根据残疾儿童少年随班就读工作的整个过程，对各个环节提出尊重差异、因材施教的具体工作要求。

（一）强调尊重差异，落实以生为本的特殊教育理念

我国 30 多年随班就读工作的实践经验告诉人们，提高随班就读质量的核心问题是课程和教学问题，为每个儿童（包括随班就读儿童）的学习创设适宜的课程与教学是保证教育质量的最重要环节。这首先涉及如何看待随班就读的残疾儿童少年教育，这是对特殊学生的教育观，也是融合教育理念下对特殊学生教育的本质、目的、功能、体制、内容、方法的集中体现。随班就读的残疾儿童少年，因为身体状况，在接受教育和适应学校学习生活能力方面表现出与普通学生较为明显的差异，而且各个特殊儿童少年在学习生活上

障碍状况和障碍程度差异性也很大。这些差异可能表现为学习上的劣势，也可能表现为学习上的优势。正如联合国《关于残疾人的世界行动纲领》中重申，"我们看残疾人，应该着重看残疾人所具备的能力，而不是他们的残疾。"因此《指导意见》强调"科学评估"，更深层的意义在于科学评估残疾儿童少年的教育需求与学习能力，全面深入了解学生的个性差异、能力差异，尊重差异，并把学生差异看作是教育的资源，科学确定教育起点，真正落实以生为本的特殊教育理念。

（二）注重因材施教，遵循残疾儿童少年成长的教育规律

尊重差异理念在教育实践中具体体现为因材施教。因材施教思想是中华民族传统教育思想的瑰宝，也是我国当今及未来教育现代化的核心内涵之一。[①]《指导意见》落实因材施教思想，提出具体细致的要求。通过落实教育教学特殊关爱，深化教育改革，关注残疾儿童少年的差异，遵循残疾儿童少年成长的教育规律，全面提高随班就读水平和特殊教育质量。首先是课程改革，根据学生的特殊教育需要，调整普通课程，增设特殊课程，强化社会课程，培养和提高随班就读学生生活劳动能力；其次是教学改革，了解学生特点，实施差异化、个性化教学，学习和利用现代教育技术，采用多样、适宜、有效的教学方法和手段，提高教学效率；再次是改革评价制度，提高教师教育教学水平，促进教育质量的整体提升。通过教育教学改革实践，引导教师认识到实施融合教育，开展随班就读，不是迁就低水平的学业发展，而是通过高水平的教育教学，帮助学生实现有质量的发展；最后是加强校园文化建设，营造相互融合的校园文化氛围，让所有学生都有机会感受生命的多样性、差异性，形成尊重生命、接纳包容、相互关心、相互合作的品质和行为。

（三）突出规范管理，明确随班就读管理的政策依据

长期以来困扰随班就读发展的一些问题，在《指导意见》中得到了系统响应。《指导意见》中的相关条款为规范随班就读管理提供了政策依据。首先提出了健全科学评估认定机制，使得"适合对象"和"适合教育"的边界界定有了政策依据。其次提出了健全就近就便安置制度，首次明确随班就读的

[①] 华国栋. 融合教育中的差异教学：为了班级里的每一个孩子[M]. 北京：教育科学出版社，2019.

主体是普通学校，并强调"应随尽随"，提出为随班就读学生优先提供学位，在教育资源分配上向残疾儿童少年倾斜，既从政治高度体现了党和政府对弱势群体的特别关爱，也从教育公平的保障机制上做出了制度安排。《指导意见》对随班就读课程与教学、随班就读学生的评价、随班就读师资、随班就读经费和考核等方面，提出了相关要求，为随班就读确立了管理规范。本次《指导意见》明显表现出教育行政部门对随班就读工作积极务实不断推进的工作理念。涉及问题均为随班就读发展的关键热点和难点，对困难不回避、不绕圈，直面问题、破解问题。在工作措施的可操作性方面也有很大突破，尤其在随班就读学生的教育教学方面，遵循残疾儿童少年成长的教育规律，出台具体工作举措和管理措施。还强调切实抓好随班就读工作的组织落实，不仅明确了各协作部门的责任，还提出了具体的工作措施和要求。同时还特别关注到家庭教育的重要性，提出家校共育要求。《指导意见》在相关随班就读工作文件中，理念先进，措施具体，要求明确，为今后一个阶段发展随班就读工作指明了方向。

三、坚持普特融合、提升质量，凸显新时代发展理念的教育实践

《指导意见》鲜明地传达了"普通学校是随班就读工作主体"的工作定位，明确提高随班就读质量，必须坚持普特融合，进一步深化教育教学改革。《指导意见》中的具体举措充分反映了新时代"创新、协调、绿色、开放、共享"的新发展理念在融合教育中的具体实践。

（一）明确优先安置，保障共享优质教育资源

随班就读工作的主体是普通学校。《指导意见》对普通学校开展随班就读工作进行了具体部署。在经过残疾人专家委员会的科学评估之后，教育部门根据评估结果对残疾儿童少年进行合理安置。为了保证残疾儿童少年"应随尽随""坚持优先原则"，提出优先安置的两条具体措施。一是要求"县级教育行政部门要结合区域义务教育普通学校分布和残疾儿童少年随班就读需求情况，加强谋划、合理布局，统筹学校招生计划，确保随班就读学位，同等条件下在招生片区内就近就便优先安排残疾儿童少年入学"。这一要求，对于实现教育公平，落实"应随尽随"具有重要作用。不可否认，到普通学校接受教育，残疾儿童少年处于相对弱势。扶助弱势，需要对其实施"特惠"政

策，通过对残疾儿童少年的入学"特惠"，才能实现《萨拉曼卡宣言》所倡导的"有特殊教育需要者必须有机会进入普通学校"的"普惠"。二是要求"为更好保障随班就读质量，可以选择同一学区内较优质、条件更加完善的普通学校作为定点学校，相对集中接收残疾儿童少年入学"。建立定点学校制度，是对残疾儿童少年进入普通学校进行随班就读的制度"托底"，是充分利用现有优质普教资源向特殊儿童少年开放，让其共享优质教育资源，是新发展理念在特殊教育领域中的具体实践。

为了保障残疾儿童少年接受义务教育的质量，《指导意见》还提出了"强化控辍保学"要求，一方面，把残疾儿童少年作为控辍保学的重点对象，保证其接受义务教育的机会。另一方面，提出由残疾人教育专家委员会"对初次安置后确不适应的残疾儿童少年进行再评估，根据残疾人教育专家委员会的意见适当调整教育方式，切实保障具备学习能力的适龄残疾儿童少年不失学辍学"。用动态评估，保证残疾儿童少年接受义务教育的水平。

（二）强化普特融合，促使普教特教协调发展

普通学校接纳残疾儿童少年随班就读，不仅要根据残疾学生身心特点进行教育教学改革，也需要获得特殊教育的支持和服务，才能保证随班就读工作质量。《指导意见》提出"完善随班就读资源支持体系"的要求，从普通学校资源教室建设和依托特殊教育学校的特殊教育资源中心建设两个层面，对资源教室的布点布局、建设内容、人员配置、服务项目等，都进行了具体规定。完成这些具体规定，需要普通学校的人财物的资源支持和供给，也需要特殊教育专业力量的专业指导和帮助，需要普特融合，加强合作，共同促使普通教育和特殊教育二者协调发展。《指导意见》还对特殊教育资源中心的功能和作用进行具体规定，明确特殊教育资源中心的工作任务是"加强对区域内承担随班就读工作普通学校的巡回指导、教师培训和质量评价，大力宣传普及特殊教育知识和方法，为普通学校和家长提供科学指导和专业咨询服务，鼓励运用大数据、区块链技术提高服务的精准性"。只有普通学校和特殊学校相互支持、密切协作，才能提高随班就读工作水平，保障残疾儿童少年受教育质量。

（三）健全师资队伍，推进融合教育创新发展

作为首先倡导融合教育的联合国文件，《萨拉曼卡宣言》强调"实施此种

全纳（融合）性方针的普通学校，是反对歧视、创造欢迎残疾人的社区、建立全纳性社会和实现人人受教育的最有效途径"。人们希望经过学校阶段的普特融合，实现社会融合的目的。实现高质量的普特融合，关键因素在于建设一支专业能力较强的师资队伍。2015年教育部颁布的《特殊教育教师专业标准（试行）》指出"特殊教育教师是指在特殊教育学校、普通中小学幼儿园及其他机构中专门对残疾学生履行教育教学职责的专业人员，要经过严格的培养与培训，具有良好的职业道德，掌握系统的专业知识和专业技能"。随班就读教师，是一种新型的教师，是在普通中小学幼儿园中专门对残疾学生履行教育教学职责的专业人员，他们既要掌握普通教育知识和技能，又要了解特殊教育的知识和技能。这支新型教师队伍亟待加强建设。首先要保障随班就读师资的总体数量。《指导意见》把"配齐师资力量"作为提升特殊教育专业能力的第一条，是抓住了问题的关键，体现了行政部门的决心和担当。地方各级教育行政部门应出台具体政策，对随班就读师资配比做出更加明确具体的要求；其次要保障随班就读师资的专业发展。随班就读教师，应该接受过特殊教育专业的专业培养，在工作中不断提高专业水平，一方面通过深化教育教学改革的创新实践，不断在解决教学实践中个性化问题中创新教学内容和方法，另一方面依托特殊教育专业院校，借助特殊教育资源中心，通过不断学习、交流、研讨、合作提升专业水平。《指导意见》不仅关注教师的在职培训，强化对"国培"等各项教师培训计划的要求，而且引导教师开展随班就读教研科研，并对随班就读教研提出具体要求，以此提升教师特殊教育专业能力。同时重视职前培养，要求提升师范毕业生胜任随班就读工作的能力；最后，强调完善激励机制，为教师专业发展提供上升空间。构建优于普通学校其他老师的专业成长激励机制，促进随班就读教师专业能力的提升，鼓励随班就读教师大胆进行融合教育的模式创新、教育内容创新、教法教技创新，推动随班就读教育质量的提高，促进随班就读向融合教育的创新发展。

　　《指导意见》正式出台的重要意义，不仅在于顶层设计科学合理、具体措施精准到位，更重要的是鲜明突出的特殊教育观念的转变。在人类命运共同体理念的指引下，生命平等观、教育公平观的教育思想光芒处处闪耀。把健全科学评估认定机制放在首位，突出了以生为本的教育理念；明确应随尽随的就读原则，彰显了以民为本的民生情怀；健全就近就便安置制度，体现了机会均等的教育公平观；落实随班就读的教育教学体系，对残疾儿童少年发展差异的充分尊重，遵循了特殊青少年成长的教育规律；强调完善随班就读资源支持体系，提升教师特殊教育专业能力，显示了对实现教育目标的准确把握。同时在实施方式上，要求切实抓好组织落实，体现出对政府主体责任的深刻认识和责任担当。我们相信，通过《指导意见》的贯彻落实，会大大转变教师、家长、学生的教育观，转变社会群体的残疾人观，进而深化教育教学改革，促进社会融合、和谐发展。

第五章

新时代我国残疾人社会融合的政策法规保障

第一节　残疾人社会融合的法理分析

随着时代的发展和社会文明的进步，残疾人的感受及地位也越来越受到社会的关注。残疾人社会融合已成为现代残疾人观的核心，为残疾人问题研究提供了新的研究视角。残疾人事业发展历史，从本质来说，就是为推动残疾人完全融入社会而做出努力的发展史。人们也逐步意识到只有当残疾人融入社会，这个社会才可真正被称为是一个健康的社会。保障残疾人的社会融合权，在现实意义上真正实现社会融合，需要国家、社会、社区、家庭及残疾人自身的协同参与、共同努力。其中，残疾人社会融合的政策法规保障是保障残疾人在各领域实现社会融合的基础性保障。一些重大公共事件有时会加剧残疾歧视及各种不公平、不平等现象，将残疾人置于更加脆弱、不利的状态，这无疑助长了残疾人的社会排斥现象，危害着残疾人的权益，不利于残疾人的社会融合的实现。因此无论是在日常社会生活中，在重大公共事件的特殊期间，残疾人社会融合的政策法规保障对保障残疾人权益有着基础性和关键性的保障作用。但我们也要认识到，残疾人社会融合法治体系存在着保障不足和保障缺位的现象，存在着巨大的制度发展空间。我们应当抓住机遇，厘清残疾人社会融合的政策法规保障体系，检视残疾人社会融合法治体系的制度空缺和不足，及时做出相应的回应措施，建立残疾人社会融合法治体系应急机制，更好地为残疾人社会融合提供保障。

一、残疾人社会融合的法律概念

社会融合这一概念起源于欧洲，源于欧洲学者对社会排斥现象的研究，部分学者认为社会排斥与社会融合相伴相生。这一概念的初衷即是为社会排斥现象提供解决方案。①但社会融合研究发展至今，国内外学界对其概念并没有形成统一定论。

（一）域外社会融合概念发展与界定

域外比较有代表性的概念界定包括：（1）欧盟于 2003 年在关于其社会融合的联合报告中对社会融合定义为："社会融合是一个过程，它确保那些面临贫困和社会排斥风险的人获得必要的机会和资源，充分参与经济、社会、政治和文化生活，并享受在他们所生活的社会中被视为正常的生活水平。社会融合确保他们更多地参与影响其生活和获得基本权利的决策机会。"②（2）斯科特认为：社会融合确保所有社会成员都能作为有价值的、受到尊重的，对社会有所贡献的社会成员参与进来。社会融合的五大维度有价值的认同（valued recognition）、人的发展（human development）、参与和介入（involvement and engagement）、亲近（proximity）和物质丰足（material well）。③（3）美国 Institute for Community Inclusion（ICI）认为："融合"就是指包括残疾人和健全人在内的所有人，都拥有以下权利："在社区活动中有着自己的价值，同样被人们所尊重和欣赏；参加社区的娱乐活动；在社区工作中获得与自己工作相匹配或者稍高的工资。有着一份与自己能力相匹配的工作；与同龄人一起参加普通教育课程，从学前教育到大学，再到继续教育。"④（4）《哥本哈根社会发展问题宣言》中指出，社会融合度较高的社会应该是一个"稳定、安全和公正并基于促进和保护所有人权以及基于不歧视、容忍、尊重多样性、机会均等、团结、有保障和所有人包括处境不利和易受伤害群体和个人都参与的社会。"⑤（5）《社会发展问题世界首脑会议行动纲领》："社会融合的目标是创造'一个人人共享的社会'，在这个社会中，每个人都有权利和责任，都可以发挥积极的作用。这种包容性社会必须建立在尊重所有人权和基本自由、文化和宗教多样性、社会正义和弱势群体的特殊需要、民主参与和法治的基础上。"

①②⑤嘎日达，黄匡时．西方社会融合概念探析及其启发[J]．理论视野，2008(1):47-49.

③ A Jackson, K Scott. Does Work Include Children[J]. 2002 : ix.

④李静．"融合"理念：美国残疾人事业发展的理论基石[EB/OL]. https://mp.weixin.qq.com/s/cvic4tSFARvo9xgDJ-5kKg?,2018-01-23.

（二）国内社会融合概念发展与界定

国内有学者从实证研究及政策研究的视角对社会融合的概念进行了讨论，认为，在一个高度融合的社会中，所有行动者们将被充分整合在一起，在机会均等的基础上共享权利并认同相同的价值观，人们会对集体项目和社会福利做出贡献，各个社会组织和各种社会目标之间的对立将不复存在或被最小化。[①]

国内关于社会融合的讨论主要有以下几种学说：

一是过程说。学者普遍认为，社会融合是一种社会过程。周立军认为，社会融合是每个社会成员都参与的动态过程，要求社会成员在政治、经济、社会、文化等领域的积极且正向的互动，其目的是实现成员在社会生活中的和谐共存。[②]艾靓等学者认为，社会融合应当是一个动态的、多层次的过程，同时包括了内部意识层面以及外部的物质层面这两个层面：意识的融合建立在平等和非歧视的基础上，包括观念的融合与制度的融合；物质的融合，则要求教育、就业、公共设施等方面的融合。

二是目的说。根据目的说的观点，社会融合不仅仅是一种过程，还是一种目的。社会融合的出发点强调对社会弱势群体的认同、接受与支持，进而实现社会弱势群体在各领域的全面参与，共建社会，共享社会发展成果。杜钰认为，社会融合的重点是通过调整现有制度、提供资源和机会、消除障碍、改善环境等方式，反思社会外部因素对特殊群体融合的障碍。强调权利和平等尊重的理念，倡导通过康复、教育、培训等一系列文化体育活动，从而增强特殊群体的自信心，最终，实现全社会共生、共存、包容、共同发展、共同参与，实现社会和谐。[③]丁宇在从马克思主义理论的视角对社会融合进行分析，指出真正的社会融合建立在个人全面而自由发展的基础上，最终的目的是实现自由人的联合体。现阶段我国社会的主要矛盾表现在人民日益增长的美好生活需要和不平衡不充分的发展之间的矛盾，在新时代的背景下，我国社会融合的政策目标要使全体社会成员不仅能够参加社会财富的生

---

① 悦中山，杜海峰，李树茁，等．当代西方社会融合研究的概念、理论及应用[J]．公共管理学报，2009，006(002):116.

② 周立军．残疾人的社会融合研究[D]．广州：广东省社会科学院，2017.

③ 杜钰．社会融合视角下残疾人社会服务体系研究[D]．南京：南京大学，2018.

产，而且能够参与分配和管理社会财富，有计划地经营全部生产，发展社会生产力，使得社会发展成果得到长足增长，足以保障每个社会成员不断增长的合理需求。[①]

三是多维度说。黄匡时指出，社会融合是多维度的融合，不仅包括经济、政治、社会、制度的融合，还包括文化和心理维度上的融合；同时社会融合也是多层面的，既有国家和城市层面的社会融合，又有跨国家的区域社会融合，如欧盟；还存在着宏观、中观和微观层面的社会融合之分。[②]

纵观域外及国内社会融合概念的研究和探讨，不难发现，学界尽管对社会融合无法统一概念，但对社会融合的理念及其精神内核存在着较为一致的共识：（1）社会融合是多层次的融合、多维度的融合；（2）社会融合是一个过程，也是一种手段，是一种目的；（3）社会融合的目的是要实现社会弱势群体在同社会其他成员平等的基础上，对经济、社会和文化生活的广泛参与；（4）社会融合是一个人权问题，它不仅关乎着其他基本人权的实现，本身也是人权的表达方式之一。

我国关于社会融合的研究大多集中在流动人口方面，针对残疾人社会融合的研究还比较少。在知网、万方数据库，以"残疾人"和"社会融合"为关键词进行检索。我们发现截至 2021 年 6 月，共检索到期刊论文 27 篇、硕博论文 19 篇。

（三）残疾人社会融合概念界定

1. 残障模式与残疾人社会融合

对残疾人社会融合进行定义，我们有必要先行了解残障的概念。而残障的概念与残障模式的发展密切相关。大体来讲，残障模式经历了从医疗模式到社会模式到权利模式的发展过程。在残障的社会模式下，残障是社会失灵的结果，是社会在调整自身机构以满足残疾人需要失能的结果，是由广泛存在于教育、工作环境、信息通信系统、公共建筑和场所、住宅、交通等方面的各种障碍造成的。残障的社会模式在某种意义上解释了残疾人群体为什么会遭遇社会排斥和隔离。[③] 正如 Oliver 所说："残障事实上是所有加诸于残障

[①] 丁宇，姜丹. 社会融合的理论类型和政策实践原则 [J]. 学习与实践，2019(3)):81.

[②] 嘎日达，黄匡时. 西方社会融合概念探析及其启发 [J]. 理论视野，2008(1):47-49.

[③] 刘艳霞. 消除社会排斥：保护残疾人弱势群体的政策研究 [J]. 兰州学刊，2008(1):89-91.

者身上的限制。从个人的偏见到制度层面的歧视，从无法进入的公共建筑到无法使用的交通系统，从被排除于主流之外的教育到被排除于主流之外的就业安排等等。更重要的是，这些社会缺陷并不是简单随机地影响某个残疾人个体，而是系统性地影响到整个残疾人群体身上，迫使他们在社会的各个方面都经历着制度性的限制和歧视。"①

《残疾人权利公约》(以下简称《公约》)正是残障社会模式发展的代表性成果，充分反映了社会模式的核心精神。《公约》指出，"残疾是伤残者和阻碍他们在与其他人平等的基础上充分和切实地参与社会的各种态度和环境障碍相互作用所产生的结果"。我国法律对残疾的定义体现在《残疾人保障法》第二条："残疾人是指在心理、生理、人体结构上，某种组织、功能丧失或者不正常，全部或者部分丧失以正常方式从事某种活动能力的人。"此条与《公约》保持一致，都包含了病理层面和社会性层面对残疾的界定。②

由此可见，残障社会模式改变了传统残障医疗模式将残疾问题等同于残疾人个人的问题的观点，认为残疾问题的根源在于社会以及环境。残疾人是经济、社会和文化领域天然不可分割的一部分，而应对残疾问题，社会和环境必须做出调整和改变以适宜残疾人参与社会、融入社会。一个健全的社会、充分发展的社会，应当是一个融合的社会。社会模式还认为：社会组织的运行方式和价值观也应当有所改变；要在经济、社会和文化领域内扫除障碍，让残疾人能够获得与其他人均等的机会。

2. 残疾歧视与社会融合

残疾人社会排斥与隔离，与残疾歧视息息相关。经济、社会和文化权利委员会的第五号《一般性意见》给出了残障歧视的定义："以残疾为理由，其结果是取消或者损害经济、社会、文化权利的承认、享受或行使的任何区分、排斥、限制或偏向、或合理的便利的剥夺。"社会结构设置了层层障碍，隔离并排除了残疾人在社会生活中的全面参与，造成了残障歧视。社会结构和实践通过否认和贬低人格作用于残障个体，也通过否认和贬低公民参与系

① 陈博，Theresia Degener. 残障的人权模式 [J]. 残障权利研究,2016, 3(1):172.
② 叶静漪，北京大学法学院. 中国残疾人社会保障立法问题研究 [J]. 残疾人权利保障立法国际研讨会，2013.

统地作用于那些被贴了"残障"标签的残疾人群体。[①] 那么想要消除残疾歧视，摆在首位的便是保障残疾人享有和其他人同等的权利，保障其人格尊严，从而达到一种社会融合的状态。[②] 消除残疾歧视，到消除残疾人的社会排斥，再到达成残疾人社会融合是一种层层递进，逐步发展的关系。

《公约》第三条明确规定"（一）尊重固有尊严和个人自主，包括自由作出自己的选择，以及个人的自立；（二）不歧视；（三）充分和切实地参与和融入社会；（四）尊重差异，接受残疾人是人的多样性的一部分和人类的一份子；（五）机会均等；（六）无障碍；（七）男女平等；（八）尊重残疾儿童逐渐发展的能力并尊重残疾儿童保持其身份特性的权利"为公约的一般原则。可以看出，"不歧视"和"充分和切实地参与和融入社会"在《公约》中占据了同等重要的地位。

3. 残疾人社会融合的概念

部分学者在研究中将残疾人社会融合理解为："残疾人群体通过医疗康复训练、配备辅助器具、获得无障碍设施等，弥补功能缺陷；通过培训、宣传，消除残疾人的刻板印象和社会歧视；通过正规教育、职业教育，提高他们的知识和职业技能；通过促进就业等活动，提高其收入水平；通过平等参与社会事务，使他们像其他人一样生产和生活，获得发展机会，享受社会发展带来的物质财富和精神财富；通过提高意识，使社会所有成员都具有新残疾人观并付出行动等一系列过程及结果。"[③] 吴艳雪认为：社会融合是包括政府在内的、社会人士广泛参与的、能够足以保障残疾人在经济、政治、文化、就业、教育等生活的方方面面都可以平等参与的过程。[④]

（四）法律之上残疾人社会融合概念的创建

我国现行法律中并无对残疾人社会融合概念及内涵的界定。国际上，西班牙出台了残疾人社会融合的专项立法。《西班牙残疾人社会融合法》第一条规定："本法之原则以宪法第四十九条规定的权利以及人格尊严为依据，保障

---

① 杰拉德·奎因，李敬.《残疾人权利公约》研究：海外视角. 2014[M]. 陈博，等，译. 北京：人民出版社，2015.

② 叶静漪，苏晖阳. 新时代我国残疾人社会融合问题研究 [J]. 人口与发展，2021(1):11.

③ 罗洋，赵康，刘林，等. 农村残疾人社会融合现状调查及思考——以四川省越西县为例[J]. 农村经济，2008(12):121.

④ 吴艳雪. 促进残疾人社会融合实现增能的行动研究 [D]. 北京：中央民族大学，2013.

残疾人的生理能力、心理能力、知觉能力，保障残疾人的自我实现和充分的社会融合，保障重度残疾人，保障残疾人获得所需的照料和保护。"这就以法律的形式确认了残疾人与社会其他成员一样，平等享有基本权利，其人格尊严不受侵犯；确认了残疾人社会融合保障的内容，从保障其生理能力、心理能力、知觉能力出发为导向所做出的各种保障措施；确认了立法目的是保障残疾人实现充分的社会融合，实现自我价值；确认突出保护处于更加不利地位的重度残疾人。

西班牙残疾人社会融合法对残疾人社会融合的界定反映出一种积极的价值取向。其所定义的残疾人社会融合体现出一种权利本位的立法理念，残疾人不再处于被排斥的被动地位，也不是处于被融合的被动地位，而是将残疾人视为与社会其他成员一样的权利主体。残疾人同其他社会成员一样，天然属于整个社会，天然享有相同权利，同时天然也应当参与社会建设活动，为社会建设贡献自身力量。西班牙对残疾人社会融合内容的界定，与我国传统的从康复、教育、就业、社会保障、无障碍等方面对残疾人各项具体权利进行规范的模式不同，它采取了一种"能力保障"的规范模式，转而从保障残疾人融入社会所必需的各种能力入手。这其实与国际对残障概念的界定路径相吻合，也与残障社会模式的理念相一致。

西班牙对残疾人社会融合的法律界定，对我国的残疾人社会融合立法有一定的借鉴意义。我国习惯上将残疾人权利保障的内容划分具体领域，主要分为残疾康复、残疾教育、残疾就业、残疾人社会保障和无障碍五大方面。但其实在实践当中，这样的划分在一定程度上造成了残疾人权利保障体系的混乱。如果遵从这样权利列举式的内容界定路径，一是无法全面囊括残疾人社会融合的方方面面，二是无法满足立法语言简洁概括的要求。

西班牙对残疾人社会融合的法律概念的界定对我国虽有一定的借鉴作用，但无法反映出我国残疾人事业发展的特色，也无法完全迎合我国残疾人事业的发展要求。残疾人社会融合立法，残疾人社会融合法律概念的创建，我们都不能"拿来主义"式的照搬照抄。

首先，我国的现代文明社会残疾人观奠基于人类先进文化并在改革开放实践中发展起来，以人道主义思想为理论基础，以"平等、参与、共享"为主要内容。中国特色的残疾人事业与西方国家主要以理论和法治的方式推动残疾人观的"医疗模式—社会模式—权利模式"进展路径有所不同，中国特色残疾人事业在推动观念变革的过程中，人道主义精神贯穿始终，不仅强调在理论上深化人道主义思想，在立法上固化人道主义精神，而且以多种方式向全社会宣传和弘扬人道主义。[①] 这是我国残疾人事业发展与生俱来的中国特色。

其次，新时代诞生了新的需求，新的需求指引新的方向。党的十九大报告指出，"中国特色社会主义进入新时代，我国社会主要矛盾已经转化为人民日益增长的美好生活需要和不平衡不充分的发展之间的矛盾"。人民生活需要不再局限于衣食住行等物质方面的"硬需求"，而是更加强调民主、法治、公平、正义、安全、环境等方面的"软需求"，这也就对新时代的残疾人事业发展提出了新的要求。韩正在中国残疾人联合会第七次全国代表大会上的致词中提到，推动新时代残疾人事业发展，必须坚持树立正确的价值理念，充分尊重残疾人的尊严，挖掘残疾人的潜能，发挥残疾人在残疾人事业中的主体作用；要坚持弱有所扶的原则，对残疾人等特殊群体要采取特殊帮扶政策；要实现人的全面发展，达成共同富裕的目标，残疾人一个也不能少；进一步保障残疾人的平等权益，促进残疾人融入国家发展进程，确保残疾人群体也能共享经济社会发展成果；要推动残疾人事业融入党和国家事业发展大局，进一步完善关爱扶助残疾人的长效机制，不断健全残疾人权益保障制度。[②]

在法律上界定残疾人社会融合，也必须要继续坚守人道主义思想，坚持"平等、参与、共享"的原则，认清新时代的发展背景下，残疾人事业的发展方向和任务，创建带有中国特色的残疾人社会融合法律概念。

综上，法律之上的残疾人社会融合可被界定为：根据宪法第三十三条，残疾人依法享有宪法和法律规定的权利，残疾人的心理能力、生理能力、社会生活能力受到法律保障，保障实现残疾人能够平等地参与社会生活，共享国家物质和文化发展成果。

---

① 厉才茂. 中国特色残疾人事业的历史方位（上）[J]. 残疾人研究，2018，29(1):9.

② 韩正. 在新时代的伟大征程中创造残疾人更加幸福美好的新生活——在中国残疾人联合会第七次全国代表大会上的致词 [EB/OL]. http : //cpc.people.com.cn/n1/2018/0915/c64094-30294862.html，2018-09-15.

二、残疾人社会融合的法理基础

（一）残疾人社会融合是保障残疾人权益的必然要求

发展中国特色残疾人事业的重中之重，便是残疾人权益保障问题。残疾人权利保障，究其本质而言，是"国家或社会为促进残疾人各项权利，保障其自我充分发展和社会融合，实现自然、社会及其他全体之间的和谐发展而采取的一种制度和资源再分配措施。"[①]《公约》采用了残障社会模式的理念，将残疾人事务全面纳入了人权保障的范畴。[②] 这就意味着，残疾已经成为一个人权问题。残疾人的生存状况以及人权状况，不仅关系着残疾人的命运，也是衡量一个国家社会文明程度和人权保障水平的晴雨表。按照《公约》的精神和原则，我国修订了《残疾人保障法》，颁布和实施《无障碍环境建设条例》，并对《残疾人教育条例》进行了修订。这一系列行动，加强了对残疾人权益的保障，不断为残疾人有效融入社会创造更好的条件。

残疾人平等权利主体地位得以普遍确立，他们有权同社会其他成员一样平等参与社会生活。这不仅仅意味着残疾人享有平等权，也揭示了他们享有一项同等重要的权利——社会融合的权利。此外，社会融合则是保障和增进残疾人人权的衡量标准和必经之途。换言之，社会融合既是保障残疾人人权的目的，亦是实现残疾人人权保障的方式和手段。2004 年，我国将"国家尊重和保障人权"纳入宪法，实现了人权入宪，以根本大法的形式确认了包括残疾人在内所有社会成员的人权保障，使尊重和保障人权成为国家根本大法的一项原则。相应的，也就创设了国家对人权保障的积极意义上的国家责任。国家有义务改变政府职能，充分发挥职权，严格确定政府职责，保障人权，对残疾人权益进行保障。

（二）残疾人社会融合是实现机会均等、禁止残疾歧视的必然要求

《公约》明确将机会均等和不歧视列为其基本原则，并给出了"基于残疾的歧视"的定义："基于残疾而作出的任何区别、排斥或限制，其目的或效果是在政治、经济、社会、文化、公民或任何其他领域，损害或取消在与其他

---

① 金博，李金玉. 残疾人保障立法研究 [M]. 北京：中国政法大学出版社，2017.

② 刘文静.《残疾人权利公约》视角下的中国残疾人权益保障：理念变迁与制度创新 [J]. 人权，2015(2):99.

人平等的基础上，对一切人权和基本自由的认可、享有或行使。基于残疾的歧视包括一切形式的歧视，包括拒绝提供合理便利。"

我国《残疾人保障法》第三条明确规定："残疾人在政治、经济、文化、社会和家庭生活等方面享有同其他公民平等的权利。残疾人的公民权利和人格尊严受法律保护。禁止基于残疾的歧视。禁止侮辱、侵害残疾人。禁止通过大众传播媒介或者其他方式贬低损害残疾人人格。"这就以法律的形式明确了残疾人的平等权和不受歧视的权利。

在残疾的社会模式下，残疾是社会建构失灵的结果，残疾不仅仅包括个体功能的损伤，还包括社会结构为残疾人设置的有形的和无形的建筑障碍，以及最重要的——态度障碍。长久以来的对残疾人群体的消极认识和"污名化"使残疾人长期处于被歧视状态。残疾歧视往往根植于许多社会的文化观念中，歧视和偏见给残疾人造成的伤害，远比有形的环境障碍带来的困难大得多。[①]消除残疾歧视，就是要消除任何形式上的对残疾人的不平等的或者隔离的措施，消除任何以间接歧视的方式限制残疾人权利的情形，并应与残疾人合理的差别对待。社会融合的理念有助于消除固有的残疾歧视思想，树立现代残疾人观。在此种意义上，社会融合与禁止残疾歧视互为目的和手段。

（三）残疾人社会融合是落实无障碍原则的必然要求

社会融合目标的实现需要残疾人无障碍环境的加持。物质层面无障碍环境的建立，是残疾人融入社会的物质环境基础，为残疾人实现自身价值铺就了道路。无障碍发展到今天，其内涵和外延经历了不断的丰富和发展。《公约》明确将无障碍列为一项基本原则。同时《公约》第九条还明确指出："为了使残疾人能够独立生活和充分参与生活的各个方面，缔约方应当采取适当措施，确保残疾人在与其他人平等的基础上，无障碍地进出物质环境，使用交通工具，利用信息和通信，包括信息和通信技术及系统，以及享用在城市和农村地区向公众开放或提供的其他设施和服务。"《公约》在国际法的层面确认了残疾人获得无障碍的权利。

社会融合是落实无障碍的基本原则，是建设和发展无障碍环境的终极目的。无论是物理环境的抑或是获得和交流信息以及社会文化上的障碍都会加

[①] 刘文静.《残疾人权利公约》视角下的中国残疾人权益保障：理念变迁与制度创新[J]. 人权，2015(2):105.

剧残疾人的社会排斥。要想减弱乃至消除残疾人的社会排斥，必须要贯彻落实无障碍的基本原则，大力建设发展无障碍环境，为残疾人创造更加友好的社会环境。残疾人充分融合的社会，应当是无障碍的社会，包括有形的社会环境和无形的社会环境。无障碍环境建设是残疾人社会融合的重要内容，是实现残疾人社会融合的必不可少的一环。

（四）残疾人社会融合是新时代我国建设社会主义现代化国家的必然要求

党的十九届五中全会提到了到 2035 年基本实现社会主义现代化的远景目标。其中提到，社会主义现代化将是人民平等参与、平等权利得到充分保障的现代化，届时人民生活将更加美好，人们得以全面发展，朝着实现全体人民共同富裕的伟大目标更进一步。总而言之，我国社会主义现代化体现出了以下几个特质：是人口规模宏大的现代化，是全体人民共同富裕的现代化。[①]社会主义现代化的社会必将是全民共建、共享的社会，是一个全体人民都能融入的社会。建成中国特色社会主义现代化，"残疾人一个也不能少"。残疾人是社会主义现代化建设成果的分享者，更是社会主义现代化建设的参与者。

社会融合是检验社会是否健康发展的标准之一。1995 年联合国在哥本哈根召开的社会发展首脑会议将社会融合作为社会发展的三大领域之一，社会融合的核心精神之一是鼓励社会所有成员充分参与社会活动，各国应当采取行动，推动社会融合。此外，1992 年联合国环境与发展大会通过了《21 世纪议程》，强调公众的广泛参与是"实现可持续发展的先决条件之一"。

社会发展的最终目标是改善和提高全体人民的生活质量，这就需要积极赋权和充分参与，这是建设社会主义现代化国家、实现共同富裕的必然要求。包括残疾人在内的所有社会成员都应当有机会并能够行使权利、履行义务，充分参与经济、社会和文化活动。

---

① 王虎学，何锟伦. 社会主义现代化的基本特质 [N]. 学习时报，2021-04-05(002).

第二节　残疾人社会融合的法治保障体系

一、残疾人社会融合法治保障的国际法渊源

联合国在《公约》第十九条中明确规定："所有残疾人享有在社区中生活的平等权利以及与其他人同等的选择，并应当采取有效和适当的措施，以便利残疾人充分享有这项权利以及充分融入和参与社区。"在本条文中，"融合"出现了 3 次，"充分的"出现了 2 次，"参与"和"享受"各出现了 1 次。相较于以往国际层面的人权公约，《公约》"更像是一支充满融合与参与的法律之歌，或还可被理解为反对既往排斥和把残障者边缘化的武器"。① 这一条成为残疾人社会融合的国际法渊源。

据公约所述，残疾人的独立生活和融入社区的权利内容包含三方面：一是，残疾人在与其他人平等的基础上有权选择居住地点和居住对象，而不被强迫集中在特定地点、特定生活安排中生活。二是，残疾人有权获得所在住所、社区的支持性服务，这些支持性服务包括其在社区中生活必要的个人协助，不被社区所隔离。三是，残疾人同样享受面向公众提供的社区服务和设施，不因他们的残疾状态而遭受歧视性对待；面向公众开放的社区服务和设施应当符合残疾人的需要。第十九条所传达的核心精神在于，残疾人不应该被安排在他自身选择以外的生活环境中，更不应该被动地与社会公众隔离，即使隔离的出发点是善意的。②

《公约》第二十四条至三十条实际可看作是第十九条，即残疾人社会融合的内容的延伸，涉及残疾人的个人行动能力、保障残疾人的表达意见的自由和获得信息的机会、尊重其隐私权、尊重其家居和家庭、残疾人教育、健

---

① 杰拉德·奎因，李敬.《残疾人权利公约》研究：海外视角. 2014[M]. 陈博，等，译. 北京：人民出版社，2015.

② 朱恒顺. 我国残疾人权利保障的理念更新与制度重构 [D]. 济南：山东大学，2016.

康、适应训练和康复、工作和就业、适足的生活水平和社会保护、参与政治和公共生活、参与文化生活、娱乐、休闲和体育活动等社会生活的各个方面。

一般认为，第二十四条至三十条确认了残疾人的经济、社会、政治、文化权利。残障语境下的经济、社会和文化权利不仅仅是静止状态的人类福利，这些权利还积极地营造出残疾人社会融入的途径，是为残疾人实现独立生活和对抗融合中的各种障碍量身定做的。换言之，这些条款最主要的目的和功能是确保残疾人对主流教育体系和劳动力市场的融入与参与，应残疾人要求提供便利和其他积极措施以实现这些权利。[①]

其中，第二十四条明确规定：缔约国应当保障残疾人在不受歧视以及机会均等的前提下享有受教育的权利。"缔约国应当确保在各级教育实行包容性教育制度和终生学习，以便：（一）充分开发人的潜力，培养自尊自重精神，加强对人权、基本自由和人的多样性的尊重；（二）最充分地发展残疾人的个性、才华和创造力以及智能和体能；（三）使所有残疾人能切实参与一个自由的社会。"此条构成了残疾人融合教育的国际法渊源。

第二十四条第二款是此条款的基础。第二十四条第二款确认，为了实现第一款所述权利，缔约国应当确保"（一）残疾人不因残疾而被排拒于普通教育系统之外，残疾儿童不因残疾而被排拒于免费和义务初等教育或中等教育之外；（二）残疾人可以在自己生活的社区内，在与其他人平等的基础上，获得包容性的优质免费初等教育和中等教育；（三）提供合理便利以满足个人的需要；（四）残疾人在普通教育系统中获得必要的支助，便利他们切实获得教育；（五）按照有教无类的包容性目标，在最有利于发展学习和社交能力的环境中，提供适合个人情况的有效支助措施"。此款旨在强调残疾人不被排除在主流教育之外，以实现包容性教育。[②]

第二十五条规定了残疾人的健康权，尤其指出，残疾人有权在所居住的社区，可以不受歧视地得到医疗卫生服务和康复服务。第二十五条直接影响了国际社会为推动残疾人社会融合而广泛开展的社区康复。第二十六条延承第二十五条保障残疾人健康权时注重社会融合理念，规定了缔约方组织、加

---

① 杰拉德·奎因，李敬.《残疾人权利公约》研究：海外视角. 2014[M]. 陈博，等，译. 北京：人民出版社，2015：51.
② 玛丽安娜·舒尔泽. 平权的法理 [M]. 谷盛开，张弦译. 北京：华夏出版社，2018.

强和推广综合性适应训练和康复服务和方案的义务，其目的是"使残疾人能够实现和保持最大限度的自立，充分发挥和维持体能、智能、社会和职业能力，充分融入和参与生活的各个方面"。

第二十七条则规定了残疾人平等享有工作权，在"与其他人平等的基础上"被诠释为："有机会在开放、具有包容性和对残疾人不构成障碍的劳动力市场和工作环境中，为谋生自由选择或接受工作的权利。"此条款指出，各国政府有义务建设开放的、有包容性的、无障碍的劳动力市场和工作环境，发展融合就业。同时指出，残疾人有在工作场所获得合理便利的权利。

第二十八条规定了残疾人获得"适足的生活水平和社会保护"的权利。此条款下的社会保护概念，融入了平等获得各类资源的权利以及国家的减少贫困、提供专业残障服务等义务，比传统社会保障权概念要显著宽泛。[1]

第二十九条规定了残疾人在平等的基础上享有的参与政治和公共生活的权利。规定了缔约国的确保残疾人政治生活无障碍的义务，包括提供无障碍的设施和材料，保障残疾人政治权利的自主性，确保残疾人能够在与他人平等的基础上不受歧视地有效、充分地参与公共事务。

第三十条规定，残疾人有权在与其他人平等的基础上参加文化生活、娱乐、休闲和体育活动。缔约国有义务保障残疾人参与文化生活、娱乐、休闲和体育活动所必需的无障碍的权利，包括信息无障碍和建筑设施无障碍。缔约方有促进残疾人在文化生活、娱乐、休闲和体育活动中的社会融合的积极义务。

在《公约》之外，联合国通过了《联合国残疾包容战略》，以期为在残疾包容方面取得可持续和变革性进展奠定基础。《战略》在其序言中指出，"充分和完全实现所有残疾人的人权是所有人权和基本自由中不可剥夺、不可分割的有机组成部分""只有所有各类残疾人在与其他人平等的基础上融入社会，并成为变革的推动者和联合国系统工作成果的受益者，所有人才能享受人权、和平与安全及可持续发展。因此，必须将残疾问题系统地纳入联合国各实体工作的主流"。同时指出"主流化与有针对性的措施相结合，是实现残疾人包容和赋权及其人权的关键战略"，所有包容性措施应该涵盖所有政治、

---

[1] 杰拉德·奎因，李敬.《残疾人权利公约》研究：海外视角. 2014[M]. 陈博，等，译. 北京：人民出版社，2015.

经济和社会领域。以及要求一个联合国全系统问责框架，实体问责框架涵盖机构整体层面的主要组织职能，包括战略规划、方案拟订、能力发展、雇用做法和人力资源管理、无障碍环境以及合理便利。

二、我国残疾人社会融合法治体系

改革开放以来，我国特色残疾人法治建设取得了辉煌成就，具有我国特色的残疾人事业法律保障体系基本建立。至今，我国已基本形成以宪法为核心，以残疾人保障法为基础，以民法典、刑法、民事诉讼法、刑事诉讼法等部门法为主要内容；以行政法规、地方性法规为配套内容，以国务院部门规章和地方政府规章为补充内容的残疾人权益保障的法律规范体系。

宪法第四十五条："中华人民共和国公民在年老、疾病或者丧失劳动能力的情况下，有从国家和社会获得物质帮助的权利。国家和社会帮助安排盲、聋、哑和其他有残疾的公民的劳动、生活和教育。"以国家根本大法的地位确认了我国对残疾人权利的保障。据统计，我国现行法律中涉及残疾人保障的法律法规共有154部，在民法商法、行政法、经济法、社会法、刑法、诉讼法及非诉讼程序法中都涉及对残疾人的规定。现行行政法规则主要包括《残疾预防和残疾人康复条例》《残疾人教育条例》《残疾人就业条例》和《无障碍环境建设条例》。

《残疾人保障法》奠定了残疾人社会融合保障的法律基础。《中华人民共和国残疾人保障法》是我国第一部保护残疾人权益的专门法律。《残疾人保障法》的制定工作始于20世纪80年代，于1990年颁布，并于2008年第一次修订。《残疾人保障法》系统地规定了残疾人在热点问题上所享有的权利，如：康复、就业、文化、福利等。2008年修订后的《残疾人保障法》在1990年《残疾人保障法》的基础上，增加了残疾人社会保障和无障碍环境的内容。《残疾人保障法》的颁布实施是残疾人事业历程中具有里程碑意义的大事。《残疾人保障法》以国家意志规定了对待残疾问题的行为规范，确定了国家发展残疾人事业的纲领和指导方针，明确了残疾人维护自身权益的法律依据和履行公民义务的行为准绳，是国家关于残疾人和残疾人事业的基本法律。在《残疾人保障法》的指导下，我国出台了《残疾人教育条例》《残疾人就业条例》《无障碍环境建设条例》一系列有关残疾人权利保障的配套行政法规。残疾人事业开始进入法治的新阶段。

2020 年 5 月 28 日，《中华人民共和国民法典》通过（以下简称《民法典》）。《民法典》被誉为"私权保护的宪章"，是我国在新时代"人民权利的宣言书"。[①] 平等原则贯彻《民法典》始终，是《民法典》的核心精髓。《民法典》直接涉及残疾人权益保障的条款有 30 多条，成为保障残疾人权益的重要依据，最终目的都是实现对残疾人的平等保护。[②]

（一）残疾人劳动就业

宪法层面对残疾人就业的规定主要体现在第四十五条。涉及残疾人就业保障内容的法律主要有《劳动法》《残疾人保障法》《职业教育法》《就业促进法》等。其中《残疾人保障法》第四章第三十条规定："国家保障残疾人劳动的权利。各级人民政府应当对残疾人劳动就业统筹规划，为残疾人创造劳动就业条件。"《劳动法》第十四条规定："残疾人、少数民族人员、退出现役的军人的就业，法律、法规有特别规定的，从其规定。"《职业教育法》第十五条规定了残疾人接受职业教育的权利。《就业促进法》明确规定，残疾人的劳动就业权受到国家法律的保障，各级人民政府负有对残疾人就业进行统筹规划的义务；国家应当创造条件促进残疾人就业，避免用人单位的招用工作存在歧视残疾人的行为。

回顾我国残疾人就业政策发展历程，不难发现，我国残疾人就业政策正经历着从隔离向融合的逐步过渡。在计划经济时期，残疾人就业的主要途径是在福利企业集中就业。集中就业，事实上作为一种庇护性的就业模式，是一种替代型就业政策，但是这使得残疾人远离社会群体，被边缘化的同时不能获得社会信息，脱离于普通人的人际交流，其结果会导致残疾人在就业市场被边缘化，不利于残疾人融入社会经济生活。[③]20 世纪 90 年代开始，我国开始实行按比例就业政策，残疾人劳动就业贯彻集中与分散相结合的方针。按比例就业将残疾人分散地安排到企业和单位中，在一定程度上促进了残疾人的就业融合。

---

① 王利明.民法典的时代意义[J].人民检察，2020(15):1.

② 王治江.实现平等:《民法典》保障残疾人权益的基本理念与价值追求[J].残疾人研究，2020(3):4.

③ 廖娟，赖德胜.残疾人就业服务体系的构建:从分割到融合[J].人口与发展，2010(6):86.

《残疾人保障法》第一次以法律形式确认了"国家保障残疾人劳动的权利"。2008 年修订后的《残疾人保障法》进一步明确规定：禁止基于残疾的歧视。国家保障残疾人劳动就业的权利。国家发展、保障残疾人劳动就业遵循集中与分散相结合的方针。除却规定传统的福利企业集中就业制度，本法还首次明确规定国家实行按比例就业的制度，优惠政策和扶持保护措施相结合，多渠道、多层次、多形式地促进残疾人就业。之后，国家先后制定出台《残疾人就业保障金管理暂行规定》《关于进一步做好残疾人劳动就业工作的若干意见》和《关于进一步加强扶助贫困残疾人工作的意见》等文件以规范保障残疾人就业。2007 年，根据《残疾人保障法》和其他有关法律，国务院发布《残疾人就业条例》，进一步规范了残疾人就业行为，对政府和用工单位做出了明确的要求，对残疾人的劳动就业权给予多种形式的保障。2011 年以来，我国又创立了两种残疾人就业模式：辅助性就业和公益性就业。

残疾人就业促进"十三五"实施方案指出，要扎实做好残疾人就业促进、就业培训和就业服务工作。首先要拓宽渠道，促进残疾人多种形式就业，具体措施包括：推进按比例就业，稳定发展集中就业，全面推进辅助性就业，积极探索支持性就业，帮扶农村残疾人就业增收、转移就业，大力发展盲人按摩业。其次要加大职业培训力度，提升残疾人就业能力。最后要转变服务方式，提高残疾人就业服务水平。

（二）残疾人社会保障

我国宪法第四十五条以国家根本大法的形式确认了残疾人的社会保障权，构成了残疾人享有社会保障权的宪法依据。此后，《残疾人保障法》第四十六条规定："国家保障残疾人享有各项社会保障的权利。政府和社会采取措施，完善对残疾人的社会保障，保障和改善残疾人的生活。"《残疾人保障法》第六章对残疾人依法加入社会保险，享受社会救助，以及其他帮扶措施进行了集中规定。鉴于残疾人所面临的身心障碍以及由此产生的特色需求，国家按照普惠与特殊、一般保障与特殊保障相结合的原则，实行一般性制度安排与专项制度安排相结合的保障措施，尤其强调重点保障与特殊扶助制度。[①]

---

① 金博，李金玉. 残疾人保障立法研究 [M]. 北京：中国政法大学出版社，2017.

残疾人事业"十二五"发展纲要指出，要健全残疾人社会保障体系和服务体系，使残疾人基本生活、医疗、康复、教育、就业、文化体育等基本需求得到制度性保障，改善残疾人状况和促进其全面发展，为残疾人平等参与社会生活创造更好的环境和更多有利条件，从而使得残疾人以建设者和贡献者的身份参与到社会主义现代化建设的进程中来。

1. 残疾人社会保险制度

残疾人社会保险是残疾人社会保障体系的核心，保障残疾人患病、年老、失业、工伤、生育等特殊情况下的基本生活需要。在我国现行《社会保险法》框架下，我国社会保险的内容主要包括：基本养老保险、基本医疗保险、工伤保险、失业保险、生育保险等社会保险制度。此外，还包括城镇居民基本医疗保险、城镇居民基本养老保险、新型农村合作医疗保险和农村新型养老保险制度。中共中央、国务院在《中共中央国务院关于促进残疾人事业发展的意见》中指出，要完善残疾人社会保险政策。加强对城镇残疾职工参加基本养老、失业、工伤和生育保险的监督检查。要贯彻落实城镇贫困残疾人个体户参加基本养老保险的补贴政策，鼓励和组织残疾人个体就业者参加社会保险。试点地区帮助农村残疾人参加农村社会养老保险。"十二五"发展纲要明确指出，"十二五"规划期间，完善我国残疾人社会保险制度，要达到"城乡残疾人普遍加入基本养老保险和基本医疗保险，逐步提高基本医疗和康复保障水平"的工作目标。

2. 残疾人社会救助制度

生存权是现代社会每个公民的基本权利，当公民难以维持最低限度的生活水平时，国家和社会有义务向其提供款物和其他扶助。[1]改革开放以来，我国传统的带有恩惠色彩的社会救助制度被以低保制度为核心的现代社会救助体系所代替，社会救助成为社会保障的基础性制度。社会救助除了具有保护功能以外，还有着促进社会融合的功能。通过对贫困者及其他需要帮助者进行救助，能使得他们对社会有认同感和归属感，从而增进社会融合，使得这部分人群不至于因遭受社会排斥而被边缘化。[2]

《残疾人保障法》第四十八条明确了各级人民政府对生活困难的残疾人，

---

① 韩俊江，荆悦，邓永强. 社会保障与社会福利新论 [M]. 长春：吉林人民出版社，2015.
② 章晓懿. 社会保障概论 [M]. 上海：上海交通大学出版社，2010.

通过多种渠道给予其生活、教育、住房和其他方面的社会救助的责任。另外，第四十九条明确了地方各级人民政府为无劳动能力、无扶养人或者扶养人不具有扶养能力、无生活来源的残疾人提供供养的义务。按照救助的性质，残疾人社会救助主要包括最低生活保障制度、教育救助制度、就业救助制度、医疗救助制度、住房救助制度和扶贫救助制度等。[①] 残疾人社会救助制度的建立，是残疾人民生保障的最后一道防线。

残疾人社会救助各项制度中，对残疾人实施最低生活保障，保障其最低生活水平是现阶段残疾人救助工作的重要内容，是维护残疾人基本生存权和发展权的基本手段。社会救助与贫困问题有关，而贫困问题往往是产生社会排斥的根源。社会排斥理论的发展研究使得对贫困问题的界定扩展到社会地位与权利等非经济因素的影响，甚至是基本能力等被剥夺和机会丧失。它解释了贫困对破坏社会融合的负面影响，即弱势群体不能有足够的社会参与、缺乏与其他人平等的社会地位与权利，从而导致弱势群体被边缘化和被隔离，破坏社会融合。[②]

《城镇居民最低生活保障条例》《关于在全国建立农村最低生活保障制度的通知》《国务院关于进一步加强和改进最低生活保障工作的意见》《国务院办公厅转发民政部等部门关于做好农村最低生活保障制度与扶贫开发政策有效衔接指导意见的通知》等法律和政策文件的实施，建立并逐步完善了我国的最低生活保障制度。最低生活保障家庭中的重度残疾人成为最低生活保障制度的重点保护对象，国家要求采取多种措施提高救助水平，保障其基本生活，严格落实困难残疾人生活补贴制度和重度残疾人护理补贴制度。

我国最低生活保障制度的建立与完善，根据发展性社会政策的理论，标志着政府职能实现了从传统的道义性救助和非制度性救助到义务性救助的转变，实现了个体主义贫困观向结构贫困观、施恩论向权利论的转变。[③]

除却通过颁布法律和政策性文件，国家还在残疾人事业发展五年计划规

---

① 廖益光. 社会救助概论 [M]. 北京：北京大学出版社，2009.

② 杨立雄，陈玲玲. 欧盟社会救助政策的演变及对我国的启示 [J]. 湖南师范大学社会科学学报，2005(1):31.

③ 杨立雄，陈玲玲. 欧盟社会救助政策的演变及对我国的启示 [J]. 湖南师范大学社会科学学报，2005(1):31.

划中提出了完善残疾人社会救助制度的要求及措施。"十二五"发展纲要明确指出,"十二五"规划期间,完善我国残疾人社会救助制度,要达到"符合条件的残疾人全部纳入城乡最低生活保障制度,实现应保尽保;提高低收入残疾人生活救助水平"。对靠父母或兄弟姐妹供养的成年重度残疾人单独立户的,按规定将其纳入低保范围。可对符合条件的重度残疾人、一户多残、老残一体等困难残疾人家庭和低收入残疾人家庭给予临时救助。"十三五"加快残疾人小康进程规划纲要对提高残疾人社会救助水平做出了更多要求。进一步完善重度残疾人以及以老养残、一户多残等特殊困难家庭的救助制度。具体来讲,将生活困难、靠家庭供养且无法单独立户的成年无业重度残疾人,依申请以单人户纳入最低生活保障范围。对以老养残、一户多残等特殊困难家庭中因抚养(扶养、赡养)人生活困难、事实无力供养的残疾人,符合特困人员救助供养有关规定的,纳入救助供养范围。完善精神障碍者医疗救助,建立残疾儿童康复救助制度。

除最低生活保障制度外,我国在医疗救助、失业救助、教育救助和住房救助这些专项救助制度建设中,也将残疾人群纳入进来。

3. 残疾人社会福利

《残疾人保障法》第六章第四十一条对无劳动能力、无法定抚养人、无生活来源的残疾人接受供养和救济的权利做出了规定。第四十三条对各级地方人民政府以及社会举办的福利院和其他安置收养机构安置收养残疾人做出了要求,要求其逐步改善被安置和收养的残疾人生活水平。

与西方广义的社会福利概念不同,我国的社会福利制度同社会保险、社会救助、社会优抚制度并列,是社会保障体系中的重要组成部分。我国的社会福利制度指的是国家和社会通过举办各种福利事业和采取各种福利措施,为社会成员提供基本生活保障并不断改善生活状况的一种社会保障制度。社会福利是全体社会成员共享社会成果的一种国家政策,建立社会福利制度具有重要意义。[①]谢冰总结了我国社会福利制度的三个发展阶段:1949年至1956年的传统福利创建时期;1957年至1983年的传统福利制度巩固和发展时期;1984年至今的传统福利制度向新型福利制度的变革与转型时期。在转型

---

① 林嘉.社会保障法的理念.实践与创新——法律科学文库[M].北京:中国人民大学出版社,2002.

时期，社会福利制度进行了重塑，并向社会化和现代化发展。民政福利逐步由补缺型向适度普惠型转变，社区服务成为具有社会福利性的服务行业。[①]

残疾人与老年人、孤残儿童一起，是我国社会福利制度的主要保障对象。残疾人社会福利是我国社会福利制度的重要组成部分。残疾人社会福利指的是国家和社会以资金、设施和服务等形式为残疾人提供生产生活的福利，其目的是使残疾人享有与正常人同样的工作和生活条件。[②]残疾人社会福利的内容主要包括：多渠道、多层次、多形式开拓残疾人就业门路，扩大就业范围，提供就业机会，保障残疾人的工作权利和自我实现的权利；大力发展残疾人特殊教育，提高残疾人的文化素质和自立能力；开展立法、宣传和教育，保障残疾人的合法权益和提供特殊保护，提升社会尊重、关心和帮助残疾人的意识；兴办残疾人生活、工作、教育、文化娱乐活动的设施及器材的生产；在社会事业的各个领域尽可能为残疾人提供方便条件。[③]

残疾人社会福利事业的发展同样被纳入了我国残疾人事业发展规划当中。"十二五"规划纲要明确指出，"十二五"规划期间，完善我国残疾人社会福利制度，要达到"有条件的地方探索建立贫困残疾人生活补助和重度残疾人护理补贴制度"和"扩大残疾人社会福利范围，适当提高社会福利水平"的目标。

在发展和促进残疾人权益保障法治建设的同时，国家也有计划性地颁布和推进残疾人权利保障措施政策，推进相关事业的发展。2008年《中共中央国务院关于促进残疾人事业发展的意见》明确要求，继续完善残疾人的社会保障制度，加强服务体系的建设，缩小残疾人生活水平与社会平均水平的差距，实现残疾人事业与经济社会协调发展，强调要加快推进残疾人社会保障体系和服务体系建设。

2004年《国务院办公厅转发民政部等部门关于进一步加强扶助贫困残疾人工作意见的通知》明确提到：确保贫困残疾人纳入我国社会保障系统；贯彻落实城市居民最低生活保障政策；切实保障那些不适合参加劳动、无法定扶养义务人或法定扶养义务人无扶养能力、无生活来源的重度残疾人依法接

---

① 谢冰. 社会保障概论[M]. 武汉：武汉大学出版社，2011.

② 杨璟，徐诗举. 社会保障概论[M]. 青岛：中国海洋大学出版社，2017.

③ 关怀，黎建飞. 劳动法与社会保障法[M]. 北京：当代世界出版社，2003.

受供养和救济的权利；允许有条件的地区依照分类救助原则，适度增加重度残疾、一户多残等特困残疾人的保障力度。2006年《"十一五"规划纲要》明确提出了残疾人基本生活总体初步达到小康水平的总目标。

《"十二五"规划纲要》明确要求，符合条件的残疾人应当全部纳入城乡最低生活保障制度，实现应保尽保。这是做好残疾人社会救助工作最基本的要求。城乡残疾人普遍加入基本养老保险和基本医疗保险；有条件的地方探索建立贫困残疾人生活补助和重度残疾人护理补贴制度。要求提高福利标准，扩大福利范围。

2010年，我国颁布《关于加快推进残疾人社会保障体系和服务体系建设指导意见的通知》。通知明确指出，我国要进一步健全残疾人社会保障制度，加强残疾人服务体系建设，缩小残疾人生活水平与社会平均水平的差距，实现残疾人事业与经济社会协调发展。

2015年《关于加强残疾人社会救助工作的意见》提出要采取积极措施，保障残疾人基本生活：落实残疾人最低生活保障政策；逐步改善特困残疾人供养条件。意见还指出，受灾残疾人基本生活应当得到全面保障；残疾人临时性困难也应当得到及时有效的解决。

（三）残疾人教育保障

首先，国家在宪法层面肯定了残疾人的教育权，具体体现在宪法第四十五条。其次，我国教育类法律、《残疾人保障法》《妇女权益保障法》《未成年人保护法》等对残疾人教育均有相关规定。《残疾人保障法》于第三章专门规定了残疾人教育。《残疾人保障法》第三章第二十一条明确规定了残疾人享有平等接受教育的权利。第二十一条第二款明确了各级人民政府保障残疾人受教育权的责任，指出残疾人教育应当作为国家教育事业的组成部分，接受统一规划和领导；各级人民政府应当积极行动为残疾人接受教育创造条件。第三款明确了政府、社会、学校的职责，三者缺一不可，应当协作采取有效措施，切实保证残疾儿童、少年完成义务教育。第四款则强调政府对残疾学生、贫困残疾人家庭的学生提供免费教科书，给予寄宿生活费等费用补助、资助。第三章对残疾人教育权的规定主要内容包括：相关单位职责、依特性实施教育、发展方针、办学渠道、普通教育方式、特殊教育方式、成人教育、师资以及辅助手段九个方面。第三，在《残疾人保障法》的指导下，

1994 年国家颁布实施的《中华人民共和国残疾人教育条例》，是我国第一部有关残疾人教育的专项行政法规。2017 年，修订后的《残疾人教育条例》颁布施行。修订后的《残疾人教育条例》明确了："国家保障残疾人享有平等接受教育的权利，禁止任何基于残疾的教育歧视"，并对残疾人教育的发展目标和理念、入学安排、教学规范、教师队伍建设以及保障和支持等方面进行了修改、完善。条例第五十八条对"融合教育"专门做了法律定义：融合教育是指将对残疾学生的教育最大限度地融入普通教育。条例第三条更是明确提到，要提高残疾人教育质量，大力推进融合教育。强调要根据残疾人的残疾类别，依据其接受能力，采取普通教育方式或者特殊教育方式。第三条明确指出，发展残疾人教育，要优先采取普通教育方式，推进残疾学生融入普通教育体系。现如今中国形成了以义务教育、职业教育、学前教育、普通高级中等以上教育及继续教育为内容的残疾人教育体系，保障了残疾人平等接受教育的权利。

（四）残疾康复

宪法对残疾人康复的保障具体体现在第四十五条。目前我国虽然还没有出台一部专门的残疾人康复法，对残疾人康复主要集中规定在《残疾人保障法》第二章。《残疾人保障法》第二章第十五条规定："国家保障残疾人享有康复服务的权利。各级人民政府和有关部门应当采取措施，为残疾人康复创造条件，建立和完善残疾人康复服务体系，并分阶段实施重点康复项目，帮助残疾人恢复或者补偿功能，增强其参与社会生活的能力。"

为了预防残疾的发生、降低残疾程度，帮助残疾人恢复或者补偿功能，促进残疾人平等、充分地参与社会生活，发展我国的残疾预防事业和残疾人康复事业，2017 年我国颁布实施了《残疾预防和残疾人康复条例》，这就弥补了我国残疾人康复专项法规方面的空白，为保障残疾人康复提供了法律支撑。条例第三条提到："国家采取措施为残疾人提供基本康复服务，支持和帮助其融入社会。禁止基于残疾的歧视。"

20 世纪 90 年代初，残疾人事业被首次纳入国家整体发展规划。中国残联自成立后，从白内障修复、脊髓灰质炎后遗症矫正、聋儿听力语言学习三个康复项目入手，逐步建立了残疾人康复制度。1988 年，国务院批准颁布的《中国残疾人事业五年工作纲要（1988 — 1992 年）》提出了"八五"期间，残疾人康复工作的具体任务目标，包括：在"八五"期间，为50万白内障患者进行视力恢复手术，进行30万人次的脊髓灰质炎（即小儿麻痹症）后遗症矫治手术，为3万名聋儿提供听力和语言训练。至20世纪90年代，残疾人康复已扩展到视力障碍者康复、精神疾病预防与康复、智障儿童康复、用品用具供应服务等多个领域。在残疾人康复服务网络建设方面，创立初期开始进行有计划地改造和建立少数骨干康复机构，随之逐步建立起残疾人家庭作为康复保障基础、社区康复站为骨干、康复综合服务机构为指引的康复训练服务网络。

根据《"十三五"加快残疾人小康进程规划纲要》，中国残联、国家卫生计生委、民政部等部门联合制定了《残疾人康复服务"十三五"实施方案》，提出"十三五"期间，残疾人康复要在经济社会协调发展的基础上，积极适应残疾人的康复需求，构建多元化康复服务体系、多层次康复保障制度，以使得城乡残疾人的基本康复服务需求能够得到普遍满足。实施方案明确要求，至2020年，有需求的残疾儿童和持证残疾人接受基本康复服务的比例要达80%以上。为促进残疾人康复的社会融合，"十三五"规划纲要强调，要加快发展残疾人健康管理和社区康复，引入专业康复机构，对社区和家庭为残疾人实施康复训练进行指导，在基层医疗卫生机构推动普及型的残疾人医疗康复。

2017年，国家颁布实施了《残疾预防和残疾人康复条例》，并规定条例自2017年7月1日起施行，首次以法规的形式明确了国家、社会、公民在残疾预防和残疾人康复工作中的责任。条例还规定了残疾预防工作的基本原则，要求覆盖全人群和全生命周期，以社区和家庭为基础，坚持普遍预防和重点防控相结合；建立残疾人信息收集、共享制度，以解决残疾人信息不全、底数不清的问题；明确将残疾预防融入疾病防控、母婴保健、交通安全、生产安全等相关行业管理服务之中。条例还明确了残疾人康复服务的基本要求，并加大了对残疾预防和残疾人康复事业的扶持力度，必将有助于解决我国残疾人康复工作中存在的制度层面的问题，推动社区转变社会观念，促进我国残疾预防和残疾人康复事业持续健康发展。

不难发现，社区康复成为"十三五"规划中关于残疾康复的内容和《残疾预防和残疾人康复条例》的核心。社会融合的理念贯穿条例的始终。关于社区康复，其权威的概念界定见于国际劳工组织、联合国教科文卫组织、世界卫生组织共同制定的《社会康复指南》。指南指出，社区康复，或称基层康复，是指依靠社区自身的人力资源，建立由社区领导、民政人员、卫生人员、社会团体、志愿者、残疾人本人及其家属协同参与的社区康复系统，要求在社区内进行残疾人口的普查工作，以及残疾预防和残疾康复工作，使分散在社区的残疾者能够获得基本康复服务，它是"为残疾人康复、机会均等、减少贫困和融入社会的一种社区发展战略"，需要患者、家庭、政府以及多部门的共同协作。实施社区康复要遵循全纳、参与、持续和赋权四项原则。赋权既是社区康复的实施原则，也是其康复内容，要求残疾人切实参与到社会康复工作中，倡导残疾人既是服务的受益者，也是贡献者。① 由此可见，现代社区康复着重强调了融合发展的理念。这与《公约》以及我国《残疾人保障法》和有关残疾预防、残疾康复的法规政策的精神相符合。采用融合发展模式，可以在社区层面充分有效地整合相关资源，调动残疾人自身及其所要融入的社会的积极性，为残疾人参与并融入社区生活的实现提供了可能，通过康复的手段，实现自身发展与社区发展的目标。②

（五）无障碍环境建设

《残疾人保障法》于第七章专门一个章节对无障碍环境做出规定："国家和社会逐步实行方便残疾人的城市道路和建筑物设计规范，采取无障碍措施。"除此之外，1996年国家通过的《老年人权益保障法》中也要求："新建或者改造城镇公共设施、居民区和住宅，应当考虑老年人的特殊需要，建设适合老年人生活和活动的配套设施。"以上法规的规定，保证了我国众多的残疾人、老年人以"平等""参与""共享"为宗旨，享有无障碍环境的权利。

法规层面，国家先是于1989年颁布实施了《方便残疾人使用的城市道路和建筑物设计规范（试行）》，第一次以法规形式规范了我国无障碍环境设计。相关部委下发《关于认真贯彻执行〈方便残疾人使用的城市道路和建筑

---

① 李卓. 社区康复发展的历史及我国社区康复事业发展现状、问题及对策研究[J]. 中国医学创新，2014(18):124-127.

② 尤红，韩纪斌，邱卓英，等. 中国社区康复发展的理念、现状与未来趋势[C]. 2012年"消除障碍·促进融合"国际论坛.

物设计规范〉的通知》《关于贯彻实施〈方便残疾人使用的城市道路和建筑物设计规范〉若干补充规定的通知》以及《关于进一步推行无障碍设施的建设的通知》等文件，以贯彻执行《方便残疾人使用的城市道路和建筑物设计规范》。2012年国家出台了《无障碍环境建设条例》，内容涉及无障碍设施建设、无障碍信息交流和无障碍社区服务3部分，明确了"创造无障碍环境，保障残疾人等社会成员平等参与社会生活"的立法目的，确立了"无障碍环境建设应当与经济和社会发展水平相适应，遵循实用、易行、广泛受益的原则"，形成了无障碍环境建设规范体系。

自1989年《方便残疾人使用的城市道路和建筑物设计规范（试行）》颁布实施以来，中国相继制定了《无障碍设计规范》《无障碍设施施工验收及维护规范》等国家标准；发布实施《城市公共交通设施无障碍设计指南》《标志用公共信息图形符号第9部分：无障碍设施符号》等国家标准。国家民航、铁路、工业和信息化、教育、银行等主管部门分别制定实施了民用机场旅客航站区、铁路旅客车站、网站及通信终端设备、特殊教育学校、银行等行业无障碍建设标准规范。2012年，国务院颁布《无障碍环境建设条例》。十八大以来，无障碍环境建设立法进一步加强，法律法规和政策措施呈现明显增长的态势。截至2018年，全国省、地（市）县共制定无障碍环境与管理的法规、规章等规范性文件475部。

残疾人享有无障碍环境的保障不仅体现在立法层面，还被依法纳入残疾人事业，从而被进一步纳入国家发展规划当中。1990年，残疾人事业被纳入国家整体发展规划，在不同发展规划时期，国家均提出了推行无障碍设施的任务与措施：《"十一五"规划纲要》：全面推进无障碍设施建设，在全国100个城市开展无障碍设施建设，积极发展信息无障碍建设工作，提高公众无障碍意识。《"十二五"规划纲要》：进一步促进全国无障碍建设与改造工作，开展全国无障碍建设市、县、区创建工作；加强信息无障碍，尤其是公共服务信息无障碍建设，使其易被残疾人所获得以及使用和交流；开展残疾人家庭无障碍改造，为贫困残疾人家庭进行无障碍改造提供补助。《"十三五"规划纲要》：全面推进无障碍环境建设，贯彻落实《无障碍环境建设条例》，完善无障碍环境建设政策和标准；大力推进互联网和移动互联网信息服务无障碍。根据国务院印发的《"十三五"加快残疾人小康进程规划纲要》，制定了

《无障碍环境建设"十三五"实施方案》要求：以解决残疾人、老年人无障碍日常出行、获取信息为重点，全面提升城乡无障碍环境建设水平；完善无障碍环境建设相关政策标准，促进基本公共服务均等化；解决影响残疾人、老年人日常起居、基本生活的家庭环境障碍，为残疾人实现全面小康奠定物质基础。

残疾人信息无障碍权的义务主体是国家，对应的国家义务分为三个方面：尊重义务，即"国家不妨碍残疾人信息无障碍权的行使或不侵犯残疾人的信息无障碍权，国家不得妨碍和侵犯残疾人获取和利用信息的权利"；保护义务，即"国家应当保护残疾人的信息无障碍权不受其他个人或组织的妨碍或侵害"；实现义务，此为国家的一种积极义务，要求国家"通过积极的行为增强残疾人获取资源和享有这种权利的能力，从而促进残疾人信息无障碍权的实现"（促进义务），并且国家各级政府在提供公共信息服务时，必须做到使残疾人能平等、方便、无障碍地获取和利用公共信息（提供义务）。[1]

（六）残疾人事业发展规划

1. "十一五"规划

国家还制定出台了残疾人事业"十一五""十二五"规划纲要和"十三五"加快残疾人小康进程规划纲要。其中《"十一五"规划纲要》明确了"依法维护残疾人的合法权益是残疾人工作的主题"，规定了残疾人事业发展中对残疾人的维权任务指标："建立残疾人维权工作机制，进一步改善采集人权益保障状况；加快推进残疾人事业发展，推动残疾人权益保障相关法律法规的修订工作，加强执法和法制宣传，建立残疾人法律救助机制；积极出台针对残疾人权益保障的需求和突出问题的相关政策，维护残疾人权益，加强严重、恶性侵犯残疾人合法权益的案件的查处；全面推进无障碍设施建设，在全国100个城市开展无障碍设施建设，积极开展信息交流无障碍工作，提高社会公众无障碍意识。"

2. "十二五"规划

《"十二五"规划纲要》进一步提出：加强残疾人事业法制建设和残疾人普法宣传；完善残疾人维权工作机制；深入推进残疾人法律救助；把残疾人

---

① 杨飞. 论残疾人的信息无障碍权 [J]. 河南财经政法大学学报，2013, 28(2):118.

保障法律法规纳入"六五"普法的规划；健全残疾人的信访机制，等等。

3."十三五"规划

《"十三五"加快残疾人小康进程规划纲要》中强调"残疾人既是全面小康社会的受益者，也是重要的参与者和建设者。没有残疾人的小康，就不是真正意义上的全面小康"。"十三五"规划纲要在基本原则中明确，应当"坚持增进残疾人福祉和促进残疾人自强自立相结合。既要解决好残疾人最关心、最直接、最现实的利益问题，不断增进残疾人福祉，又要充分发挥残疾人的积极性、主动性和创造性，提高残疾人自我发展能力，帮助残疾人通过自身努力创造更加幸福的生活"。

"十三五"规划不仅仅将残疾人融合和参与的理念贯彻到基本原则中，更将其作为现阶段残疾人事业发展的主要目标之一："残疾人平等权益得到更好保障，受教育水平明显提高，就业更加充分，文化体育生活更加丰富活跃，自身素质和能力不断增强，社会参与更加广泛深入。"《国民经济和社会发展第十三个五年规划纲要》对保障残疾人基本权利，提升残疾人服务保障水平，推动残疾人事业发展提出了新的明确要求。习近平总书记指出："2020年全面建成小康社会，残疾人一个也不能少。"李克强总理强调："全面建成小康社会，不能让残疾人掉队。要让残疾人的生活更加殷实、更有尊严。"

第三节　残疾人社会融合政策
法规保障现状及不足

一、残疾人社会融合政策法规保障现状

通过整理国家对残疾人政策法规保障内容，我们可以发现有以下特点：

一是以民生保障为主，保障的重点在维持残疾人人群的基本生活，包括为残疾人提供基本生活物资，提供困难残疾人生活补贴和重度残疾人护理补贴以及防疫物资。

二是多方面保障残疾人融入社会的权利，包括在残疾人就业方面，鼓励支持残疾人居家就业，发挥就业创业服务平台的作用，为残疾人实现就业提供服务支持，以及举办面向湖北高校和湖北籍学生的专场网上招聘活动，高校要协调用人单位适当延长招聘时间、推迟体检时间、推迟签约录取；残疾人康复方面，加强对残疾人托养机构的监管，确保人员安全。在残疾人教育方面，重点保护残疾学生等困难学生群体，为其发放临时生活补助。

三是具有明显的倾斜保护特征。对重点对象进行重点关怀。残疾人群中的特殊对象，如残疾儿童、残疾老人，得到了一定的政策保障的倾斜。比如，《中华人民共和国民法典》第一百二十八条："法律对未成年人、老年人、残疾人、妇女、消费者等的民事权利保护有特别规定的，依照其规定。"根据此条规定，在法律适用过程中，遵从"特殊"优先于"一般"的原则；无论这些"特殊法"是全国人大通过的基本法律，还是全国人大常委会通过的一般法律，这些"特殊法"中关于弱势群体民事权利保护的特别规定都优先于《民法典》这一基本法律中的相关民事规定。

四是大部分政策保障呈现原则性、指导性特征，没有指明具体保障措施。以残疾人社会福利保障为例，现有立法既没有明确各级政府及其相关部门的具体职能划分，也没有清晰规定社会福利保障事业财政的投入标准，此外，相关主体法律责任不清。这些原则性规定，究其本意，是促进性规定、弹性规定；但过于原则性、概括性的规定在实践中却出现了相关法律执行力度不足，难以切实保障残疾人合法权益的现象。[1]

五是残疾人组织及其他公益性社会组织和服务机构在残疾人权益保障工作中发挥了突出作用。残联组织在残疾人权益保障机制中发挥了重要作用。中国残联及地方各级残联充分发挥代表、服务、管理职能，成为党和政府联系残疾人的桥梁和纽带。在残疾人权益保障法治建设过程中，中国残联与最高人民法院、最高人民检察院建立协调工作机制，持续推进残疾人的权益保护。各级残联建立残疾人法律救助工作站 1814 个。在残疾人社会保障方面，国务院扶贫办、国家发展改革委、中国残联等 26 部门制定《贫困残疾人脱贫攻坚行动计划（2016 — 2020 年）》，并制定了电子商务助残扶贫行动、产业扶

---

① 张金强. 财税法视角下残疾人社会福利问题研究 [D]. 上海：华东政法大学，2012.

持助残扶贫行动等配套实施方案，深入开展残疾人脱贫攻坚工作。

二、残疾人社会融合政策法规保障的不足

我国残疾人融合就业中存在着制度空缺和现实困难。我国残疾人就业状况本就存在着诸多问题，残疾人就业收入水平普遍偏低；已就业稳定性较差；残疾人就业的劳动保障不足；残疾歧视现象突出，在就业机会、收入和社会保障等方面不公平的现象时有发生。除此之外，大批福利企业的关停并转导致大批残疾人的失业；按比例就业在实施过程中偏离制度本意的现象也层出不穷。残疾高校毕业生的就业面临着特殊困难，已就业残疾人更是面临失业的窘境。

残疾人社会保障也存在着明显的制度漏洞。各地方政府和残联建立起临时补贴救助机制，但各地补贴标准不一，散见于各地方文件，没有形成制度化保障。这反映了残疾人往往被排斥在各项制度的长期规划的考量之外。

残疾人在医疗方面的劣势地位明显，在医疗救助方面存在着残疾歧视和不平等现象，残疾人享有同等医疗和救助的权利更易受到侵害。医疗救助是我国社会救助保障的重要内容。在实践中，不难发现残疾人医疗救助方面仍存在着覆盖范围不足、救助水平低下、救助管理不完善，与其他保障制度衔接不到位等问题。[①]

我国信息无障碍建设方面存在不足。在很多情况下，残疾人由于在获取、接受和传递信息方面都存在着众多障碍，这使得残疾人成为信息贫困者。这无疑将会导致残疾人的孤立和隔离，进而被排斥在社会主流之外，无法融入社会。

我国残疾人家庭安全防护能力不足。通常情况下，智力残疾人、精神残疾人和重度残疾人生活都需要他人照顾，基本没有自主防护意识和能力，很多家庭是以老养残、一户多残或孤残重残，而由于经济以及其他原因，此类家庭的监护和保护能力十分有限，导致各种意外事件的发生。[②]

---

① 严妮，李静萍. 我国农村残疾人医疗救助制度建设分析 [J]. 社会保障研究，2014(1):16-18.
② 厉才茂，张梦欣，李耘，杨亚亚. 疫情之下对残疾人保护的实践与思考 [J]. 残疾人研究，2020(1):11.

第四节　未来残疾人社会融合
政策法规体系的完善

一、完善残疾人信息融合

我国《残疾人保障法》规定了残疾人的信息无障碍权，在任何情境中残疾人都依法享有信息无障碍权，残疾人的信息无障碍权对于残疾人其他人权的实现具有十分重要的意义。正如前文所说，在很多情况下，残疾人都处于信息贫困者的地位。这无疑将会导致残疾人的孤立和隔离，进而被排斥在社会主流之外，无法融入社会。

政府应当针对残疾人士的信息融合采取针对性措施，并把它置入公共政策长期规划之中。政府有义务确保残疾人获得公共卫生信息，尽可能使用手语、盲文，并将公共信息转换为"易读"模式，以便于智力障碍人群阅读。

二、完善残疾人资源融合

残疾人社会融合需要各类资源的支持，包括社会资源、医疗资源、社区资源等等。残疾人由于自身弱势地位，以及在社会生活中面临着众多障碍，导致其可获得资源十分局限。

残疾人因其身心障碍的特殊性，权利保障问题更为迫切，保障需求也呈现复杂状态，需要政府主导，建立特殊的、倾斜性、有针对性的制度以满足其特殊需求。针对残疾儿童、残疾老人，应该建立全面制度保障。

三、完善残疾人保障融合

残疾人往往被排斥在各项制度的长期规划的考量之外。新冠疫情凸显出了建立有效的、有衔接性和前瞻性的长效保障机制的必要性和迫切性。

残疾就业歧视层出不穷，残疾人的就业权仍旧是残疾人权益保障的重点。公共政策应当向残疾人等社会弱势群体适度倾斜，建立残疾人就业者专项保障机制。各地方政府联合当地残联组织，纷纷出台保障残疾人基本生活的政策激励，此类激励对于保障残疾人基本生活，实现就业融合具有推动作用，但同时也反映出这些措施的零散性、应急性和无体系性。政府有必要充分考虑残疾人的特殊性和脆弱性，建立体系化、规范化同时兼具灵活性和前瞻性的保障机制，联合残疾人长效保障机制，更好地实现残疾人保障融合。

四、完善残疾人就业融合

就业是实现残障人生存发展权保障的基础，它关乎着残疾人消除贫困、个体尊严、社会参与、社会流动、社会融合以及其他社会权利的实现。融合就业意味着各国政府除了要鼓励有劳动能力的残障者进入公开劳动力市场，还应采取一系列积极保障与援助的社会政策保障残障者的工作权利。[1]

"互联网+"时代带来了解决残疾人就业问题，发展融合就业的新思路，残疾人借助互联网平台实现融合就业成为可能。互联网平台在实现就业方面发挥了越来越多的作用，这给我们未来发展残疾人融合就业提供了经验与启示。政府应当发挥主导作用，积极营造无障碍的就业通道，打造支持性的就业环境。[2]

五、完善残疾人救治融合

残疾人由于自身的弱势地位，相较健全人而言，还存在着需求反映渠道单一、不足的情况，进而承担着更大的健康风险。未来制度建设中应当建立完善残疾人的救治渠道，公共政策适度向残疾人倾斜，保障残疾人同其他人一样平等享有紧急情况中得到救治的权利，禁止救治获得与接受救治中的残疾歧视，实现公平救治、融合救治。

残疾人的社会融合问题涉及方方面面的制度。今后的每一项制度建设都要着力于社会融合，要让残疾人能够同其他社会成员一样，能够正常地得到信息、得到资源、得到保障、得到救助以及得到救治。

---

[1] 廖慧卿，岳经纶. 工作场所无障碍环境、融合就业与残障者就业政策——三类用人单位的比较研究 [J]. 公共行政评论，2015(4):79.

[2] 孙玉梅. 残疾人社会融合支持体系研究 [M]. 南京：南京师范大学出版社，2017.

六、完善残疾人救助融合

应当建立起一个针对残障群体的应急机制，以规范和完善疫情灾情等重大公共事件之下为残疾人提供突发信息预警、紧急联络呼叫、临时安置、生活救助、医疗救治、心理援助、无障碍支持、社会康复、生活重建、职业重建等连续闭环的应急救助方案，形成政府救助、社会互助和家庭自救相结合的应急救助体系。[①] 要完善残疾人救助法治建设，联动残联和非政府公益组织，充分发挥国家资源的充足性和社会资源的灵活性。

七、完善残疾人社会福利制度

有学者从积极福利的视角对我国残疾人社会福利政策进行了分析，认为国家应该及时转变观点，"从积极福利及福利投资"的思路完善我国残疾人社会福利制度架构。残疾人不再仅仅是福利的接受者，残疾人群体本身是一股不可忽视的人力资源，要积极调动残疾人的潜能。在保障残疾人基本生存的前提下，提供积极福利供给，制定科学、公平的制度和政策，为广大残疾人提供自我发展的社会条件与机会，使其真正融入社会。[②]

要贯彻落实残疾人社会福利"适度倾斜"的原则。残疾人社会福利的完善，残疾人社会福利政策的制定，必须充分考虑残疾人的特殊性，并相应做出必要的政策倾斜，实现普惠型福利基础上的特惠型福利。这无疑将有利于提高残疾人社会福利保障水平，是弱化乃至消除残疾人社会排斥的政策优化选择。[③]

---

① 厉才茂，张梦欣，李耘，杨亚亚. 疫情之下对残疾人保护的实践与思考 [J]. 残疾人研究，2020(1):14.

②③ 周沛. 积极福利视角下残疾人社会福利政策研究 [J]. 东岳论丛，2014，35(5):45,41.

第六章

残疾人信息融合

第一节　残疾人信息融合发展态势

在新时代信息技术不断创新的背景下，残疾人信息融合是社会共同面对的发展问题，给予残疾人更多的社会保障和发展机会，为他们创造融入社会的均等机制，使残疾人能够全面融入社会发展并共享社会经济发展成果，是推动残疾人事业科学发展的客观要求，也是实现社会整体和谐发展的必由之路和重要目标。

随着计算机技术与网络技术的迅速发展，残疾人尤其是视力残疾人和听力残疾人的信息障碍问题日益凸显，面临了新的障碍。信息融合能够对信息资源进行整合、共享和分析，进而实现信息资源配置最优化、拓宽信息资源应用领域和最大化挖掘信息价值，[1] 将推进残疾人信息无障碍事业，在服务残疾人的各个层面发挥重要作用。

信息融合源于对人类处理信息和思考问题等基本功能的延伸。人类可以通过眼睛、耳朵等功能器官探测和感知到自己周围景象、声音等环境信息，然后本能地将这些状况信息与自己脑里的知识和经验进行联系结合，进而对自身状态做出估计和判断。[2] 人体不同功能器官具有特定探测属性，能综合汇集不同概念特征、不同空间范围内的景象和状态信息。人脑处理信息、思考问题及估测状态的过程是本能的，这种信息融合的复杂过程就是将各种采集到的图像、气味、声音等多源信息，转化成对所处环境状态的有效描述。[3]

信息融合是指基于多渠道获取的信息，通过选取合适的方法将多源信息

---

① 田芳千，连烨，武超. 大学周边优质服务信息整合平台建设研究——以沈阳理工大学为例 [J]. 山西青年，2021(3):39-40.

② Grossmann P. Multisensor data fusion[J]. The GEC Journal of Technology, 1998, 15(1):p.27-37.

③ 彭力. 信息融合关键技术及其应用 [M]. 北京: 冶金工业出版社，2010.

进行整合和关联，使得信息具有更强的可靠性、准确性和有效性，有助于判断形势以及辅助决策的处理过程。[①] 简单来说，该过程是信息处理不断自我修正、逐步求精的过程。

根据信息融合的处理层次，可以将信息融合分为三类，包括数据层信息融合、特征层信息融合以及决策层信息融合。[②] 新时代，信息融合有了新的发展，以数据集中和共享为途径，建设一体化大数据平台，推进技术融合、业务融合和数据融合，实现跨层级、跨地域、跨系统、跨部门、跨业务的协同管理和服务。[③] 残疾人受自身条件限制，获取周围环境信息较为困难，因而帮助残疾人采集处理多方位数据、实现信息融合具有重要意义。[④] 残疾人信息融合能够通过信息技术减少残疾人在日常生活中获取信息、办理事务等方面存在的障碍，帮助残疾人汇聚多源信息，并实现信息的自动化识别和处理，为残疾人提供更加精准化、精细化、个性化的服务。[⑤] 结合残疾人的特点和新时代残疾人全面融入社会的需求，我们提出以信息无障碍为基础，数据融合、技术融合、服务融合有机统一的残疾人信息融合方式。

一、残疾人信息融合的重要意义

信息融合是更好服务残疾人的前提。为残疾人提供个性化服务，是当前残疾人事业发展的趋势所在。当前残疾人生活状况与其对美好生活的期待相比依然存在较大差距，面对残疾人群体数量庞大、种类繁多、快速增长的需求，依靠传统业务管理和服务模式已经无法应对。信息的融合应用能增强开展工作的针对性和指向性，使有限的服务资源得到更加有效的使用。通过信息融合应用，个性化的残疾人需求得到更加及时有效充分的反映。

---

① 赵利芬. 基于信息融合的电子商务生态系统决策支持模型研究 [D]. 哈尔滨：哈尔滨工业大学，2014.

② 李菲. 基于图像信号与无线通信信号融合的室内定位关键技术研究 [D]. 北京：北京邮电大学，2018.

③ 党安荣，甄茂成，王丹，梁军. 中国新型智慧城市发展进程与趋势 [J]. 科技导报，2018，36(18):16-29.

④ 刘伟，宋丽华，纪东海，等. 残疾人公共服务管理系统的设计与实现 [J]. 信息技术与信息化，2020，241(04):37-40.

⑤ 贺宗梅. 数据背景下湖南省残疾人综合信息服务平台总体架构设计 [J]. 长沙民政职业技术学院学报，2019，26(1):111-112.

信息融合是提高服务能力和水平的重要抓手。信息融合是完善残疾人事业信息化建设的重要任务之一。在当前信息技术广泛应用，残疾人工作逐步走向精准化的背景下，通过系统化、标准化、数据化的手段，构建残疾人信息融合应用，积极协调残联、人社、民政、教育、卫生等相关部门和社会力量共同推进残疾人工作。运用信息化手段，逐步建立科学、精细、有效的信息化业务监管和绩效评估机制，开展绩效监督和评估，提高科学管理水平。

信息融合是残疾人事业科学发展的内在要求。信息技术发展为提升治理能力提供了新机遇、新手段。残疾人事业顺应信息社会的客观要求，采取有效措施，将信息融合作为推动残疾人事业科学发展的重要支撑，充分发挥信息化在残疾人事业整体业务格局中的作用，为残疾人保障体系和服务体系建设构建全面的信息化支撑体系，不断提高残疾人事业的科学化水平。

二、国外残疾人信息融合发展历程与现状

（一）国外残疾人信息融合发展历程

1.国外残疾人技术融合发展历程

互联网技术助力残疾人无障碍获取网页信息。国外残疾人依托无障碍标准建设的网站，可以无障碍访问网站信息，开拓了残疾人的视野和信息获取途径。以美国为例，2001年起美国开始制定508法案中助残无障碍浏览网页的规则，基于前端页面技术以及人工智能技术为残疾人提供了无障碍获取信息的网页功能。使用基于点击的语音提示等技术帮助视力残疾人了解文本、图像等信息。播放音频时同步显示文字旁白帮助听力残疾人获取听觉信息。网页色彩、字体、语音音量的设计要求必须符合残疾人需求，为其创造舒适的网页浏览体验，避免残疾人感知器官受损程度的加重。以英国为例，其政府网站设计非常注重信息无障碍，采用具有足够高对比度的颜色以满足色弱人群的需求。网页的导航逻辑非常清晰，遵循从左到右从上到下的原则，每个交互元素都可以通过键盘获取，提高了视力残疾人、肢体残疾人的访问效率。[①]

智能助残设备助力残疾人生活能力提升。智能助残设备的开发，帮助残

---

① 钱小龙，李伟.政府门户网站无障碍建设规范研究：英国的经验[J].电子政务，2010(Z1):101-108.

疾人实现无障碍出行和信息获取。2008 年前后国外开始针对不同类别残疾人进行智能化助残应用开发，开发了许多无障碍信息交流工具以及智能辅助设备。美国针对肢体残疾人更新了辅助器具，开发了智能仿生肢体和智能轮椅，提升了他们的行动能力。英国的 Oxsight 公司为视力残疾人研制了盲人智能眼镜，用算法模拟神经学中对看到事物的筛选过程，实现了将 3D 摄像机捕捉到的图像中最重要、关键的信息强调出来，变成视觉信息提供给视力残疾人，帮助他们"看见"周围的世界[①]。澳大利亚为听力残疾人设计了植入人耳的智能耳蜗，经过耳蜗的智能音讯处理，保证了声音的真实度和清晰度，最大限度地发挥了听力残疾人的听力潜能。

移动技术应用助力残疾人感知信息。2012 年以来，移动技术的兴起推动了助残应用向移动端迁移，移动设备逐步兼容残疾人无障碍辅助应用。美国谷歌开发了即时转录 APP，实现了双向交互的功能，听力残疾人只需通过语音接收功能即可将实时的对话内容转变为字幕，言语残疾人也可以在应用中输入文字来转化为语音，方便了残疾人随时随地无障碍交流；为提升听力残疾人的听觉体验开发了声音扩大器 APP，可以帮助他们提高较安静、非嘈杂音讯的音量，同时不会过度强化杂乱音讯，帮助残疾人可以更清晰地听到自己感兴趣的信息，也起到了锻炼听力的作用。这种便携式掌上应用进一步为残疾人赋能，拓展了他们的感知通道，帮助他们更清晰、准确、便捷地感知信息。

2. 国外残疾人数据融合的发展历程

数据融合最早在军事方面提供科学决策依据。数据融合的概念最早在 20 世纪 80 年代美国的军事应用领域提出，利用数据融合实现对战场的实时感知以及发展态势预测。[②]虽然这种应用还没有拓展到为社会大众服务，但军事上的数据融合应用基础为残疾人事业发展提供借鉴。数据融合应用既可以精确地监控实时动态，也可以通过对多种类型的数据源进行汇总、关联、分析进而预测该应用场景的发展态势，做好应对变化的准备。军事领域的数据融合应用为残疾人事业数据融合提供了方向性支持。

---

① Kim D, Choi Y. Applications of Smart Glasses in Applied Sciences: A Systematic Review[J]. Applied Sciences, 2021, 11(11): 4956.

② 赵宗贵，李君灵. 信息融合发展沿革与技术动态 [J]. 指挥信息系统与技术,2017, 8(1):1-8.

美国着手利用数据融合为残疾人谋福祉。2010 年以来，美国《规划数字化未来》报告提出了如何汇聚、存储、管理、分析、共享日益增长的数据[①]。2012 年美国开始采集残疾人信息，搭建了残疾人信息采集平台，强化了数据采集部门的主体责任，整合管理不同部门不同源头残疾人数据并持续更新，确保残疾人数据的准确性和实时性；[②] 以大数据技术为手段对残疾人数据进行建模分析，从而发现各类残疾人的共性需求，不断优化残疾人服务；建成了残疾人信息共享平台，打通了各部门之间的数据对接障碍，实现了残疾人数据互通、共享。残疾人数据融合应用实现了从互通共享的数据资源中挖掘信息、需求，让信息更好地为残疾人服务。

3. 国外残疾人服务融合的发展历程

随着互联网的不断深化发展，国外残疾人服务逐渐迁移上网、入云，残疾人"互联网＋助残服务"从简单的信息查询到服务目录不断健全再到个性化服务推荐，逐步实现了服务一站式获取和个性化服务推荐，残疾人可以足不出户获得服务。

早期互联网助残服务实现信息获取。20 世纪 90 年代美国残疾人可以上网去查询和自身相关的补助政策，虽然只是简单的查询和浏览信息，服务目录、内容不够详细，交互性不强，但也切实为残疾人提供了便捷的政策获取途径。

21 世纪初期逐步发展成为网上服务一站化。世界各国建成了一体化的残疾人信息网，残疾人可以轻松获取教育、就业、康复、无障碍改造的服务满足了残疾人多方面的需求。残疾人用户也可发表对于已有服务的观点、看法，[③] 增强了用户与平台的交互程度，促进了互联网助残服务的优化升级。

完善时期的服务愈加个性化。从 2010 年开始，各国残疾人服务一体化平台引入个人信息偏好系统，[④] 通过对用户行为进行分析，从而进行个性化服务推荐。残疾人用户搜索过服务信息后，就会提示残疾人相关的服务。实现

---

① 李智慧. 大数据应用发展史：从搜索引擎到人工智能 [J]. 商讯，2018(3):99–101.

② 王同涛，蒋德明，向远博. 美国大数据发展及应用现状研究 [J]. 全球科技经济瞭望，2018，33(6):71–76.

③ 周缘园. 英国残疾人信息无障碍研究 [J]. 理论月刊，2013(3):179–184.

④ 杨敏. 智能化助残系统在残疾人管理中的应用 [J]. 中国电信业，2018(1):76–77.

了以残疾人需求为导向，服务的个性化、精准化供给，残疾人的获得感不断增强。

（二）国外残疾人信息融合现状

1. 国外残疾人技术融合现状

为了帮助残疾人融入社会生活，国外研究院和企业探索研究了许多基于新兴技术的融合应用，汇聚多种技术的优势为残疾人提供帮助，让广大残疾人享受到了科技助残的红利，拓展了他们的能力，帮助他们更轻松地融入社会。

实现了自适应、增强现实等技术的助残教育应用。伦敦的 Whizz Education 公司建成了基于自适应计算的残疾人教育系统。学生可以随时向智能老师提出问题，老师在解答过程中会根据学生的反馈调整解答方式，直到学生完全掌握。当残疾学生在"智能老师"指导下完成一个学习阶段的内容，自适应系统会对其学习能力进行评估，[①] 判断其是否能进行下一阶段的学习，随着残疾学生学习能力的提高和知识面的拓展，教学内容逐步提升难度，实现了残疾学生的个性化教育培养；爱尔兰的 Immersive VR Education 公司利用增强现实技术，结合真实与虚拟世界，为残疾儿童提供生动有趣的学习过程，也强化了他们在面对环境变化时的反应与思维能力。

探索了基于人工智能技术的治疗精神障碍的应用。对于患有自闭症、精神分裂症的残疾人，他们不能和常人正常交流，也无法融入社会生活。美国研究出了治疗精神障碍的机器人应用，它们可以向心理障碍人群教授社交技巧，并且可以感知受治疗者的情感，[②] 并做出一定的反馈去引导他们积极乐观的情绪。机器人可以记录残疾人的语言、行为信息，可以为康复医师提供大量的诊断依据，从而更精确地提供康复帮助。这项应用帮助心理障碍者表达需求，对社会环境做出反应，对他们的心理状况做出了更好的判断，提供精准化心理康复服务。

实现了新兴技术融合驱动改善残疾人生活。澳大利亚墨尔本莫纳什大学研究人员研制了世界首例仿生眼，植入大脑的视觉系统向处理视觉信息的大

---

① 方旭. 智能化时代国外人工智能教育战略和启示 [J]. 教育信息技术，2021(1):37-41.

② 李素萍. 现代科技在残疾人康复中的应用 [J]. 医疗装备，2010，23(4):21-23.

脑皮层提供电刺激，以此来恢复视障人群的视觉感知，[1] 帮助他们看清外界事物的形态，正常阅读文章书籍，更清晰地看到十字路口的红绿灯标识。英国假肢公司推出了人工智能驱动的关节器械，仿生手臂的手指可以轻松抓住不同类型的物体，[2] 仿生足内有传感器可以感知使用者行进的地势，从而帮助他们更平稳便捷地行动，[3] 为肢残人群减少了许多出行障碍。

2. 国外残疾人数据融合现状

各国在对残疾人数据进行汇聚、融合过程中所采用的方法、模式互相借鉴，通过研究美国的残疾人数据融合现状，可以大致了解国外残疾人信息融合的发展现状。

数据采集机制突出时效性和准确性。美国建立了周期性残疾人数据抽样调查机制，采用社区调查，样本量大，覆盖各类残疾人，进而能较为准确且及时地获取全国各类残疾人需求，提高了数据的时效性，为决策者的科学决策提供了数据支撑。制定了残疾人识别标准，从听力、视力、认知、行动、自我照顾和独立生活几个方面提出问题，[4] 以六个问题指标识别残疾人，确保了残疾人数据的规范性和准确性。

搭建残疾人数据库，提升数据治理能力。美国建成了残疾人专用数据库，数据库存放了残疾人基本信息以及各项需求状况。制定了残疾人数据管理标准和操作办法，整合和管理了来自不同源头不同部门残疾人数据，[5] 避免了残疾人数据的冗余，为制定助残服务政策提供了数据基础。

残疾人信息关联分析促进优化服务供给。美国实现了利用大数据技术对

① Suvvari T K, Madhu M T, Nagendra S. Bionic eye: An iconic innovation[J]. TNOA Journal of Ophthalmic Science and Research, 2021, 59(1): 52.

② Paskett M D, Brinton M R, Hansen T C, et al. Activities of daily living with bionic arm improved by combination training and latching filter in prosthesis control comparison[J]. Journal of NeuroEngineering and Rehabilitation, 2021, 18(1): 1-18.

③ Herr H M, Grabowski A M. Bionic ankle-foot prosthesis normalizes walking gait for persons with leg amputation[J]. Proceedings of the Royal Society B: Biological Sciences, 2012, 279(1728): 457-464.

④ 孙计领，易莹莹，白先春，凌亢. 美国社区调查中的残疾统计及启示[J]. 中国统计，2019(5):36-39.

⑤ 王同涛，蒋德明，向远博. 美国大数据发展及应用现状研究[J]. 全球科技经济瞭望，2018，33(6):71-76.

残疾人的教育、就业、康复和无障碍改造等多项需求信息按主题进行分析，获取了残疾人的普遍性需求和个性化需求，持续优化了不同地区、不同类型残疾人的服务政策。

残疾人数据全生命周期的监管机制。美国建成了残疾人数据共享平台，跨地区、跨部门残疾人信息流通、共享。既实现了各地区残疾人服务信息的汇聚，也提高了各部门的业务办理效率。监控追踪残疾人服务数据，将对数据的恶意操作实时记录在监管系统，依据备份数据进行数据恢复，确保了残疾人信息在共享和流动中不会被修改、破坏。

3. 国外残疾人服务融合现状

国外的"互联网＋残疾人服务"发展参差不齐，其中美国的网上残疾人服务模式与效能发展水平较高，从他们的互联网助残现状可以学习经验，有所收获。

多种教育模式为残疾学生提供个性、高效的教育。美国实现了残疾学生在线学习和面对面学习相结合的混合学习模式，残疾学生可以根据自身状况选择适合自己的学习方式。残疾学生可以选择教育平台上的教育资源自主进行学习，教师通过系统看到每个学生学习过程中的薄弱环节，[1]进行普遍讲解和个别点拨。混合教育模式实现了线上教学与线下针对性、系统性的辅导，残疾学生可以获得老师一对一、一对多的重点知识讲解。实现了残疾学生的因材施教，帮助他们高效地掌握知识，提高了学习能力。

线上全流程就业服务助力残疾人精准就业。美国的残疾人可在网上进行个人能力评估，[2]系统通过调查问卷的形式获取残疾人的基本能力、知识储备状况，从而形成个性化职业定位信息，为残疾人提供了明确的就业方向。残疾人确定就业方向后，需要在网上完成全部学习任务才可以进入下一阶段的面试准备，保证了残疾人可以有足够的知识去满足岗位需求。在面试阶段，残疾人可以自主选择招聘相关的各类服务，系统也会对残疾人提供与残疾人就业方向、能力相匹配的岗位推荐，最大限度上保证残疾人顺利就业。

服务渠道融合实现残疾人就医一次不用跑。美国的残疾人可以向虚拟护士提供自己的病情，虚拟护士会根据病人的病史提供实时的建议。如果护士

① 胡永斌."互联网＋"背景下美国 K-12 教育转型分析 [J]. 中国电化教育，2016(3):33-38.
② 潘威，林真平. 美国残疾人定制化就业的发展及启示 [J]. 现代特殊教育，2020(14):52-57.

认为病人提供的信息不足以诊断，就会给残疾人提供与医生的远程视频会议。[①] 如果残疾人有线下的医疗服务需求，可以在网上提出申请，残疾人在家就可以实现输液注射、伤后护理、康复训练等全面的医疗护理，治疗所需的药物由医院直接寄送到残疾人手中。残疾人可以更方便、高效、精准地得到医生建议、医药资源，实现了残疾人就医一次不用跑的目标。

三、国内残疾人信息融合发展历程及现状

（一）国内残疾人信息融合发展历程

1. 国内助残技术融合发展历程

"十五"期间进行了感知技术助残出行研究。设计了基于环境感知技术的智能化系统。在电动轮椅的基础上装配了多种传感器，包括超声波传感器、红外测距传感器、摄像头等多种感知器件，可以测出远近障碍，提供了躲避障碍、地面凹陷的安全性保障，为肢体残疾人的安全出行进行了初步探索。

"十一五"期间开展互联网技术助残无障碍上网建设。相关单位研究制定了网站建设的无障碍标准，推进了残疾人服务网站的无障碍化改造，包含网页大字号、视频的文字旁白、网页文本转语音等无障碍浏览网页的功能。研究信息无障碍技术，开发了服务器端语音转换系统和客户端的读屏软件，实现网上信息的语音播放，残疾人用户可以听到网页文本内容，拓展了获取信息的能力，提升了其自主上网的能力。

"十二五"期间加强新兴技术助残无障碍环境建设。实现了面向视力残疾人和听力残疾人为主的无障碍关键技术，推进互联网、移动端、PC 端实用技术产品的信息无障碍应用研发、应用，使得残疾人能够更便捷地获取信息，拓展了获取信息的途径与能力。不断推进图书和声像数字资源的无障碍化，加强了网上盲人数字图书馆和残疾人数字图书馆的共建，为残疾人提供了无障碍的学习环境。

"十三五"期间残疾人证借助多种技术叠加服务功能。建立健全了全国统一的智能化残疾人证技术标准、管理规范体系。完成了智能化残疾人证管

---

① 谢俊祥. 美国医疗人工智能发展现状分析及启示 [J]. 医学信息学杂志，2021，42(2):2-8.

理、认证和应用的相关系统建设，为地方试点提供技术支撑。推动了试点地区依卡服务和刷卡结算管理模式。为残疾人享受服务提供了一卡通行的便利，极大地方便了残疾人日常生活，使残疾人可以享受到更多的优惠福利。

2.国内助残数据融合发展历程

"十五"期间涉残数据的网上采集应用提升助残业务效率。逐步开发业务统计软件，业务数据管理系统代替了传统业务数据管理、记录方式，业务数据存储更加安全、管理更加高效。残联业务数据由计算机管理，既确保了数据的安全性也实现了业务数据的高效加工处理，提升了助残服务的工作效率。

"十一五"期间优化数据采集，实现残疾人数据精准获取。建立统一的残疾人人口基础数据库，基于此库，实现残疾人事业工作数据统计和采集，避免了残疾人数据多头采集，确保残疾人信息的准确性，为制定残疾人服务决策提供了高质量的数据源。

"十二五"期间残疾人数据汇聚愈加全面，为残疾人跨层级信息汇聚打下数据基础。逐步形成国家、省两级分布的残疾人数据资源中心，方便了残疾人信息跨层级汇聚融合，残疾人信息跨部门共享实现多部门协同高效。不断打通民政、公安、人力资源、社会保障等相关部门的数据对接障碍，实现了跨部门残疾人数据的交换和共享。残疾人数据的汇聚实现了残疾人信息指标愈加全面，数据量进一步扩大，为精准获取需求提供了海量数据支持。

"十三五"期间残疾人数据挖掘加深，大数据信息分析持续促进业务优化。在多源数据整合基础上，开展残疾人基础信息、服务状况与需求信息、工作统计等数据的综合比较分析，利用大数据技术不断挖掘残疾人潜在需求，持续优化残疾人业务、服务，为科学管理与决策提供支持。制定了信息系统的规范化操作标准，开展了系统安全检查和抵抗风险评估，加强信息系统安全防护。制定了信息系统应急响应预案，提高数据容灾能力。支持跨地区、跨部门电子政务外网的应用，依托政务外网开展涉残数据交换工作，提高数据安全性，保障了残疾人信息存储的安全性与抗风险能力。

3.国内助残服务融合发展历程

"十五"期间实现残疾人服务信息查询。充分利用与残疾人相关的信息资源，建立了面向广大残疾人的公众信息网，残疾人可以了解自己关心的政策制度，进而获取服务。逐步建立了残联门户网站，为残疾人提供康复、就业等方面更便捷的信息服务。这个时期残疾人信息融合是起步阶段，公众信息网与地方残联网站侧重于为残疾人提供信息服务，服务目录不太完备，但也满足了残疾人部分需求。

"十一五"期间网上残疾人服务目录逐步完备。实现了从残疾人信息网到服务网的定位转变，服务目录更加全面，服务信息更加详细。打造了中国残疾人事业门户网站，为残疾人提供就业、教育、维权、文体、社会保障等满足残疾人需求的服务信息。为残疾人提供了更全面更详细的服务选择，保障了残疾人足不出户便捷的服务办理。

"十二五"期间残疾人服务融合促服务效能提升。提供残疾人线上以及线上、线下结合的服务方式。残疾人可以在服务网上预约服务，在网上办理业务、享受服务，直至结束服务。残疾人也可以选择线上预约，审核通过后，根据残疾人的服务需求通知基层工作者上门提供服务，实现了残疾人服务高效办理，残疾人服务一次不用跑。

"十三五"期间网上残疾人服务精准化、高效化，残疾人网上服务体系更加人性化。持续优化服务内容，探索残疾人服务个性化推荐，为残疾人提供精准化服务。健全了残疾人基本公共服务"网上受理—协同办理—监督评价"机制，有效提高了残联业务协同和公共服务能力。

（二）国内残疾人信息融合现状

1.国内残疾人数据融合现状

残疾人数据采集处理全覆盖与深挖掘。残疾人数据采集实现了横向到边，纵向到底，全面覆盖残疾人信息。实现横向到边，多系统数据整合采集，获取了包括残疾人个人基本信息以及残疾人的经济、住房、教育、就业等多个方面的多项基本状况；实现纵向到底，国家、省、市、区县、街（乡镇）、社区（村）采集全贯通，上下联动，实现对数据采集的统一整合、统一管理。利用大数据技术进行挖掘分析，从而发现业务问题，持续优化业务，发现残疾人潜在需求，进而打造精准化服务。推动了精准助残模式的创新，提高了残联决策的科学性和准确性。

残疾人信息一数一源和全流程管理基本形成。通过对多渠道汇聚数据进行全面梳理分析，明确每一项数据的描述、来源和更新规则，逐步形成一数一源机制，建立数据资源目录，将各类数据整合为内在关联的有机整体，实现"以目录管数据"。开展了数据分级分类管理机制，实现对残疾人相关数据进行全流程管理。强化数据管理主体责任，实现对采集数据、加工数据、服务数据等数据的全流程管理。

残疾人信息共享整合实现突破。实现了残疾人信息的跨部门共享，建立了信息交换共享长效机制，打通了民政、人社、教育、住建、卫健和公安等多个部门的相关残疾人业务数据。推动了各业务部门残疾人服务的高效协同，极大地提高了业务办理效率。建立了残疾人基本信息和多部门涉残信息共享比对机制，准确核定残疾人入学、低保、救助等需求状况，为解决残疾人托底补短、保障和改善民生提供了数据支持。①

2.国内残疾人技术融合现状

近年来，我国涉残助残技术蓬勃发展，科技助残从面向视障和听障残疾人延伸到各个残疾类别，各类信息技术交叉融合，实现深度应用。

视觉辅助眼镜助力残疾人更好地融入社会。它提供使用者立体声音提醒，可以帮助残疾人在障碍物、坑洼、台阶多种地形自由行走，实现了精准化导盲。此外，还实现了纸币、红绿灯、斑马线、人脸等识别功能，②帮助残疾人对日常事务做出实时反应，更轻松地融入生活，增强了视力残疾人的生活体验。

智能化轮椅助力残疾人行动自如。智能化轮椅最大的亮点在于拥有爬楼越障功能，并实现了一定程度的自动驾驶。肢体残疾人能驾驶这种轮椅在凹凸不平的地面稳定行驶，平地爬坡的角度也达到了12度。智能化轮椅解决了行驶不稳定问题，极大地推动了肢体残疾人出行自由的实现，并且保障了人身安全，帮助他们无障碍地出行各种场所。

无障碍融合技术助力残疾人网上信息获取。针对视力残疾人在阅读屏幕时存在困难，使用屏幕放大器功能，方便其更清晰地看到网页，也可以使用网页兼容的读屏软件，通过点击网页，就可读出内容信息，减轻了用户的视力负担。对于听力残疾人，为他们在声音、视频中提供文字旁白，帮助他们

① 胡益民，王春金.南京市残疾人"两项补贴"：全程网办、便民高效、精准服务[J].中国民政，2021(10):42-43.
② 颜玲，倪杰，王岳，郑安琪，刘粉.智能眼镜设计[J].福建电脑，2021，37(3):77-79.

听懂音频。肢体残疾人行动不便，因此设计了比较大的按钮、链接方便残疾人上网操作。部分网页还兼具语音控制软件，可以通过语音操控网页指令，切实方便了他们无障碍获取网上服务。

3. 国内残疾人服务融合现状

"互联网 + 助残服务"渠道融合。整合多平台服务，助力一站式服务满足需求。在残疾人网上服务平台的基础上，扩展与多平台的外部服务对接，打通用户身份认证，梳理规范了网上服务事项，整合了残疾人服务资源，统一了服务事项要素和服务标准，有效推进了残疾人基本公共服务一网通办，助力残疾人一站式获取服务。

残疾人网上一体化服务提质增效。残疾人服务流程持续优化，实现了以互联网思维打破传统服务提供模式，简化残疾人服务事项网上申请、受理等流程，梳理网上办理事项的复用共享材料，简化服务申请，缩短办理时限，提升残疾人对网上服务的认同感。形成了线上申请、上门服务的融合服务模式，残疾人足不出户就能享受到全面优质的服务。残疾人服务实现个性化推荐，根据数据库中残疾人信息，智能匹配其可享受的服务内容和资源，并进行个性化的推送，残疾人无须自己寻找服务选项，就可轻松获得推荐的服务，提高了办事效率。

残疾人网上一体化服务监督体系日趋健全。残疾人服务办理全过程监督。实现业务流程精准留痕，按照业务节点和办理事务的要求分别授权[1]，提升了服务流程的安全性。所有流程节点都能做到可监管可追溯可调查，并且对可能出现的疑似违规操作能够做到实时预警，实现了对残疾人服务流程的有效监督。[2]

四、残疾人信息融合面临的机遇和挑战

（一）残疾人信息融合的机遇

国家层面在无障碍环境建设、残疾人信息消费、信息无障碍等方面密集出台政策支持残疾人信息化建设。这些法律法规和相关政策的出台，为我国

---

[1] 肖春苹. 让数据多跑路 残疾人少跑腿[N]. 沈阳日报，2020-5-15.

[2] 杨明，钱玉文，石顾禹. 江苏残疾人智能信息平台的建设方法[J]. 工业控制计算机，2019，32(2):134-138.

信息无障碍建设提供了政策支持，也为残疾人信息融合发展提供了支撑。

信息技术的快速发展为残疾人服务创新创造了条件。例如，5G 为助残设备提供网络实时效用，能使残疾人更好地应用这些设备，从而增强残疾人生活的能力，缩短了残疾人与健全人之间的差距；人工智能技术助力仿生义肢帮助肢体残疾人实现精准抓取；物联网技术提升助残设备的可靠性，为生活不便的残疾人提供智能家居互联，便于此类人群居家生活。

互联网时代积累了大量有价值的残疾人数据。互联网时代，人们依托网络平台进行学习、购物、娱乐等一系列活动，通过规范渠道获取残疾人非隐私数据加以分析挖掘，有助于"互联网＋助残服务"的规模不断扩大，渠道逐渐完善，服务质量不断提高。

（二）残疾人信息融合的挑战

"互联网＋助残服务""最后一公里"亟待打通。一是互联网普及率有待提升。目前农村地区的网络普及率相对城镇地区较为落后，部分偏远农村地区还没接入互联网。[①] 且由于网络设备的价格原因，一部分残疾人家庭无法承担费用；二是已搭建的"互联网＋助残服务"平台影响力较小，平台的有效信息有待充实；三是"互联网＋助残服务"配套设备欠缺，普通的网络设备无法满足部分残疾人的需求，[②] 例如，大多数电脑都没有配置适用于盲人的读屏软件。在"互联网＋残疾人就业"的精准帮扶实施过程中，尽管在就业能力提升阶段和集中试点上岗阶段可免费为残疾人提供电脑设备，但作为其主要发展方向的居家就业则需要残疾人自己配备相关设施；[③] 四是残疾人互联网培训不足，残疾人的受教育程度相对比较低，专业知识匮乏，互联网操作能力较低；五是残疾人缺乏规避信息风险、技术漏洞、操作失误等互联网风险的能力，使其难以对信息安全事件做出迅速有效的风险防范。

新技术带来"数字鸿沟 2.0"。当下，基于人工智能、语音识别的高科技产品不断涌现，推动着消费升级的新浪潮，也让人们感受到科技改变生活的力量。但新技术的发展，一定程度上也带来了"数字鸿沟 2.0"，让残疾人成

---

①③ 傅彬."互联网＋残疾人就业"精准脱贫模式研究 [D]. 长沙：湖南师范大学，2019.

② 段亚男，林子琪. 社会助残服务的供给主体、制约因素及模式选择——基于供给侧结构性改革理论视角 [J]. 社会保障研究，2017(3):67-74.

为"技术红利"之外的被遗忘人群。[①]其中有三个主要原因：一是前沿技术普及到残疾人群体存在滞后性，例如与 5G 相关的残疾人新基建仍未建设；二是残疾人难以适应某些技术革新，例如，视力残疾人和听力残疾人之间不能进行正常的言语沟通，也无法胜任网络客服、网络销售等新兴岗位；三是前沿的助残产品价格高昂，目前的各类助残器具通常价格远高于其使用相近技术的普通设备，大部分残疾人无力承担。一部分设备是因为背后的高昂开发成本迫使价格提升，如助听器和电子耳蜗。而另一些技术并无难点，但用户量少，价格依然高昂，例如国产"盲文点显器"售价高达万元，美国产的听障用无线键盘 UbiDuo 国内售价高达 1995 美元，电动轮椅技术上并不比平衡车复杂而价格远高于平衡车。

社会资源调动仍不够充分。助残事业需要"广泛动员全社会力量参与助残"，要"形成跨地区、跨部门、跨单位、全社会共同参与的多元主体社会助残体系"。当前社会助残仍以政府投入和扶持为主，社会组织、企业和个人参与不足，特别是助残社会组织数量少、规模小、服务内容有限，难以形成规模化运作。[②]此外，社会中有专业助残知识的人才匮乏，时常出现可持续供给不足的情况。助残社会组织从业人员薪酬普遍偏低，难以吸引和留住专业人才，导致人员流动性高，专业人员以老年人和社会工作专业应届大学毕业生为主。资金的支撑力不足，运作压力大，也导致社会资源调动困难。社会助残资源的服务对象是社会弱势群体，且服务带有公益性、互助性，导致社会助残资源长期受资金的影响难以发展，甚至难以为继。此外，未能充分利用当下成熟的互联网环境，做到信息的开放和资源的共享，以调动社会大众的助残意识和力量，让社会个人和企业、机构充分参与进来。

---

① 祝伟. 技术创新别将残疾人遗忘 [N]. 经济日报，2018-10-24.

② 段亚男，林子琪. 社会助残服务的供给主体、制约因素及模式选择——基于供给侧结构性改革理论视角 [J]. 社会保障研究，2017(3):67-74.

第二节 残疾人信息融合的理论分析框架与实现途径

一、残疾人信息融合理论分析框架

残疾人信息融合的根本目的是立足残疾人的需求，充分应用新一代信息通信技术采集、传输、分析、利用残疾人信息数据，为残疾人提供辅助支撑工具，有效解决残疾人生活、就业、教育等各个方面的现实问题，推动面向残疾人的服务不断朝着精准化、便捷化和智能化的方向发展。信息融合有助于打破地区、行业甚至国界的限制，实现跨地区、跨行业、全球化的资源共享，充分利用社会发展所创造出的各种资源为残疾人服务。

残疾人信息融合是以数据为生产要素，以信息技术为手段，以服务融合为落脚点的有机统一体。基于此，提出了"技术—数据—服务"的残疾人信息融合三维理论分析框架，如下图所示。

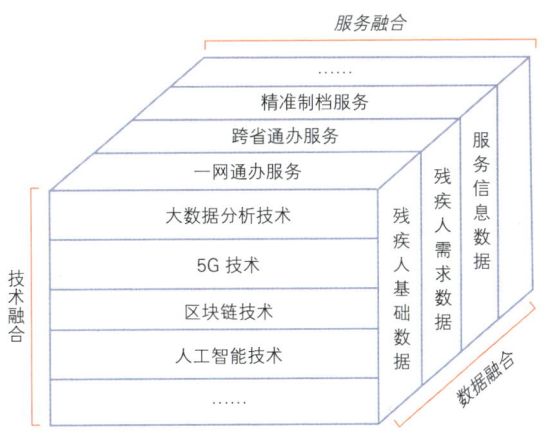

技术融合是残疾人信息融合的重要工具。工具是人类器官的延伸，对于残疾人来说，工具、科技的力量更加重要，运用大数据、区块链、人工智能

等现代科技将有助于显著增强残疾人参与社会生活的能力。

数据融合释放残疾人信息数据红利。通过残疾人信息标准化、规范化处理，进而对不同数据进行分析和加工，得出新的信息或数据类型，以便更好地管理和服务残疾人群体。数据融合还解决了残疾人基础信息数据、服务数据、涉残机构数据等多源数据的互通、共享问题，以更好挖掘数据价值。

服务融合聚焦全方位更好更快解决问题。以残疾人需求为出发点，聚焦残疾人生活、工作、学习的重点领域，实现"互联网＋助残服务"质量升级。通过服务融合实现残疾人证、精准康复等服务事项"一网通办"，扩展移动应用服务，以互联网思维简化网上助残服务流程，优化残疾人网上服务申请、审批流程，提高了服务效率，让残疾人办事更方便、更快捷、更满意。

二、夯实残疾人信息融合基础

信息无障碍是指任何人在任何情况下都能平等、便捷地理解、交互和利用信息，信息无障碍是信息融合的基础，是新时代下弥合数字鸿沟，体现信息平等的重要途径，是社会融合的必然要求。

（一）加强残疾人信息无障碍标准条例建设

我国对信息无障碍建设高度重视，政府推出了一系列政策条例，为信息无障碍建设提供了制度支撑，工业和信息化部先后发布一系列信息无障碍技术标准，为信息无障碍建设提供了技术依据。自 2012 年起，国家将完善无障碍环境建设政策和标准，加强无障碍通用产品和技术的研发应用、无障碍信息交流建设纳入信息化建设规划，在推进信息交流无障碍建设、网站无障碍设计标准等方面陆续出台了相关标准条例。2020 年，工业和信息化部、中国残疾人联合会出台《关于推进信息无障碍的指导意见》，加快我国信息无障碍建设，努力消除"数字鸿沟"。

（二）推进残疾人信息无障碍终端产品建设

积极开展残疾人无障碍终端产品的研究开发，力求在出行、康复、教育、文化生活等方面为残疾人提供便捷化服务。通过语音识别技术研发了阅读终端设备，不仅能将电子书用语音效果朗读，而且支持多种语音切换。通过盲用计算机、盲文点显器、助视器、盲文刻印机、听书机等多种盲人文化辅助器具终端，帮助盲人无障碍获取信息。加大智能化辅具的研发力度，致力于产品的科技性和便利性，开展了人工智能残疾人康复训练，为残疾人配备下肢人工智能康复训练机器人、上肢反馈康复训练系统等多种现阶段康复领域较为先进和实用的康复训练设备。

为了让更多智能产品、无障碍终端设备走进人们生活，我国多次举办国际康复博览会，展会汇聚全球康复、辅具、养老、健康产业的新技术、新应用，引领产业未来发展，帮助残疾人了解无障碍终端设备，助力其便捷生活。

（三）推动残疾人信息无障碍网站建设

自 2014 年开始，网站无障碍建设已经成为政府网站绩效评估标准之一。为提升网站无障碍建设水平，2016 年，中国残疾人联合会、中央网络和信息化办公室联合印发《关于加强网站无障碍服务能力建设的指导意见》，具体提出了开展网站无障碍能力建设的基本要求，对于保障残疾人获取政务信息、公共服务信息权利，促进残疾人就业，改善和提高残疾人生活质量，推进残疾人事业健康发展和全面建成小康社会具有重要意义。政府网站作为连接政府和社会公众的重要桥梁，其信息无障碍程度都将直接影响每个残疾人获取政府信息和服务。几年来，政府网站积极开展网站无障碍服务能力建设，中国互联网协会联合国家相关机构、社会组织开展了"全国公共服务网站无障碍建设情况及服务效能调查活动"，于 2019 年发布了《全国各省（市、区）政务信息无障碍建设情况报告》，从政策落实、规范化建设和服务效能等维度对网站无障碍服务能力进行了测评，部分政府网站将无障碍服务能力建设纳入信息化建设任务中，极大地推动了网站无障碍建设工作。

三、残疾人技术融合实现途径

（一）人工智能为助残跨越障碍

随着人工智能在各个应用层面的深入，残疾人成为技术革新的受益者。人工智能助残的本质是能够帮助残疾人跨越现实的障碍，目前至少有三类人工智能技术可用于无障碍场景，一是图片转语音，通过多层深度神经网络识别图片中的内容，并将图片中的内容有逻辑地组织成语言展示给调用者，能够帮助障碍用户阅读图片。二是语音合成，通过机器学习与训练，可以定制化地将一段文字以特定角色诵读出来，并支持情绪调节，便于用户更加无障碍地体验文字转语音场景服务。三是 OCR 识别，通过人工智能技术识别图片中的文字，便于用户在生活的各个场景中，对说明书、指示牌等文本检测领域信息获取更为便捷，并支持海量图片的文字搜索功能。这些"无障碍设计"并不是单独地为残疾人做针对性设计，而是从生活细节到情感上都照顾有"无障碍需求"的人士。[①] 通过人工智能和语言处理技术，残疾人可以通过语言对手机、家用电器的控制，语言及时转换成文字甚至不同语言的翻译已经成为现实，让视力残疾人通过听来"看清"世界，让肢体残疾人通过仿生义肢实现精细化抓取。这些技术大大提高残疾人生活质量以及学习和工作能力。[②]

（二）大数据、区块链为助残提供准确的数据支撑

随着大数据时代的到来，社会越来越重视对数据的分析挖掘。区块链技术应用已延伸到数字金融、物联网、智能制造、供应链管理、数字资产交易等多个领域，展现出广泛应用的前景。大数据和区块链技术在助残领域的数据获取、分析、挖掘、应用方面也发挥着重要的作用。

中国残联自 2017 年启动残疾人大数据建设，2020 年底，已经收集了 3600 多万持证残疾人的基本状况和需求信息大数据，在科学分析、提高管理和精准服务残疾人等方面发挥了重要作用，特别是在 2020 年，农村贫困残疾人的大数据信息为残疾人精准扶贫、如期脱贫提供了有力的数据支撑。全国各地也通过建立残疾人大数据推动助残服务升级，更好地精细化服务残疾人。

区块链技术在残疾儿童教育方面应用较为突出，[③] 可以解决残疾儿童少年数据来源多样不统一的问题，为科学评估提供基础数据。基于大数据挖掘技术，则可以辅助残疾人教育者开发标准化的评估工具箱，提高评估的客观性、可靠性、科学性。大数据平台还能对控辍保学进行实时、动态的统计监督，为残疾学生的灵活安置、及时干预提供支撑。[④]

（三）移动通信新技术提升助残服务能力

5G 是目前最新的已经用于商用的移动通信技术，它的应用已延伸到社

---

① 鹿鸣. 人工智能赋能助残养老产业 [J]. 高科技与产业化，2018(11):50-53.

② 郭帅. 为残疾人搭建"无障碍"桥梁 [N]. 人民政协报，2019.

③ 张盖伦. 推动残疾学生随班就读，大数据和区块链被"点名"了 [N]. 科技日报，2020.

④ 哈德章. 区块链和大数据促进残疾人随班就读工作初探 [J]. 科技传播，2021, 13(5):167-169.

会生活的各个方面。国内外的很多助盲 APP 是通过为视力残疾人提供语音指令或是通过连接视力残疾人和志愿者来提供引导帮助，为了提升实时性，助盲 APP 对网络的速度和稳定有着很高的要求，一些智能 APP 结合移动互联网和智能手机的视频、语音等基本功能，第一时间让志愿者可以在网上远程为视力残疾人提供在线服务。例如，当视力残疾人有事外出时，就需要通过视频让志愿者为他们指路。尤其是在交通复杂的环境下，这种服务对于实时性、同步性有着很高的要求，也就需要 5G 这样低延迟、高速度的网络。基于 5G 的高速率、低延迟和高容量的特性，结合人工智能，助残产品的研发从终端、人、车、云、物等多维度提升残疾人融入社会能力，实现智能科技助残，提高残疾人独立生活的能力和生活质量。

四、残疾人数据融合实现途径

（一）残疾人多方面数据融合

随着信息技术不断发展，新技术层出不穷，在当今大数据时代，人们在生产数据，也在应用数据，数据和新技术结合能为残疾人提供更好的服务。

将残疾人基本信息、需求信息、地理信息和惠残信息全面融合。加大基础设施建设投入，使用智能终端对残疾人基本信息进行采集，了解残疾人需求信息。充分整合与扶贫、教育、人社等相关的数据资源，依照"标准统一、多源校验、横向比对、共建共享"的原则，加强各部门对残疾人相关基础数据和指标数据的校验和审核，最终形成信息完整、数据权威，真实可靠的残疾人核心基础数据库。

依托专业机构的基础地理信息底图，整合叠加残疾人核心基础数据库、业务数据库和共享数据库，建设残疾人服务信息图。通过数据融合、关联比对、趋势分析，以可视化的直观展示方式为残疾人工作者提供服务管理；为残疾人服务机构、残疾人等提供便捷高效的数据应用服务。

（二）数据分析对接残疾人需求

大数据分析对改善残疾人整体状况起到明显作用，是实现残疾人精准服务的一项基础性工作，为落实残疾人基本社会保障、改善残疾人基本公共服务提供了科学依据。根据动态更新的残疾人数据库就可以清楚地知道某一阶段某个地方的残疾人有什么样的需求，例如参加劳动技能培训的需求、安装无障碍设施的需求、配备辅助器具的需求、申请盲人定向行走训练的需求、残疾儿童康复的需求、白内障复明的需求等。根据每名残疾人的需求数据进行分析，有针对性地落实帮扶措施，如向困难残疾人发放生活补贴，向重度残疾人发放护理补贴，扶持就业年龄段残疾人购买社保，[①] 开设残疾人就业创业培训班，为有劳动能力残疾人推荐合适就业岗位等。以辅助残疾人就业为例，利用包括关联算法、分类算法、聚类算法、组合算法、深度学习算法等人工智能算法，构建残疾人就业匹配模型，为残疾人推荐与其健康状况、受教育程度相匹配的岗位，满足残疾人就业需求。

五、残疾人服务融合实现途径

（一）完善残疾人便利服务

按照"应上尽上"的原则，持续拓展残疾人服务事项全程网上办理，优化网上服务办理流程，实现残疾人一次申请、多部门跨层级协同办理，打造全程"不见面"的"指尖办、随身办"网上服务。拓展完善多渠道、多终端、无障碍、线上线下融合的残疾人信息服务平台，推进并优化残疾人办事服务在网站、微信公众号、手机 APP、政务服务自助终端的应用，实现群众就近可办、多点可办、少跑快办。推动残疾人证等业务实现"单点登录、全国漫游、跨省通办"，减少"多地跑""折返跑"等现象，提升服务便捷度。完善残疾人证电子证照技术保障体系，推动残疾人证电子证照标准化和跨区域、跨层级互认共享，规范电子证照获取、亮证、验证等应用场景，支撑业务跨部门协同、跨地区协作和线上线下融合服务。

（二）转变残疾人服务理念

推动残疾人信息融合中的服务融合，要从根本上改变服务理念，利用大数据分析主动发现残疾人面临的困难和难题，主动解决问题，从"被动服务"向"主动服务"转变。

通过身份特征识别技术实现残疾人精准识别，为残疾人提供所匹配的政策服务、服务机构等服务资源；利用大数据算法，对残疾人的状况和需求进行分析评估，通过残疾人需求和服务供给的对接，支撑残疾人服务精准制档，主动

---

① 傅彬."互联网＋残疾人就业"精准脱贫模式研究 [D]. 长沙：湖南师范大学，2019.

为残疾人推荐和提供更适合、更有效的服务；利用大数据动态跟踪残疾人状况变化，调整需求分析结果，持续为残疾人推荐服务方案，实现从"人找服务"到"服务找人"；依托全国残联信息化服务平台，通过各级残联线上线下业务协同实现服务方案的落实，促进残疾人基本公共服务"应享尽享"。

第三节　残疾人信息融合应用实践

近年来，各地残联围绕残疾人信息融合的规划研究层出不穷，积极探索残疾人信息融合应用场景，通过技术融合、数据融合、服务融合的方式，在智能化残疾人证应用、无障碍设施信息采集与应用、"最多跑一次"服务改革等方面，都取得了较好的成果。

一、无障碍设施信息应用

2019 年 7 月，第 74 届联合国大会临时议程将无障碍环境定义为"提供无论是虚拟还是实体的灵活的设施和环境，以满足每个用户的需求和偏好。这可以是容易接近、到达、进出、与之交互、理解或者以其他方式使用的任何地方、空间、项目或服务"，[①] 强调了"每个人的无障碍"。中国《无障碍环境建设条例》规定，无障碍环境建设是指为便于残疾人等社会成员自主安全地通行道路、出入相关建筑物、搭乘公共交通工具、交流信息、获得社区服务所进行的建设活动。

天津市残联建设无障碍系统。天津市 2019 年"融畅"无障碍导向标识系统采用全球导航卫星系统、地理信息系统、互联网、云计算、大数据分析等先进技术，将天津市市政范围内的无障碍设施的坐落、精准位置、类型等信息进行全面的普查，按照《天津市无障碍设计标准》建立天津市无障碍设

---

① 厉才茂. 无障碍概念辨析 [J]. 残疾人研究，2019(4):64-72.

施高精度地理信息数据库，逐步完善天津市无障碍出行服务机制，方便残疾人、老年人等人群日常出行。

杭州市残联开启无障碍环境一张图试点，打造杭州市无障碍环境数字治理平台，利用无障碍信息化专业采集工具，快速汇聚实时全量的城市无障碍环境数据，全方位、多维度、精细化的表达数字化真实世界，并将采集的无障碍环境数据对接杭州市城市大脑进行再加工，协同多部门应用数据，生成杭州市无障碍环境一张图，为残疾人提供从社区到公共场所，包括公交、地铁导航，环境播报和信息无障碍交流服务。

二、残疾人证服务应用

为了更准确地融合每个残疾人多方面信息，残疾人证电子化提供了更好的个性化服务。现阶段的残疾人证电子化主要包括第三代残疾人证及残疾人电子证照。第三代残疾人证，又称智能化残疾人证，采用了符合国家密码管理要求的国密算法密钥及数字证书技术，卡内封装有安全加密芯片，具有身份识别、数据安全加解密和卡内数据完整性保护等功能。

北京市率先推广发行了第三代残疾人证——残疾人服务一卡通。在这张带有智能芯片的一卡通上，有残疾人的照片、身份证号、市政交通一卡通、银联等标识，背面有两种不同的颜色，红色带盲文的代表视力残疾人，蓝色代表其他类别的残疾人。[1] 针对残疾人的无障碍多应用需求，研发了多维度天线设计技术、双模式信息交互智能卡设计技术以及基于机器视觉的盲文打印技术，最终实现了带盲文的多应用智能卡建设。通过采用计算机仿真技术、机器人引导的高精度立体超声波天线植入技术，对智能卡射频天线进行设计，导入生产工艺验证，从而实现生产天线的高一致性，国产芯片的高匹配性，以及多种应用读写器的良好兼容。多种技术融合研发出了具有多种集成功能的"残疾人服务一卡通"，为残疾人提供更加全面的服务。

三、残疾人服务融合应用

为了实现残疾人服务"最多跑一次"，中国残联搭建了全国统一的残疾

---

① 申明. 汇智聚力，加强全国科技创新中心建设 [N]. 科技日报，2017-5-26.

人在线申请、服务受理、进度查询、监督检查、评价反馈的"互联网+助残服务"模式。当前已开展残疾人证、精准康复、家庭无障碍改造等业务的"一网通办"服务；完成全国统一用户认证体系建设，实现"一次认证，全网通办"，通过统一认证实现与多个政务服务平台交互对接。残疾人通过网络实现服务随需申请、资源便捷查询、需求随时采集，实现了业务办理服务改革。

北京市建立了"北京市辅助器具综合服务平台"，持证残疾人在"辅具平台"实名注册后，可在线提交申请，平台根据残疾等级情况自动核验补贴标准，专业人员进行评估适配，残疾人根据残疾类别在线选购辅具产品，平台自动计算残疾人自付资金额度和补贴额度，残疾人按自付资金即时与商家结算，商家直接发货，实现了残疾人辅具申请、审批、购买、配送和结算"一站式"全程线上办理，像"网购"一样方便。该辅具平台入选了《2020年联合国电子政务调查报告》。

自2017年起，浙江省为提高政务办事效率开始推动"最多跑一次"改革。浙江结合"最多跑一次"改革，通过梳理残疾人社会保障、教育就业、无障碍建设等方面的服务内容，研发了"智慧残联大数据管理平台""残联通"APP，并与相关部门实现数据互通。2020年，浙江省继续大力推进"最多跑一次"改革，推行"残疾人全周期一件事"，被列入浙江省政府特殊人群"一件事"改革项目，并将改革纳入2021年工作要点。通过努力构建集全周期服务"一件事"、精准化服务"一张表"、综合性服务"一个区"三位一体智慧助残服务模式，打造"1+X"助残服务机制升级版。深化"一中心两系统"建设，进一步完善涵盖各类助残服务的"数字残联"体系。开展基层掌上"残疾人之家"建设试点，构建"群里面对面、服务人对人"助残微服务机制，创造了一种全新的服务模式，简化政务办理流程，推动残疾人多领域服务功能集成，提高残疾人业务办理的满意度。

近年来，无锡市致力于推进智慧城市建设，"智慧残联"建设是其中一个重要组成部分，"智慧城市"的建设推动全市残联系统"放管服"改革、精细化管理、精准服务残疾人，推进作风转变，提高办事效能，满足残疾人对美好生活的向往。"智慧残联"是多功能模块的系统集成，是高效智能的信息管理平台，是连接沟通残联组织与残疾人的桥梁。

　　杭州市依托本市数字治理第一城和城市大脑的先发优势，推动市残联数字化转型，三步走构建"数智赋能残疾人全生命周期智慧助残服务体系"，依托浙江省一体化、智能化公共数据平台，打破数据壁垒，对全周期业务流程进行制度重塑和流程再造，数字赋能决策、服务、执行、监督和评价履职全周期，在2025年底将全面形成一整套成熟定型的残疾人全生命周期智慧助残服务的理论体系和制度体系。

第七章

残疾人社会融合的舆论传播

中国特色社会主义进入新时代，社会主要矛盾转变为人民日益增长的美好生活需要和不平衡不充分的发展之间的矛盾。习近平总书记多次从人类文明、时代进步和改革动力的高度肯定了残疾人的价值和潜能，强调："2020年全面建成小康社会，残疾人一个也不能少。"

如何认识与对待残疾人，是衡量社会进步程度的重要标准之一。随着经济的发展、社会观念的进步和国家政策的推动，我国残疾人的社会融合进程逐渐加快，残疾人在身份平等、医疗、教育、就业、社会交往等方面的需求获得了更高程度的满足。[a] 同时，残疾人的社会融合水平和公众对其社会融合的认知程度依旧有待提高。舆论传播在相关议题的信息共享、舆论引导与监督、推动民主决策与公共政策制定等方面发挥着重要作用，是残疾人实现"平等、参与、共享"目标的重要推手。通过新闻舆论了解残疾人的生存状况和具体需求，传递党和政府对残疾人实施的政策和举措，并发挥舆论引导与监督功能，引导公众关注残疾人的状况，推动其平等参与社会事务，对可能存在侵犯其权利或阻碍其社会融合进程的问题进行曝光和纠正，这些对于残疾人的社会融合具有重要意义。另一方面，不当的舆论传播也可能加深公众对残疾人或残疾人事业的误解，阻碍残疾人参与社会融合的脚步。

研究残疾人社会融合的舆论传播，旨在关注残疾人社会融合在媒介镜像、公众舆论和对外传播上的特点和规律，总结舆论传播现状和存在的问题，提出加强残疾人社会融合舆论传播的对策和建议，以期推动残疾人社会融合的总进程。

---

① 第十二届中国残疾人事业发展论坛［DB/OL］. http://www.chinadp.net.cn/news_/picnews/2018-12/22-20180.html.

第一节　加强残疾人社会融合舆论传播的重要意义

我国人口众多，其中残疾人占有相当大的比例，涉及人数多，覆盖范围广，他们的状况关乎社会的整体利益。第二次全国残疾人抽样调查显示，中国的残疾人口为 8295 万人（最新数据为 8500 万人），占总人口的 6.34%，影响着 20% 的人口和家庭，包含智力障碍、听力障碍、视力障碍、精神障碍等各种类型。[①] 按照现有 4.3 亿户家庭计算，约每 5 户家庭就有 1 位残疾人。残疾人的客观身体障碍导致生活空间缩小，对信息接收的能力和方式不足，在生活、就医、社交、教育、就业等方面受到更大制约。这些都使其在社会活动中表现出动机不强、机能较弱、参与程度较低等特点，对其信息获取、就业、教育及生活质量等造成不利影响，也对残疾人的社会融合构成了较大挑战。而依然存在的对残疾人士歧视或非平等的观念，也不利于残疾人的社会融合。

残疾人社会融合"平等、参与、共享"的理念，体现了一个社会的文明程度，也是全面建成小康社会的重要方面。残疾人社会融合的媒介传播是新时代社会融合工作的重要组成部分。

一、现实意义

中国特色的残疾人事业已经纳入国家发展大局，分量越来越重，内容越来越具体，要求也越来越高。残疾人的社会融合是残疾人事业发展的趋势和方向，是社会主义制度的必然要求，是实现全社会共同富裕的需求，也是我们党全心全意为人民服务宗旨的重要体现。新的历史条件下，习近平总书记

---

① 第二次全国残疾人抽样调查结果 [DB/OL]. http://www.stats.gov.cn/tjsj/ndsj/shehui/2006/html/fu3.html.

要求宣传思想文化的主力军——新闻舆论工作"高举旗帜、引领导向，围绕中心、服务大局，团结人民、鼓舞士气，成风化人、凝心聚力，澄清谬误、明辨是非，联接中外、沟通世界"。中国特色的残疾人事业具有鲜明的时代特点、民族特色和实践特征，残疾人的社会融合是我们理论自信、制度自信的一部分。新闻舆论既要记录和展现残疾人的获得感、幸福感、安全感，更要进一步发挥舆论的积极引导作用，倡导"平等、参与、共享"的理念，消除一切形式的歧视与偏见，提高残疾人的社会接纳度，促进残疾人全面融入社会生活；宣传推广适当和有效的措施，使残疾人平等地成为社会舆论的参与者、使用者、解读者、传播者，切实共享发展福惠。同时，这种社会融合在网络技术和传媒手段高度发展的今天，舆论传播在残疾人社会融合中的有力支撑作用将越发突显。

媒介所建构的现实是公众了解客观现实并在脑海中形成主观现实的最重要渠道和依托。美国舆论学家李普曼在其提出的"拟态环境"理论中提出，社会存在三种现实，即真实社会中的客观现实，媒介通过选择、过滤和加工所建构出的"象征性现实"和人们意识中形成的关于外部世界的认知图像——"主观现实"。尽管人们"主观现实"的形成是以"客观现实"为基础，但由于距离限制、信息获取成本高昂、注意力资源有限等原因，人们对于现实的认知在很大程度上依赖于媒体所提供的"象征性现实"。[1]"拟态环境"理论至今仍然对大众传播发挥着重要的指导作用。媒介对于残疾人而言是理解社会、认识社会、参与社会的重要信息渠道，对于普通人而言是除现实接触以外感知到残疾人生存状态的几乎唯一一途径。因此，媒介推动残疾人社会融合议题的信息共享、舆论引导与监督，能推动社情决策与公共政策制定，促进残疾人与社会构建融合意识。[2]

目前，在从舆论传播角度切入、分析残疾人的社会融合状况方面，学界对现实需求的及时回应和对相关事业的前瞻指导均显不足，需要进一步加强研究舆论传播如何作用于残疾人的融合进程，如何影响残疾人融合理念的社会构建。在以人为本和全面建设小康社会的时代背景下，如何通过舆论传播的正向价值，加强公众对残疾人生存状况及社会融合状况的了解和关注，推

---

① 李普曼. 公众舆论 [M]. 上海：上海人民出版社，2006.
② 叶静漪，苏晖阳. 新时代我国残疾人社会融合问题研究 [J]. 人口与发展，2021，27(1):14.

动残疾人与普通公众平等地分享信息、表达观点、参与公共事务，这是传播行业与残疾人政策机构和服务行业共同关注的问题，能从政策宣传、观念引导、制度监督和公共决策等方面切实推进残疾人的社会融合。

通过对残疾人社会融合的舆情传播分析，探索在当前新闻报道和公众讨论中所反映出的对这一议题的关注焦点、情感态度、发展趋势和影响效果，从而制定行之有效的舆论传播策略，发挥舆论传播的正向引导与监督功能，规避其负面效果，对于新闻舆论的建设和残疾人社会融合的推进，均具有重要价值。

新媒体和新技术的迅速发展为舆论传播，尤其是网络舆论传播提供了更为便利的条件。随着社交媒体的发展，公众的社交关系存在不断向线上迁移的趋势，[①] 这一趋势也使未来残疾人的社会融合可能更多通过网络及新科技手段实现，其学习、工作、参与公众事务讨论、社会交往等体现社会融合的活动，也将更多通过网络舆论体现。因此，关注以网络媒体为主的舆论传播对残疾人社会融合状况的体现，对未来残疾人社会融合方向与新型特点的研究，会有较强的前瞻意义和指导价值。

二、理论意义

2016 年 5 月 18 日，习近平总书记在哲学社会科学工作座谈会上鼓励大家，"在解读中国实践、构建中国理论上，我们应该最有发言权。"

从研究对象上看，社会融合代表了残疾人研究的前沿方向。舆情传播研究也成为社会学和传播学研究的重点。然而，跨学科相结合的相关研究还远远不够。以 2021 年 6 月 20 日中国知网的检索结果为例：以"残疾人"和"社会融合"两个关键词，检索主题可检索到学术期刊文献 161 篇，检索词、篇名、摘要和全文则分别可检索到 2 篇、33 篇、315 篇和 3.32 万篇；以"残疾人"和"舆论 / 新闻传播"两个关键词，检索关键词和篇名，没有对应的学术期刊文献，检索主题、摘要和全文，分别可检索到 2 篇、4 篇和 5224 篇；当同时以"残疾人""社会融合"和"舆论传播"三个关键词检索时，检索关键词、篇名和摘要时，没有对应的学术期刊文献，检索主题和全文，分别有 1 篇和

---

① 余剑来. 社交网络化的发展方向[J]. 世界科学，2011(1):59.

1641 篇文献。

这从一定程度上说明，在国内研究领域，关于残疾人社会融合的舆论／新闻传播研究仍有很大空白，缺乏专门从舆论传播角度关注残疾人社会融合状况的具体和深入的研究。残疾人的社会融合不仅关系着中国亿万个家庭的切身利益，也关系到小康社会的建成，体现着社会主义的优越。残疾人社会融合的舆论传播是新时代残疾人社会工作的重要组成部分，在此过程中，舆论传播承担着重要的社会功能和历史使命。

媒介传播如何体现残疾人的社会融合进程？如何影响残疾人融合理念的社会构建？议程设置、反向议程设置等关于舆论效果的经典理论为研究者们提供了分析的视角。议程设置理论认为，媒介不仅能够影响人们"想什么"，还能够影响人们"怎么想"，这表明媒介的关注和报道将会影响公众的关注点和意见、态度等。[①] 舆论传播过程中加以强调的重点议题会演化为公众议程中的重要议题，即议题显要性从媒介议程向公众议程转移。观察在有限的公众议程容量和公众注意力之下，残疾人议题能否进入到大众视野并引发公众的关注和讨论，很大程度上取决于媒介的议题设置。反向议程设置理论则认为，公众舆论也能够设置媒介议程，这既是媒介回应公众关切，为社会利益服务的体现，也是媒介市场化趋势下，为争夺公众注意力而采取的策略。不同于传统议程设置理论中媒体议程将客体／属性显要性转移至公众议程，反向议程设置从完全相反的关系出发，重新界定了转移显要性的双方。[②] 反向议程设置理论启示我们，分析残疾人社会融合的舆论传播时，不仅要关注主流新闻媒介，也要关注微博、微信等反映公众观点与公众认知的民间舆论场，观察公众舆论中残疾人议题的呈现。

在未来残疾人议题的传播中，如何实现媒体对残疾人报道中的多元呈现、平等视角和持续关注，引导公众舆论形成对残疾人权益保障的长效监督机制，并通过对外传播策略和技巧的改善，实现残疾人在更高程度上的社会融合与发展，形成残疾人社会融合与舆论传播的良性互动机制，不仅需要积极实践，也需要认真归纳总结，并且形成有中国特色的理论成果。媒介如何呈现和建构残疾人议题、公众舆论如何回应和看待残疾人议题同样具有重要

① 马克斯韦尔·麦库姆斯. 议程设置 [M]. 北京：北京大学出版社，2008.
② 彭步云. 社交媒体受众对传统媒体的反向议程设置研究 [J]. 当代传播，2019(5):110-112.

意义。其内容对于残疾人社会融合研究的角度拓展，和舆论传播研究的对象扩展，均具有重要的理论价值。

第二节　残疾人社会融合的舆论传播

一、残疾人与社会融合

1969 年，联合国颁布了《禁止一切无视残疾人的社会条件的决议》；1975 年提出《残疾人权利宣言》；1982 年，颁布《关于残疾人的世界行动纲领》；1993 年颁布《残疾人机会均等标准规则》；2006 年，《残疾人权利公约》通过，意味着现代文明社会的残疾人观成为各国的普遍共识。[①] 随着社会变迁，国内对残疾人的定义和态度也经历了变化，总体呈现从医疗属性到社会属性转变的特征。

按照《中华人民共和国残疾人保障法》第二条规定："残疾人是指在心理、生理、人体结构上，某种组织、功能丧失或者不正常，全部或者部分丧失以正常方式从事某种活动能力的人。"可以看出，这一定义具有很强的医疗模式属性，它强调残疾人在生理和心理上的缺陷，并将其归结为一种"不正常"，从而体现出背后的主流群体价值取向。

随着国内残疾人社会融合水平的提升，对残疾人的定义越来越偏向社会模式的转换。当前的学术研究中，一般沿用《残疾人权利公约》中对"残疾"和"残疾人"的概念解读。该公约强调，残疾是一个演变中的概念，是社会过程的结果，特定的社会态度和环境阻碍了有特殊需要的社会成员自由、平等、充分、实际地参与社会生活。在此基础上，公约对残疾人做了新的解释，即那些具有肢体、精神、智力或感官的长期损伤的人，这些损伤与各种致残性社会因素相互作用，导致残疾人不能在与他人平等的基础上进行充分

---

① 陈曦. 残疾人事业宣传的初心和时代需求 [J]. 新闻传播，2020(4):93-94.

切实的社会参与。

在社会属性的残疾人观念中，残疾不只是个人的事情，更应当被视为需要社会共同面对的问题，残疾不是残疾人自身存在的缺陷，而是由于社会存在障碍，使他们不能全面参与社会生活。从权利和发展的角度来看，残疾人并非"不能独立的"主体，或者社会的负担，他们有权利和所有人一样参与并获得教育、康复、就业等社会服务体系内应有的支持，成为社会发展的参与者、奉献者和获益者。[①]

"融合（Integration）"又称"包容"或"全纳"。社会融合，是指为实现和谐共处，个体或群体与整个社会进行交互的过程，这一概念源自对社会排斥的研究。[②] 残疾人的社会融合，一方面表现为残疾人从相对疏离和被排斥的身份不断融入社会的过程；另一方面表现为残疾人在社会环境中，与人们相互接纳与融合的状态。具体而言，社会融合包括：

社会的融合，指残疾人以一般社会成员的身份参与到政治、经济、社会和文化生活中，进入到普通的社会组织、机构和活动内，以及融入主流社会的人际关系和社会交往中。

文化的融合，即思想认识和价值观念的融合。社会应将残疾现象视作社会的正常现象，将残疾人的参与和创造，视为对人的多样性、文化的多元性和社会的丰富性的体现。使人们对生命更加尊重，对自己和他人更加珍惜，凝聚人心、团结社会。

心理的融合，即残疾人在社会内与其他人相互认同和接纳的心理建构过程。残疾人对自我和社会保持正面评价，社会也以平等的眼光看待残疾人，相互认同，不断接纳，实现感情和心理上的融合。[③]

从近年来国内外对残疾人接纳研究的文献观察，国内外关于残疾人社会接纳研究的关注程度在不断上升，且国内关于干预措施的研究呈现增多的趋势。我国的残疾人社会融合取得了一定成效，体现在相关政策和举措的出台

---

① 吴文彦，厉才茂. 社会融合：残疾人实现平等权利和共享发展的唯一途径[J]. 残疾人研究，2012(3):34-42.

② 黄匡时，嘎日达. 社会融合理论研究综述[J]. 新视野，2010(6):86-88.

③ 熊欢，申仁洪，焦静，李亚婧，陈赛君，黄儒军. 融合背景下残疾人社会接纳研究回顾与展望：2007-2017[J]. 贵州工程应用技术学院学报，2019，37(5):135-143.

上，例如，2017 年国务院《国家教育事业发展"十三五"规划》提出了教育发展成果惠及全民的主要目标。同年，民政部第 36 号主席令向全社会提出"发扬社会主义的人道主义精神，理解、尊重、关心、帮助残疾人，支持残疾人事业"的倡议。2018 年 1 月，国务院发出的第 674 号令中规定"国家保障残疾人享有平等接受教育的权利，禁止任何基于残疾的教育歧视"。在政策的指引下，各部门、各组织、各团体都对残疾人社会融合给予了不同程度的支持。

但就现实而言，残疾人融入社会还存在诸多障碍：康复服务的供需不匹配，托养服务覆盖面较窄且供给不足；社会保障的供给水平依然较低，覆盖面不够完善；残疾人的教育普及率和教育水平依然偏低，义务教育采用的"随班就读"形式，并未真正实现融合教育的核心要求；就业率偏低，就业形式单一、行业低端且高度集中，等等。[①]

二、公众舆论对残疾人观念的变化

值得注意的是，残疾人定义的变化，和对残疾人社会融合的重视，体现的正是公众舆论对残疾人印象和观念的变化。我们对国内公众对于残疾人认识的变化，即"残疾观"的变化进行简要梳理后发现，残疾人"污名化"的消减过程，一定程度上呈现出新闻舆论传播影响残疾人社会融合状况的思想认识背景。

长期以来，社会公众对残疾人的污名（Stigma）和与之相连的贬低、歧视与排斥，给残疾人的日常生活和社会交往带来了负面影响，严重影响他们的社会融合进程。对残疾人的"污名化"来自于对身体的解读：将身体视作一个象征系统，包含物理身体和社会身体，人们往往通过赋予物理身体各种社会层面的象征而实现个体社会身份的建构。残疾人由于身心缺陷或障碍，往往被普通大众给予"行为怪异""丑陋""罪恶""因果报应""低能"以及"危险源"等社会意义，并据此对残疾人的社会身份进行理解和建构，将其视作不同于"我们群体"的"他者"或者"异类"，最终将其隔离与排斥在社会的角落或边缘。[②] 在话语和观念层面，残疾人长期承受了"污名化"的对待，如

① 龙霁月. 观念变迁及原因分析 [D]. 济南：山东大学，2019.
② 关文军. 社会融合背景下"残疾污名"的形成与消解 [J]. 现代特殊教育，2015(10):75-76.

以前长期存在的"聋子""哑巴""瘸子""傻子""瞎子""疯子"等，又比如2016年诗人余秀华爆红的现象级事件中，与她自己身份排序"女人、农民、诗人"相对应的，是大众眼中的"脑瘫诗人""残疾诗人"的身份定义。贬低性、污蔑性的标签长期寄寓在普通公众尤其是残疾群体的生活日常，形成了集体的无意识状态的同时，通过修饰色彩潜移默化地影响着人们的文化观念。①

污名，主要体现为通过公共舆论呈现的公众对残疾人的污名，进而会使残疾人将污名化态度指向自身。同时，残疾人的家庭成员、朋友甚至相关从业者也会承担相应的风险，不仅加剧了社会对残疾人的排斥和隔离，降低了残疾人社会融入的意愿和信心，并且会在社会范围内形成紧张甚至对立的关系，影响社会和谐与稳定。

在过去半个世纪中，随着社会和残疾人事业的不断发展，人们认识和看待残疾现象，经历了从医疗模式向社会模式的历史转变，也经历了从"污名化"逐渐向"正常化"的转变，并且与平等权利、独立生活和自由发展等现代理念相契合，形成了现代的社会融合的残疾人观。人们逐渐用平视和积极的目光看待残疾人，把他们等同于正常的自然人、亲人、同事和朋友。在满足他们的特殊需要之外，从观念上忽略他们残疾的身份，并逐步在社会参与的过程中提高对残疾人的接纳程度。

新闻报道是大众传播构建的信息环境中重要的组成部分，新闻报道所使用的话语在潜移默化中为人们建构了意识形态，形成了我们的认知框架和模式。媒体则是形象的"加工厂"，人们对某一群体的了解，相当程度上取决于媒体的形象再现。②在社会融合的过程中，对残疾人"污名化"的消减和对其社会融合的认可，均有赖于舆论传播的引导与规范机制。

1990年制定、2008年修订的《残疾人保障法》第一章第三条规定：禁止通过大众传播媒介或者其他方式贬低损害残疾人人格；2005年4月，新华社公布了第一批新闻报道禁用词，其中包括以前在媒体上不时出现的瞎子、聋子、瘸子、疯子、傻子，应规范为：盲人、聋哑人、肢残人、精神残疾人

---

① 高健. 社区康复视角下的新时代残疾人社会融合研究 [J]. 劳动保障世界，2020(8):36-38.
② 马凯. 残疾人形象的媒介呈现——以《中国青年报》为例 [J]. 新闻知识，2011（5）.

和智力残疾人。[1]"任何一种问题、意见、商品、人物、组织或社会活动，只要得到大众传媒的广泛报道，就会成为社会瞩目的焦点，进而获得超高的知名度和社会地位。"[2]20多年来，从"残废"到"残疾"再到"残障"，三个词语，一字之差，微妙勾勒出社会对残障者的态度和观念演进脉络。[3]

党的十八大以来，以习近平同志为核心的党中央格外关心残疾人，残疾人事业蓬勃发展，整体迈上了新的台阶。中央和地方各大新闻媒体深入贯彻落实习近平总书记关于新闻舆论工作的重要讲话精神，弘扬主旋律、传播正能量，展示残疾人事业成就，反映残疾人幸福生活，为发展残疾人事业鼓与呼，有力推动了残疾人事业各项工作的开展，为加快残疾人小康进程提供了强大的思想保证和良好的舆论环境。[4]

怎样报道残疾人群体，展现残疾人的社会形象，绝不仅仅是简单的动态消息和信息传递，舆论传播对于大众究竟怎样去看待、感知与理解这部分社会群体，如何判断和限定他们的价值，有着极强的引导和影响。今天，媒体从业者普遍拥有"禁止基于残疾的歧视"的法律意识，把握好法律尺度，报道残疾人的视角就自然会是其实现"公民权利"或其有"这个能力"，而不是政府社会组织或某个人给他们的施舍、恩赐、福利。[5]例如，社会舆论中存在着对残疾人的偏见和误解，认为残疾人占据过多的公共资源，这样的观念需要加以纠正。在重大突发事件的报道中，部分媒体依旧将残疾人视作纯粹的帮助对象，不断渲染其不便和悲情的一面，过分强调他们对社会援助的依赖，也存在"污名化"的危险。

大众传播具有一种形成社会"议事日程"的功能，传播的新闻报道和信息传达活动以赋予各种"议题"不同程度显著性的方式，影响着人们对周围世界的"大事"及其重要性的判断。[6]新时代残疾人事业宣传工作的逻辑起点定格为"权利"，引申出的是人人平等的权益。这个逻辑起点决定了媒体从业者在报道残疾人时，什么东西会出现在笔上和纸上。当以"权利"这个支点

① 桂渝芳. 媒体不应歧视残疾人 [J]. 青年记者，2013(21):30-31.

② 郭庆先. 传播学教程 [M]. 北京：中国人民大学出版社，1999.

③ 冯欢. 被消费的残疾人——浅谈媒体残障报道的叙事误区 [J]. 新媒体研究，2017(3).

④ 陈曦. 残疾人事业宣传的初心和时代需求 [J]. 新闻传播，2020(2).

⑤ 冯实. 媒体应尊重残疾人人格尊严 [J]. 青年记者，2009(7).

⑥ 郭庆光. 传播学教程 [M]. 北京：中国人民大学出版社，1999.

去思考"残疾"及"残疾人"这个概念时，才能展现出"平权赋能"的底层逻辑。[①]新闻媒介应当不断关注残疾人事业，发挥自身优势，提高新闻宣传水平，把党和国家各方面的政策解读好；讲好残疾人的故事，把隐藏在残疾人群体中巨大的正能量发掘出来、传扬开来，为加快推进残疾人小康进程营造良好的舆论氛围；积极传播正能量，进一步浓郁全社会关心支持残疾人事业的良好氛围，进一步加强和改进工作重点。共同推进新时代中国特色残疾人事业发展。

第三节　残疾人舆论传播的现状分析

习近平总书记强调残疾人是社会大家庭的平等成员，是人类文明发展的一支重要力量，是坚持和发展中国特色社会主义的一支重要力量。他们是社会主义的劳动者、建设者，也是社会主义物质文明和精神文明的创造者和共享者。残疾人工作也应积极贯彻"平等、参与、共享"的原则和目标。评估这一目标的实施情况、面临的问题并积极寻求解决方案是进一步落实相关工作的前提。结合媒体系统、公众舆论等重要维度的舆论传播分析，可以视作评估这一目标的重要方面，也是促进这一目标实现的重要手段。

一、媒介中的残疾人社会融合

无形的公众态度是关系残疾人社会融合的重要因素之一。真正的融合需要社会对残疾人形象形成平等的舆论共识。当前舆论领域关于残疾人的形象构建还存在着一些问题值得探讨。

（一）关注度不够，报道数量待提升

每年全国助残日（每年5月第三个星期日）、国际残疾人日（12月3日），

---

① 陈曦. 残疾人事业宣传的初心和时代需求 [J]. 新闻传播，2020(2).

是法定关爱残疾人的纪念日，旨在促进人们对残疾问题的理解，动员人们支持维护残疾人的尊严、权利和幸福。而相关议题的舆论传播也往往都集中在这些特殊节点或者残奥会等相关的大型活动期间。有研究者曾经指出，"节日式"报道与"被关爱专业户"使残疾人成为节日版的绝对主体，"全国助残日""国际残疾人日"等相关纪念日，成为爱心井喷的出口，[①]与此同时，普通残疾人的日常形象和常态生活则被忽略。

目前大部分主流媒体对残疾人的报道相对较少，相关新闻与研究信息主要集中在政府和残联等专业机构的媒体上。以期刊为例，发行量居前的《中国残疾人》《盲人月刊》《三月风》等刊物均为中国残联旗下的中国残疾人杂志社主办，《残疾人研究》由中国残联政策研究室主办。一些注重文化工作的地方残联办有《广东残疾人》（广东残联）《挚友》（北京残联）《山西残疾人》（山西残联）等期刊。它们都主要在残联系统内发行，数量有限，几乎没有零售。这类媒体机构较少得到一般民众的关注，使得残疾人的各项具体需求及其社会融合的状况成为公众视野中的盲点。

10年前，有研究者选取当代中国政治、社会生活具有重大影响的全国性综合日报《中国青年报》2010年全年的报道，分析了残疾形象的媒介呈现，指出对残疾人议题有一定关注，但报道量不均衡，报道力度不稳定。[②]到今天，主流媒体仍然少有专为残疾人提供相关信息服务的固定栏目或版面，残疾人在媒介资源分配中长期居于弱势。1987年1月1日，中央人民广播电台中国之声开办了"残疾人之友"栏目（中波639频率）；20世纪90年代，北京广播电台也曾经为残疾人开办过一档节目"同在蓝天下"，但由于各种原因均已经停办。除重大舆情事件的跟进外，主流媒体在残疾人新闻报道上投入资源明显不足。

大众传播具有很强的公共性，因而媒介机构必须对社会公众承担与履行一定的责任和义务。[③]对残疾人群体的报道数量与可能的舆论关注度有一定的正相关性。而尊重、关心、理解与帮助残疾人，有赖媒体足够的关注和一定数量的报道来营造氛围并发挥舆论引领作用。

① 冯欢. 被消费的残疾人——浅谈媒体残障报道的叙事误区 [J]. 新媒体研究，2017(3).
② 马凯. 残疾人形象的媒体呈现——以《中国青年报》为例 [J]. 新闻知识，2011(5):25-27.
③ 郭庆光. 传播学教程 [M]. 北京：中国人民大学出版社，1999.

（二）报道理念有局限，报道视角欠多元

新闻媒体是社会"事实的记录者"，往往站在第一排观察现实。这种规律在残疾人社会融合议题上也同样存在。随着社会的文明进步，媒体已经能够很大程度上消除"聋子、瞎子、哑巴、傻子、瘸子、疯子"等歧视性用语，努力减少"患有残疾、异常"等病态化表达，并且努力超越"俯视""悲悯""异样"的视角，越来越注重以平等的理念和表达方式呈现残疾人的状态，避免聚焦或者是强调报道对象的残障，努力贴近和倾听残疾人的内心感受。

通过对新闻报道的大数据分析和内容分析可以看到，我国媒体在新闻报道中正在摆脱过去仅仅将残疾人刻画为需要社会关爱的特殊群体的状况，在对残疾人的形象描述上也不再是"老""难""残"等消极词语，越来越多地出现了更能够体现残疾人丰富精神面貌的词语，如"精""强""新"等，呈现残疾人群体的多样化社会角色，如勤劳自立的劳动者、创业者、"抗疫"志愿者等。这反映了人们对于残疾人认知上的转变，体现了人们对于这一群体的认可和接受程度的提高。同时，在报道广大残疾群众的生产生活时，已不仅仅是健康恢复、接受社会服务等，还包括就业创业、脱贫攻坚、日常生活等更加丰富的内容，体现了残疾人活动场景日益多元，生活也日益丰富五彩的新景象。

但是总体而言，在对于残疾人的现状积极报道的同时，传媒上的残疾人形象仍然无法完全突破俯视的帮扶对象、仰视的身残志坚和突破极限的反差，难以避免歧视与过度美化的误区，并时有污名化、庸俗化、博眼球等现象，甚至没有完全杜绝歧视性语言或称呼；对残疾人如何参与社会融合的观察不足，展现不够生动和具体；对残疾人的具体生活状况，缺乏细致深入的深度报道，反映残疾人正常奋斗与诉求、赋权增能的故事仍然缺乏，表现农村残疾人的形象也较少；对残疾人群体就业、教育、参与社交等的关注有限，未能由点及面，引申到整个社会融合层面的全面报道；缺乏新时代深度影响社会、形成充分互动的残疾人题材的现象级舆论传播案例。

究其原因，很多媒体在报道理念上仍然停留在"医疗视角／福利模式"。福利模式基于传统的医疗视角，偏向于从生理、心理角度去认识和看待残疾人群体。这种模式将残疾看作是个体的缺陷，个体要为这一缺陷负责。也正是由于这种缺陷，妨碍残疾人以积极正常的方式去参与社会工作并为社会做出贡献。目前，绝大多数社会公共服务和公共设施主要针对非残疾人的需求而设计，社会为残疾人群体提供的公共服务和设施则是一种"公共援助项目或者社会补贴项目"。

比如，我国主流媒体在涉及残疾人群体的抗灾抢险报道中，在宏观上，强调党、政府和社会的政治动员和组织、生产生活物资的提供、生理心理服务的保障、借助信息手段将残疾人纳入防控体系等方面，积极全面的工作；在中观上，强调残联、托养机构和中心等各种组织力所能及地帮助残疾人获得安全、减少损失；在微观上，强调残疾人个体在党、政府、社会和其他组织的帮助下防险抗灾、参与生产等，这本质上还是一种医疗视角/福利模式下的新闻报道。它们所塑造的仍然是在社会福利制度下被动的、缺乏主体性的受助者形象。这类报道存在较大的片面性，不利于整个社会对于残疾人群体的全面了解。这样的报道思路也不利于积极推动残疾人社会融合的步伐和程度。

新闻媒体通过语词选择、报道视角选取、框架设定、议程设置等方式来呈现特定事件或群体。选择什么样的报道元素，运用哪一种传播体裁，怎样运用舆论传播的形象构建功能和新闻媒体的议题设置功能，这些都会很大程度上影响残疾人被关注的程度，进而反映在残疾人的社会形象塑造上。

（三）舆论监督社会化，资源配置欠充足

残疾人社会融合会遭遇到一定的困难和挑战，也会引发一些社会摩擦甚至是社会公共事件，这时候，媒介需要发挥舆论监督的重要作用，而媒体的持续关注和深度报道在残疾人社会融合的长期过程中尤为关键。主流媒体报道与残疾人相关的重大舆论事件时，较多地集中于一些负面报道，包括精神病院感染、残疾贫困户女儿自杀未遂、疫情中脑瘫儿死亡等，在发挥舆论监督功能的同时，需要加强话题的导向把握。一方面，报道中容易将残疾人描述为丧失能力和弱势的照顾对象，存在污名化和非平等对待的问题；另一方面，弱势群体、社会福利等问题容易上升到人权高度，引发西方社会对我国制度的攻击，甚至是存在着被境外媒体利用的风险。

我们选择"湖北脑瘫儿事件"来分析媒介舆论监督在事件进程中所发挥的作用。从 2020 年 1 月 29 日开始，一篇标题为《家人疑似新冠肺炎被隔离湖北 17 岁脑瘫儿独自在家 6 天后死亡》的文章在朋友圈广泛流传。该文章的主要内容是：湖北省黄冈市红安县华河镇鄢家村人鄢小文因疑似新冠肺炎被隔离，其 17 岁四肢瘫痪患有脑瘫的儿子鄢成独自在家 6 天，在 1 月 29 日去世。知微事见平台的分析显示，此事件在微博、微信和网媒等不同媒体渠道上的影响力均达到 50 以上，具有较大的影响力（见图 7-3-1）。在整个事件发展过程中共有 17 家重要媒体参与报道，中央级媒体和财经媒体均有较大程度的参与。[①]

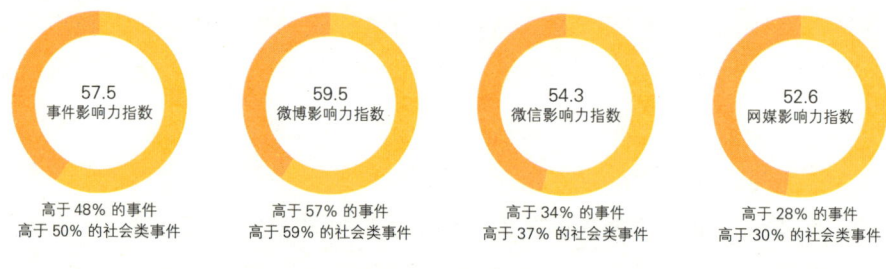

图 7-3-1 "湖北脑瘫儿事件"的影响力

研究发现，共有 104 家媒体或微博意见领袖成为事件传播的主要渠道，对该事件的追踪报道和传播经历了"媒体爆料——地方政府回应——媒体追问——上级政府回应——中央政府回应——调查结果反馈"等六个阶段。刚开始关于这一事件的讨论和争议是线下的、小范围的，随着自媒体的首先爆料，报纸等传统媒体、微信微博等社交媒体和商业化网媒等的介入，使得这一事件开始了较大范围的传播，并逐渐引发全国范围内的关注和讨论。诸多媒体还通过进一步采访事件当事人、挖掘报道细节等方式吸引和推动公众对于这一事件的持续关注。媒介舆论监督转化为公众舆论监督进而转化为行政监督之后，事件最终得到处理，公平和正义得以彰显。可见，随着媒介技术的发展，自媒体、商业化网络平台越来越多地加入舆论监督中；媒介舆论监督和公众舆论监督正在形成合流，推动舆论的社会化，推动事件的妥善解决。这一事件的传播符合当前社会公共事件中议程设置的规律，即"媒体议程进入公众议程最后进入政治议程"，也符合当前社会公共事件的社会监督规律，

---

① 周燕群，张诚，程征. 新冠肺炎疫情背景下残疾人社会融合的媒介传播分析 [J]. 残疾人研究，2021(2).

即"媒体舆论监督转化为公众舆论监督再转化为行政监督和法纪监督"。①

但是，在与其他社会公共事件的相关报道进行对比后显示，传统主流媒体在此类事件中的参与规模和参与程度较为缺乏。从持续性上来说，主要是自媒体、社交媒体和少数传统媒体自始至终关注和报道；从参与程度上来说，主流媒体在此类事件中没有足够的采访和深度报道，仅仅对事态进程做了部分反映式报道，缺乏深度和细节。

有效的媒体舆论监督要立足于事实、立足现场，这是专业媒体与自媒体和社交媒体的根本区别所在。传播需要通过宣传与沟通，形成对残疾人的舆论关切，达成全社会集体参与残疾人社会融合的舆论共识，积极助力于更好地尊重残疾人的权利、尊严和价值，保障残疾人机会均等的权益；助力于全社会提高对残疾人及其权利、潜能和贡献的认识，推进完善关爱扶助残疾人的长效机制；助力于消除残疾人所面临的歧视和障碍，不断健全残疾人权益保障制度；助力于推动各项建设事业把残疾人事业纳入其中，营造平等融洽的社会环境，实现"平等、参与、共享"的目标，推动残疾人的社会融合。②

（四）呈现手段较单一，传播方式欠灵活

信息技术的发展某些方面弥补了残疾人的部分缺陷，为信息接收提供了新的渠道，拓展了新的空间；但是，传媒对残疾人社会融合的呈现形式尚显陈旧，报道形式比较单一，新媒体新技术手段运用不足，不利于对残疾人社会融合议题常态化的舆论关注。

2012年活跃在互联网世界的残疾人网站不足十个，还有一些论坛和公益频道。例如，运用新技术手段服务于残疾人的媒体平台数量极少，有一定影响力的就更加缺乏。2015年9月1日，中国残联新浪官方微博、微信公众号以及手机客户端正式上线。2017年，中国残疾人杂志社推出盲人音频杂志手机客户端，简称"盲人有声读物APP"。

2021年3月1日，我国互联网信息无障碍领域创新性的国家标准——《信息技术　互联网内容无障碍可访问性技术要求与测试方法》（GB/T37668—2019）由国家市场监督管理总局、中国国家标准化管理委员会审核发布，正

①②周燕群，张诚，程征.新冠肺炎疫情背景下残疾人社会融合的媒介传播分析[J].残疾人研究，2021(2).

式实施。据介绍，该标准将为残疾人、老年人等特殊人群使用互联网提供支持与帮助，为规范化指导我国互联网无障碍环境建设提供基础。①

该标准是在中国残疾人联合会推动下，由浙江大学中国残疾人信息和无障碍技术研究中心、中国残联信息中心、中国电子技术标准化研究院、北京航空航天大学、中国信息通信研究院联合中国盲文出版社、中国盲人协会、中国聋人协会、阿里巴巴（中国）有限公司等单位，历时 3 年共同制定了标准。在制定过程中注重听取并吸纳盲人协会、聋人协会及残疾人专家的需求与建议，得到了广泛的认可与肯定，被称为"互联网盲道"标准。

一切共性和特殊的需求都需要以信息作为先导或作为线索，与残疾人相关的康复服务、心理干预、社会支持、脱贫攻坚、疫情防控与危机救助等等也都需要通过信息传递承载。所以，更需要帮助残疾人跨越信息障碍和数字鸿沟，使信息传播服务的援助及信息无障碍环境建设贯穿于残障人群全生命过程。

新闻舆论如何积极促进新媒体环境下残疾人的社会参与，以更高的站位、更好的技巧、更佳的服务，讲好中国残疾人的故事，体现我们的制度自信、道路自信，贡献总结我们的中国智慧和中国方案，应当是新时代的重要课题。

（五）舆论回应国际化，有效传播待加强

社会的发展实质是人的发展。人权问题一直是国际社会普遍关注的议题，也是我国在国际形象塑造上需要着力改善和提升的问题。残疾人作为特殊群体，处理残疾人社会融合问题能够集中体现一个国家在人权事业上的努力和成就，也将影响国际社会对这个国家的评价。因此，我国媒体在国际传播中如何处理这一议题关系重大。

2020 年 5 月 6 日，联合国秘书长古特雷斯呼吁各国政府在应对新冠疫情时重视保障残疾人权益，强调残疾人在疫情中可能会面临更大的不平等现象，因此应确保其享有同等的医疗和救助权利，并应当被放在中心位置对待。此番讲话体现了国际社会对残疾人状况的严重关切。

我国残疾人的社会融合尽管在媒介镜像和公共舆论中有所体现，但并未得到足够的关注和重视。在现有的舆论传播图景中，残疾人相关的媒体报道

---

① 互联网信息无障碍领域首个国标实施 视障人群打开新"视"界 [DB/OL]. http://media.people.com.cn/n1/2020/0302/c40606-31611657.html.

和公众认知态度有很多值得肯定之处，但也存在不少问题，尤其在残疾人形象呈现、公众持续关注度和对外传播技巧等方面，存在着较大的改善空间。缺乏从增强海外传播力角度积极塑造中国特色社会融合的残疾人群像的舆论传播策略与实践。

在对我国媒体进行残疾人相关报道对外传播的分析中，我们发现，在对残疾人条件改善的相关报道中，内容相对比较丰富，不仅关注了残疾人医疗和生活水平的提高，也对其知情权、工作权等更高层面的延伸权利的获得进行了报道，这对多方面展示我国残疾人形象和残疾人事业取得的成绩有一定促进作用。但同时也应看到，目前的对外传播还存在着宣传味浓厚、传播理念陈旧的问题。几乎所有报道中都以明确的方式宣称社会主义制度下党和国家的人本主义，体现了政策、制度等的优越性，这种报道过于直接和刻意，难以达到"润物细无声"的效果，反而，会容易引发国外公众反感。

此外，目前国内残疾人议题对外报道的形式也比较单一，基本上是文字配简单图片，不够生动灵活，可视化呈现不足，缺乏能引发海外受众共情共鸣的故事讲述模式和技巧，也未充分考虑国外受众的具体需求，缺乏对话与互动，所起到的传播效果有限。

以两个主要对外媒体——新华网和中国日报为研究对象，对其报道进行分析后发现，一直以来，其在残疾人事业的对外传播上能够紧扣人权议题，积极回应西方舆论的关切和质疑，较好地反映党、国家和社会对于残疾人群体的关怀和照顾，体现了一定的人文主义精神。然而，同大多数国内报道一样，我们的对外报道中，残疾人群体大多被塑造成了"被动的等待援助的受助者"，这既不符合残疾人群体的多元社会形象这一现实，也不符合国际社会上普遍认可的、主流的社会赋权模式，将残疾人议题变为了一种社会道德议题，而非权利议题，将残疾人看作是需要被特殊关照的社会弱势群体，而没有突显他们积极向上的、参与社会建设和发展的融合一面。

相关领域对外传播重视程度不够，关于残疾人社会融合的对外报道在力度、方式和应对策略等方面存在改进空间，这对于重视个体权利和生存发展的西方社会而言，是难以理解和接受的。这些问题将使我们在残疾人社会融合的对外传播中难以达到理想的国际舆论效果。

二、公众舆论中的残疾人社会融合

对残疾人的最大尊重，就是不把他们当作残疾人，正如中国残疾人事业的开创者邓朴方所言："仅仅怜悯残疾人仍是没有把残疾人摆在自己平等地位的心理表现。而理解残疾人、尊重残疾人，给残疾人以必要的支持和帮助，才是健全人应尽的社会责任。只有对残疾人有正确的全面的认识，才能树立对残疾人的正确态度。"[①]

公众舆论会受到媒介所塑造的"拟态环境"以及媒介议程设置的影响。在这个传播链条中，公众被视作媒介信息的接受方，即受众看待。另一方面，作为公众舆论的主体，可以考察公众舆论如何看待残疾人的社会融合问题，有助于更加全面深入地理解与此相关的社会现实和问题。

（一）建设性意义突出，常态化关注缺乏

研究证实，残疾是伤残人士与外部社会环境互动的结果，外部环境在其中产生了重要影响。而社会上持久、广泛的关注和支持则是这种外部环境的最重要方面。它是我们从社会层面而不是个体层面认识残疾人社会融合的基础和前提。相较而言，作为公众的一部分，残疾人群体的力量是薄弱的，而更大规模的公众舆论是促进这一群体社会融合的重要社会支持。

我们还是选取 2020 年"湖北脑瘫儿事件"进行分析，考察重大突发公共卫生事件中，公众舆论中的残疾人关注度。

利用百度指数平台，以"残疾人"为关键词，将时间段设置为 2019 年 12 月 1 日至 2020 年 4 月 30 日进行搜索指数分析，分析结果如图 7-3-2。该搜索指数以网民在 PC 端和移动端百度的搜索量为数据基础，以关键词为统计对象，通过科学分析计算得到各个关键词在百度网页搜索中搜索频次的加权，其结果反映了互联网用户对特定关键词的搜索关注程度和持续变化情况。因而，这一指标能够较为准确地反映网民对于残疾人群体的关注程度及其变化趋势。[②]

从图中可以看到，在 2019 年 12 月出现了 A、B、C 等三个媒体指数高

① 冯欢. 被消费的残疾人——浅谈媒体残障报道的叙事误区 [J]. 新媒体研究，2017(3).

② 周燕群，张诚，程征. 新冠肺炎疫情背景下残疾人社会融合的媒介传播分析 [J]. 残疾人研究，2021(2).

点，三点的新闻报道涉及残疾人社会融合内容。这些报道发出时，疫情还未受到普遍关注，也未在全国多个省份蔓延，但一定程度上反映了整个社会在政策、健康服务和社区活动等方面积极推动残疾人社会融合的情况。

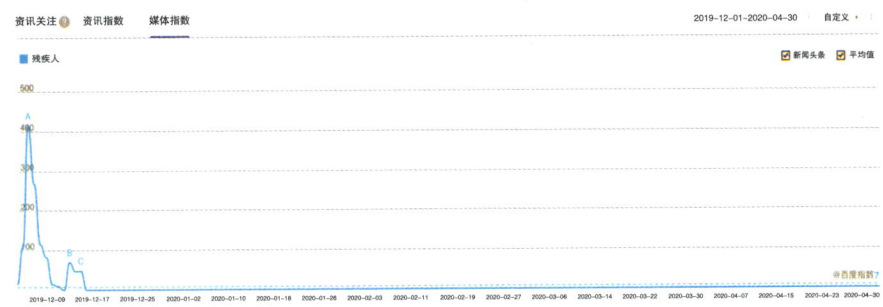

图 7-3-2　关键词"残疾人"在 2019.12.1 ～ 2020.4.30 的媒体指数结果

随着湖北地区疫情信息的逐步披露和新冠肺炎疫情在全国乃至世界范围内的逐步扩散，媒体对于残疾人在疫情期间的生产生活活动的报道并未随之增加，一直保持在较低水平。以这段时间的媒体指数均值 7 进行比较，12 月中旬以后，直到 2020 年 4 月底，媒体对于残疾人的关注和报道均低于均值。①

为进一步做出对比，我们加入新冠疫情这一关键词进行对比，结果如图 7-3-3。从图中我们可以清晰地看到，尽管媒体在此之后对于新冠疫情的关注和报道有不断增加的趋势，但是针对残疾人的关注和报道仍然是不足的，甚至是匮乏的。②

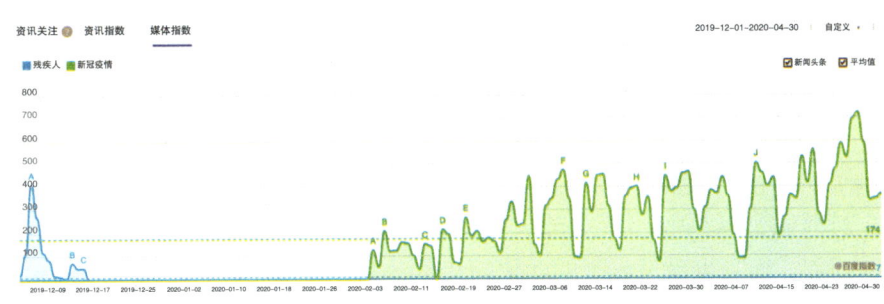

图 7-3-3　关键词"残疾人" + "新冠疫情"在 2019.12.1 ～ 2020.4.30 的媒体指数结果

①② 周燕群，张诚，程征. 新冠肺炎疫情背景下残疾人社会融合的媒介传播分析 [J]. 残疾人研究，2021(2).

　　从图 7-3-4 中可以看出，网民在百度搜索中搜索"残疾人"的平均次数为 980，显示在新冠疫情期间，网民对于残疾人群体一直保持着较高的关注度。两个较高的峰值分别出现在"国际残疾人日（12 月 3 日）"前后和国内新冠疫情蔓延阶段。前者是因为节日会唤起人们对于残疾人这一特殊群体的关注，同时会有相关的政策出台，并伴随更多的新闻报道，因而，人们对于残疾人的关注程度会有所增加。后者是因为随着新冠疫情的不断蔓延，形势日益严重，残疾人群体正常的生产生活受到威胁，社会上对这一群体生存现状的担忧也随之增加，会通过信息搜索了解政府出台的最新政策措施和残疾人群体的最新情况。[①]

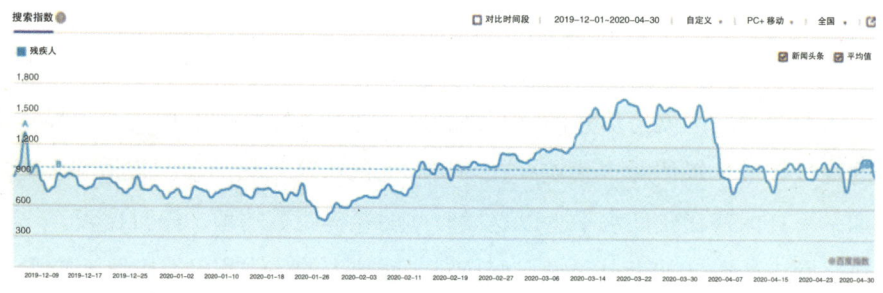

图 7-3-4　关键词"残疾人"在 2019.12.1 ～ 2020.4.30 的搜索指数结果

　　同时可以观察到，在疫情前期（2019 年 12 月 9 日至 2020 年 2 月 11 日），网民对于这一关键词的搜索均低于均值，表明网民对于这一群体的关注度较低；4 月之后，随着国内抗疫形势逐渐向好，网民对于这一群体的关注也随着减少。一定程度上说明当前社会对这一群体尚缺乏常态化的关注和支持，很多时候是仪式性或象征性的关切。

　　为了进一步做出对比，研究者将关键词"新冠疫情"纳入考察，分析结果如图 7-3-5。可以看到，尽管新冠疫情逐步蔓延和加剧，但是相较于网民对于新冠疫情的关注，网民对于残疾人群体的关注程度并没有体现出较大幅度的增加，而且也没有显著的变化趋势，一定程度上反映了网民对于这一群

---

① 周燕群，张诚，程征. 新冠肺炎疫情背景下残疾人社会融合的媒介传播分析 [J]. 残疾人研究，2021(2).

体缺乏足够大的关注和支持。①

图 7-3-5　关键词"残疾人"+"新冠疫情"在 2019.12.1 ~ 2020.4.30 的搜索指数结果

公众舆论有效推动了"湖北脑瘫儿事件"从自媒体爆料转变为备受关注和讨论的社会公共事件，在这一舆论进程中，既能看到感性层面上的同情，也能看到理性层面上的关切，及公众对于事件发生的原因和责任主体的追问。最终推动政治议程上对于此事的调查、及时回应和最终处理。但在整个疫情期间，公众对于残疾人的关注并没有出现显著增加，相对于新冠疫情这种关乎全人类命运的议题而言则更显匮乏。即使疫情期间公众的关注出现了几个小的峰值，但基本与节日（国际残疾人日）相关联，表明公众舆论缺乏对于残疾人群体一以贯之的关注和支持。

（二）总体积极正向，亦有杂音浮现

残疾人事业是中国特色社会主义事业的重要组成部分，经过 70 余年的探索和实践，我国走出了一条具有中国特色的残疾人事业发展道路。残疾人工作是党的群众工作的重要方面。充分保障残疾人权利，全面增进残疾人福祉，提高残疾人发展能力，促进残疾人平等参与，让残疾人共享改革发展成果，是社会主义制度的本质要求，是社会文明进步的重要标志，是更好地践行以人民为中心发展思想的实际行动。②

在信息技术不断发展，各种媒介手段尤其是移动互联网迅猛发展的当下，新闻媒体和由此形成的舆论场域成为包括残疾人在内的所有公众获取信

---

① 周燕群，张诚，程征. 新冠肺炎疫情背景下残疾人社会融合的媒介传播分析 [J]. 残疾人研究，2021(2).

② 陈曦. 残疾人事业宣传的初心和时代需求 [J]. 新闻传播，2020(2).

息、形成观点并参与公共事务的重要渠道。随着全程、全时、全息媒体的发展，媒体的传播形态发生了剧变，这一议题在舆论传播中信息传输的准确和丰富性、观点表达的客观与多元化、言论氛围的平等与包容性，均深刻影响着公众对残疾人的认知和态度，并影响残疾人社会融合的进程。

由于公众舆论是民众意见的集合，因此具备很大程度的自发性和多元性，这一方面有利于形成公共讨论的良性空间，另一方面也容易因极端言论影响公众舆论的健康走向，或引发对体制的不满情绪，成为冲击社会秩序的破坏性力量。

在对"湖北脑瘫儿"事件的公众舆论分析中可以发现，大部分的舆论都在关注和同情当事人的悲惨遭遇、进而关注疫情中残疾人的境况和需求，并理性克制地要求相关责任主体进行回应和解决，总体呈现出积极、健康的公共舆论氛围。但在其中也存在一些不良的声音，如在首发此事件的公众号文章中，一条包含了"残疾人是家庭重大负担"的观点，得到数千条点赞量。显然，用福利/医疗视角看待残疾人、对残疾人存在某种歧视的倾向，会对公众产生不良的影响。而在对责任主体追问的议论里，也存在个别怀疑我国制度建设的非理性声音，不利于舆论的健康走向，也不利于残疾人融合问题的根本解决。上述现象应当在媒体舆论向公众舆论转化的过程中予以重视，并加以引导。

第四节　对残疾人社会融合舆论传播的对策建议

残疾人的社会融合不仅需要残疾人自身的努力，也有赖于民众、社区、政府、学校和企事业单位的共同参与，创造社会融合的空间，形成良好的互动关系，在此过程中，舆论传播应发挥自身优势和价值，解决当前存在的问题和不足。

关于残疾人的社会融合，部分专业媒体或关注残疾人事业的研究者，从"残障报道的叙事误区""新媒体时代残疾人报道新思路"等比较微观的角度进行过一些分析。但是，现有研究缺乏对新时代大背景的关照，没有从"两个一百年"奋斗目标和中华民族伟大复兴的高度及从人民日益增长的美好生活需要来看待和理解残疾人的社会融合；相关的研究不够深入，没有全面系统地分析残疾人社会融合中存在的传播问题，并提出相应的解决对策；也缺乏对新媒体环境下服务残疾人社会融合的舆论策略探讨，缺少从国际传播和对外传播角度加强残疾人社会融合的相关探讨。

新时代残疾人社会融合的舆论传播要面对新问题，满足新需求。我们从媒体呈现、公众舆论引导和对外传播三个方面出发，尝试给出有关残疾人社会融合舆论传播的具体对策和建议。

一、致力于多元呈现、平等视角和持续关注

（一）重视公共利益，保持密切关注

对媒体而言，未来应充分认识到残疾人在社会利益共同体中的重要位置，认识到残疾人事业在社会主义建设事业中的突出地位，把关注残疾人个人生理功能和社会功能的恢复与残疾人事业以及更广阔的社会问题联系起来；不一味追逐热点，不忽视弱势人群，承担必要的公益责任。在媒体资源的分配上，向公共利益倾斜、向弱势人群倾斜、向商业媒体和自媒体可能忽略的重要社会议题倾斜，以体现社会主义文化的优越性。不仅是平时的常规性报道，残疾人作为应对风险能力较弱的人群，在重大公共卫生事件发生时，应当得到重点关注。在近两年的重大公共事件报道中，主流媒体很少形成对残疾人的持续关注，仅仅在2020"脑瘫儿死亡"、2021"白银夺命越野跑"等几件重大舆论事件上，有一定规模的报道量，投入的资源和精力均显不足。

另一方面，公共利益的保障不能完全依赖媒体的自觉，尤其是商业媒体和自媒体，政府部门可以通过立法或出台相关的制度和规定，规范媒体的报道取向和责任。反映残疾人相关议题时，不能从经济利益出发，追逐吸引眼球的热点，要避免戏剧化和讨好读者的角度，坚持秉持公正、客观的立场。通过对残疾人社会融合优秀报道的奖励，惩戒内容低俗、不利于残疾人平等

参与社会事务的内容，起到通过媒体反映公共利益，促进残疾人社会融合的效果。

（二）坚持多元视角，全面呈现残疾人社会融合状况

新闻媒体尤其是主流媒体在对残疾人的报道中，应当从社会融合的趋势出发，避免单一化、脸谱化的倾向，从多个角度出发，全面呈现残疾人的学习、工作、生活与社会参与状况，不仅表现社会对残疾人的接纳，同样要表现残疾人主动融入的积极作为。

当残疾人面对重大公共卫生事件时，受到影响的范围是多方面的，不仅是医疗和生活的便利度，而且在接受教育、就业复工、文化娱乐、社会交往等方方面面，均受到了较常人更为严重的影响。媒体在关注残疾人时，不应仅关注其身体不便带来的基本生活需求满足的困难，同时应当关心其作为一个全面发展的个体，在各方面的综合需求，深入残疾人的工作和生活现场，从相关政策机构和残联组织等获取信息和数据，通过调查、访谈、数据挖掘、可视化呈现等多种方式，全面展示残疾人群体的真实状况，以更有价值和深度的报道，表现残疾人社会融合的状况。

残疾人的形象和所有其他群体一样是多元和立体的，需要在舆论传播中真实而丰富地加以呈现。新闻报道和媒体中的残疾人已经不仅作为被帮助对象出现，也作为志愿者、劳动者、创业者，得到了较多的展现。未来媒体传播应当延续这一趋势，消除刻板偏见，将各行各业不同年龄、身份、性格和作为的残疾人丰富的工作生活和精神世界以及残疾人积极融入社会的状态呈现给公众。通过这种多元丰富视角的展示，体现残疾人作为一个平等正常的社会人所具备的社会属性，从而为残疾人接纳自我，和公众理解并接纳残疾人创造更好的舆论环境，达成良好的社会融合。

（三）转换报道模式，从平等和社会参与角度切入

媒体在对残疾人相关议题进行报道时，可以选择更多地从与公众利益相关的社会议题切入，无论是对残疾人的现实处境，还是对相关政策，都需要从医疗福利视角向社会权利视角转变，从平等的立场认识到残疾人面临的社会问题是社会要共同面对的问题，避免高高在上的俯视，不把残疾人视作被照顾或恩惠的对象。对残疾人面临的社会问题，报道视角也要切实从关爱模式向赋权模式转变，尤其是在传播策略中突出关注残疾人的个体权利，在解

决问题的过程之中，促进残疾人参与社会公共事务，获得相应的平等权利。

媒体从业人员对于残疾人的认知和态度，以及其对残疾人社会融合的关切程度，直接影响媒体对这一议题的呈现。因此，传媒机构应加强内部职业道德考察，涵养和提升新闻媒体机构的公共意识，媒体从业者也应主动加强学习和培训，确保新闻报道符合残疾人社会融合的整体原则。在报道中，需要把握对残疾人自强自立精神的力度，避免过度渲染。这类"医疗视角"凸显了残疾人特殊的一面。应客观、真实地反映残疾人克服不便、实现自身价值的过程，展现其作为平等独立的个体所具备的更具普遍意义的向上精神。

二、积极引导公共舆论，持续发挥建设性监督作用

在信息技术不断发展，各种媒体手段尤其是移动互联网迅猛发展的当下，新闻媒体和由此形成的舆论场域成为包括残疾人在内的所有公众获取信息、形成观点并参与公共事务的重要渠道，相关议题的媒介传播中信息传输的准确和丰富性、观点表达的客观与多元化、言论氛围的平等与包容性，均深刻影响着公众对残疾人的认知和态度，并影响着残疾人社会融合的进程。

（一）持续引导公共舆论，有建设性地关注残疾人议题

舆论往往体现社会热点话题形成的公共意见，具备自身的传播特点。公众对于残疾人和残疾人事业的现有认识，即残疾人观，往往在舆论传播过程中反映出来，又进一步通过公众舆论对每一个人产生影响。公众舆论中残疾人的形象如何展现、残疾人的公共话题如何得以进入公众视野并进行讨论、残疾人的社会融合如何得到公众的更多理解与支持，媒体传播与公共舆论会形成互动影响。积极、健康、正向、持续、有建设性的舆论场，需要群众、政府和媒体的共同努力。

2021 年全国两会上，手语"唱"国歌的报道是媒体传播与公共舆论良性互动的典型案例。3 月 4 日，在全国政协十三届四次会议开幕会上，全国政协委员、中国残疾人艺术团团长邰丽华用手语"合唱"国歌。新华社、央视、人民日报等主流媒体第一时间捕捉到这一感人画面，迅速在新媒体端播发相关视频，新华社抖音号为视频配发了提气的解说词："无声的国歌，同样震撼！中国进入两会时间！"央视以会场为背景对邰丽华进行独家专访，新京

报、澎湃新闻等商业媒体纷纷转发引用，引爆了当日的舆论场。媒体的刷屏引发了公共舆论场的共振，央视新闻在微博上设置的相关话题浏览量超2.5亿，网友纷纷表示这一幕"激动人心""热血沸腾"。有网友在知乎上发表评论，称从手语"演唱"国歌看到了国家对残疾人的平等对待。①《人民政协报》的评论指出，"手语版国歌是桥梁，也是信号，见证残疾人无障碍环境的跨越式发展，体现的是'残健共融'新气象。"②后续，媒体对这一事件进行了更深入、更全面的报道，尤其是对3月1日起刚刚实施的《〈中华人民共和国国歌〉国家通用手语方案》的出台过程及其意义进行了多角度的解读，使得这一重要政策进入公众视野，得到了积极正面的评价。在示范效应下，全国范围内的残疾人掀起了一场手语"唱"国歌的活动，并以新闻传播的方式进入更大范围内的公众视野之中。这些报道不仅在残疾人群体中引发共鸣，也刷新了公众对新时期残疾人社会融合进程的认知。

回溯这一案例可以发现，媒体对残疾人重要议题的持续关注和讨论，对于形成良好的公共舆论环境尤为重要。当前大众对于残疾人的关注不足，对残疾人议题的讨论往往是事件和热点导向，而非常态化关注，这与媒体呈现的不足、互动的不充分有直接关系。在残疾人社会融合公共舆论常态化的过程中，主流媒体应发挥示范作用，在重要新闻媒体平台常设版面和平台，持续性地进行议程设置，多角度报道相关话题。商业媒体和自媒体也同样需要增加对残疾人的关注，在相关内容中加强对残疾人议题的覆盖。一方面，共同将"平等、参与、共享"的社会融合原则和政府对残疾人的政策方针传递给大众，提高大众的认知，形成良好的交流和讨论空间。政府加强从政务平台、官方媒介、公共街景等场合对残疾人社会融合加大宣传和公民教育，从而形成关注残疾人的常态和长效公共舆论生态。另一方面，客观全面地呈现残疾人形象，反映残疾人的生活，关注和研究残疾人所拥有的技能、知识和能力，认识和开发残疾人的能力，从优势视角挖掘残疾人"个人潜力"，展示残疾人事业发展，能够促进人们对残疾问题的理解和共鸣，形成支持和维护残疾人尊严、权利和幸福的舆论氛围，推动残疾人获得就业、康复、受教育

---

① https://zhuanlan.zhihu.com/p/355088292.

② 钟倩. 手语版国歌激荡"残健共融"新气象 [N]. 人民政协报，2021-01-01. http://cppcc.china.com.cn/2021-04/01/content_77368060.html.

程度的平等机会，关注制度安排方面的欠缺和原因，为有力推动残疾人事业的发展鼓与呼，为加快残疾人小康进程提供强大的思想保障。

作为舆论传播阵地的各类媒体，要培育新时代的残疾人观，消除社会对残疾人的歧视与社会排斥，帮助残疾人减轻来自经济、社会和心理等方面的压力，为其自立于社会奠定良好的舆论基础；围绕残疾人的全生命链条，努力从残疾人教育培训、医学康复、职业康复、无障碍环境建设、就业服务体系等更多角度系统规划报道，助力残疾人实现自我、融入社会。

（二）合理引导公众舆论，形成监督与纠偏机制

公共舆论是公众意见的集合，一方面会反映民意，推动公共事务的讨论，另一方面也可能由于多数的意见形成"沉默的螺旋"或"网络极化"现象，压制理性平和的声音，甚至损害公共利益。同时，自由生长的公共舆论，会导致谣言滋生、极端言论盛行，引发公众对专业媒体乃至政府的不信任，进而怀疑现行体制，形成社会的不稳定因素。新时代对公共舆论引导提出了更高的要求，应有效推动传媒在反映民意、监督社会、协助政府决策方面发挥良性作用。

2021 年 6 月 23 日，澎湃新闻一则关于残疾奶奶直播唱歌遭恶评的事件引发舆论关注。四川金堂县 65 岁的张晓春（化名）患有小儿麻痹症，四肢无力，被评为二级残疾，20 多年前其伴侣已经去世。2020 年开始，她在某短视频平台上以"仙人"的账号为网友直播唱歌，这是她试图让自己快乐起来的一个爱好。然而，意想不到的是，这位老人却成了"网暴"的对象。2021 年 6 月 17 日，张晓春在直播时有用户连麦到直播间进行辱骂，内容"污言秽语不堪入耳"。有网传截图显示，张晓春的直播评论区里还出现了"我要拔你氧气瓶了"等恶意评论，甚至在她 6 月 20 日的直播里，有网友评论要求她展示跳钢管舞等侮辱性言语。澎湃新闻、光明日报等媒体的报道及时遏制了网络暴力行为，呼吁公众关注弱势群体权益。直播平台接受澎湃新闻的采访时表示，平台高度重视此事，已第一时间调查并对涉事账号进行处罚。同时，平台号召所有用户，严格遵守直播行为规范。澎湃新闻对张晓春进行了采访，她说："唱歌令人心情变好。我一定要唱下去，他们打压不了我。"[①] 报道展现

[①] 喻琰，杨洁茹. 对话直播唱歌遭恶评的残疾老人：唱歌让心情变好，会坚持下去 [DB/OL].
https://www.thepaper.cn/newsDetail_forward_13268955.

了这位残疾老人乐观积极坚强的生活态度，得到了许多网友的支持。光明日报的评论则从更深层面剖析了这一现象背后的社会问题。评论指出，"这些弱势老人的处境，竟然是随着近日一则颇受关注的娱乐新闻而走入公众视野的，这更加让人感到魔幻。若不是流量的引导，又有多少人会关注这些残疾老人的权益呢？"[1]光明日报的评论发人深省，指出了残疾人议题在公众舆论领域依然不受重视的现实问题。在漫无边际的网络世界里，张晓春的遭遇只是冰山一角，如果没有媒体挺身而出及时舆论纠偏，倡导正确的价值观，残疾人社会融合的进程很难良性发展。

对传媒机构而言，应当发挥权威性和专业性的优势，对公众可能关注的内容和话题保持密切关注和持续更新，对残疾人社会融合相关议题的内容和观点进行主动设置，积极和全面地进行报道，以消除可能的误解或不实信息；应当致力于塑造平等、共享的残疾人形象，并引导公众参与积极性、建设性的相关话题的互动与讨论；应当对残疾人权益遭到侵害的负面信息，通过客观、公正、如实报道，回应公众质疑，共同揭示背后可能存在的社会问题，在舆论监督的同时推动追责和纠偏机制，促进政府公开、合理、透明的公共决策。

三、强调共同价值，重视叙述与沟通技巧

（一）从共同价值关怀出发，传递残疾人的社会融合形象

主流媒体残疾人议题对外传播是最主要的舆论阵地。在传播过程中，应把握独立自主原则，注重树立国际形象。一方面需要主动出击，对外传递我国残疾人事业的发展成就，包括各种设施的改善、社会参与水平的提高等，另一方面有效回应质疑，尤其是对利用残疾人状况攻击我国人权的言论积极予以回击。

随着中国残疾人事业的发展，残疾人领域外交成为我国人权外交的优势领域。不断展示新作为、开创新局面，残疾人事务也进一步融入国家外交大局，成为扩大贡献中国智慧和中国主张的重要平台，提供着中国智慧和中国方案。

---

[1] 孙小婷，网络霸凌残疾老人，如此戾气不应该［DB/OL］. https：//politics.gmw.cn/2021-06/24/content_34947969.html.

　　2014 年，中国残联主席张海迪成功当选康复国际候任主席，成为中国残疾人事业走向国际的重要标志。2015 年，在中国残联积极倡导和推动下，残疾人发展问题纳入联合国《2030 年可持续发展议程》，填补了《千年发展目标》中没有涉及残疾人问题的缺憾。这些都为新时代残疾人社会融合的舆论传播提供了丰富的底气和资源，要求新闻传播具备宏大的国际视野。媒体要从全人类对残疾人的关爱角度出发，强调中国在《残疾人权利公约》和《关于残疾人的世界行动纲领》等国际性原则的框架下，为贯彻共同的"平等、参与、共享"的理念而做出的努力，展现中国残疾人在各个方面的社会融合上呈现的精神面貌，讲好新时代中国残疾人的故事。

　　一个精彩的故事胜过无数刻板说教。怎么才能讲好中国残疾人的故事？无他，唯真情尔。用最接地气、最真实、最感人的故事为载体，展现新时代中国残疾人的精神风貌和品质，触发国际民众共情，对于提高国际传播影响力和中国形象的亲和力都颇有益处。一则经典的案例是 2016 年河北井陉县残疾兄弟荒滩植树 14 年的报道。双目失明的贾海霞和双臂截肢的贾文其，十多年来"你以我为眼，我以你为手"互助植树上万棵，将一片 50 多亩的荒滩变成了绿洲，战胜了乱石、黄沙和大山脚下的贫困生活以及身体残疾带来的磨难。他们的事迹不仅感动了中国人，也感动了世界。在央视报道后，CNN 旗下 GBS 工作室以此为题材拍摄了短片，在 Facebook、Youtube 等平台累计播放破百万，感动了全球无数人。外国网友纷纷点赞并评论："美国需要多一点像你们这样的人""向二老敬礼！即使身有残疾，你们仍然是这个世界上真正的英雄。"①

　　主流媒体对贾海霞和贾文其的报道虽然在国内社会上引起了热烈反响，但是他们走出国门引发世界网友点赞却是通过国外媒体拍摄的视频短片，这也给我们一个新的启示：中国残疾人的故事与世界相同，是构建人类命运共同体的重要组成部分，也是体现中国文化感召力和中国形象亲和力的重要载体。而目前，讲好中国残疾人的故事还有相当大的潜力可挖，主流媒体应当积极介入、挖掘，更好地承担起这一职责使命。另外，在全球生态大变革的当下，每个人都有讲述自己故事的渠道，都有触达海外受众的可能性。应当

---

① 石家庄两位残疾老人被美国 CNN 报道后 火遍全世界［DB/OL］. http://www.xinhuanet.com/world/2016-05-28/c_129023027.html.

鼓励民众包括残疾人群体，利用社交媒体灵活便捷的特点，以个体叙事的方式，向海外受众讲述中国残疾人的精彩故事，还原中国社会的真实面貌，既开放自信也谦逊谦和，努力塑造可信、可爱、可敬的中国形象。

（二）重视受众需求，形式生动多样

当前主要对外传播平台在残疾人议题的处理上，还多停留在宣传味浓、形式简单的情形，需要及时有效地调整。在传播策略上，应当重视国外受众的需求和信息接收习惯，参照国外媒体的成功经验，贴合民众视角，以人物为线索，以故事的形式呈现中国残疾人的社会融合进程；在传播形式上，多利用视频、动画、漫画、直播等形式，构建残疾人传播的媒介生态，多角度、全方位、立体式地展示我国残疾人融入社会的精神风貌；在传播内容上，保持开放包容的交流互动机制，在媒体平台或社交媒体上与用户平等对话、真诚交流，及时回应，积极引导与残疾人相关的社会舆论；在传播主体上，除中国媒体机构外，还可通过与当地媒体或自媒体的合作，从当地的视角出发讲述中国残疾人社会融合的故事。[1]

同时，应当积极拓宽国际视野，对全世界范围内残疾人事业发展成就进行介绍，为中国残疾人社会融合提供参考与借鉴。比如，2021 年 6 月 21 日，新华社报道了《津巴布韦学校自制透明口罩帮助听障人士沟通交流》的消息。为防控疫情，津巴布韦政府要求个人佩戴口罩，但是口罩阻碍了听障人士之间的交流沟通。为此，津巴布韦首都哈拉雷的日出手语学校专门制作了透明口罩。这些口罩的周围是普通材料，中间部分则采用透明设计，好让嘴唇及周围不被遮挡。这则实用的消息播发后被国内许多媒体转载，这也反映了国内残疾人群体对于接受相关国际信息的需求度较高。但遗憾的是，目前这类有价值有意义的国际报道仍然十分稀缺。

在全球互联互通趋势日趋紧密的当下，中国残疾人同样需要开拓国际视野，树立全球眼光，与世界范围内的残疾人群体进行平等交流、互通有无，在更广阔的世界背景中实现"平等、参与、共享"的重要目标。

---

① 程征，周燕群. 舆论监督在残疾人社会融合中的作用——以新冠肺炎疫情期间"湖北脑瘫儿事件"为例 [J]. 中国记者，2020（10）.

第八章

我国无障碍立法与构想

第一节　无障碍立法的必要性

一、我国存在着巨大的无障碍需求

据 2011 年《世界残疾报告》估计，截至 2010 年，全球逾 10 亿人或 15%的世界人口带有某种形式的残疾。[①] 残疾导致的障碍会给残疾人的生活带来各种困难，这一群体的生活大多贫困，健康、教育、经济收入等都会遇到更多的难题，对社会更具依赖性。

中国作为世界上残疾人最多的国家，全国残疾人总数超过 8500 万，约占6.34%。[②] 消除公共设施、交通、信息及通信障碍，将使残疾人参与到教育、就业和社会生活中，对提升残疾人的独立生活能力，促进其社会融合，实现习近平总书记提出的"全面建成小康社会，残疾人一个也不能少"的要求具有重要的现实意义。根据社科院人口与劳动经济研究所副研究员林宝和张妍2011 年对残疾人无障碍需求的调研结果，大部分残疾人在无障碍环境方面遭遇了困难，不同类型的残疾人在无障碍方面的需求存在一定差异，残疾程度越高的人群在享有无障碍方面的问题越多。[③] 另外，我国社会老龄化现象逐步加重，全国老年人口总数比率持续走高。2000 年以来，老年人口数量已经由原来的 1.26 亿增长至 2.49 亿，增加了 1.23 亿，近乎两倍的增长比率[④]。老年

[①] 世界卫生组织. 世界残疾报告 [EB/OL].2011-06-09.https：//www.who.int/disabilities/world_report/2011/accessible_ch.pdf?ua=1.

[②] 中华人民共和国国务院新闻办公室. 平等、参与、共享：新中国残疾人权益保障 70 年 [EB/OL].2019-07-25. http：//www.scio.gov.cn/ztk/dtzt/39912/41159/41161/Document/1660582/1660582.html.

[③] 林宝，张妍. 中国残疾人无障碍需求分析：基于《残疾人保障法》立法后评估研究 [C]. 中澳无障碍环境建设研讨会，2014.

[④] 新华社. 中共中央　国务院印发《国家积极应对人口老龄化中长期规划》[EB/OL].2019-11-21. http：//www.gov.cn/xinwen/2019-11-21/content_5454347.html.

人生理老化、行动不便、视听说等身体机能出现障碍，需要无障碍设施帮助其参与社会生活。[①] 如此大量的有无障碍需求的老年人群体以及其他群体为无障碍环境的受益群体。

二、我国无障碍环境建设水平急需提高

为了回应对无障碍环境的巨大需求，国家积极开展无障碍环境建设的推广工作，成果显著。尤其是在党的十八大以后，全国系统性开展无障碍建设的市县区数量呈增长趋势，截至 2018 年，全国系统性开展无障碍建设的市县区数量达到 1702 个。[②] 但是长期以来，我国无障碍环境建设更多地解决了"有"的问题，而没有解决"好"的问题。城市地区的无障碍环境建设是国家的工作重心，特别是城市道路和建筑的无障碍设计和改造。农村地区的无障碍环境建设工作起步较晚，主要集中于农村贫困重度残疾人家庭的无障碍改造，尚未系统推进农村地区的出行无障碍、信息无障碍、社区服务无障碍等。同时，无障碍环境建设的地区差距也较大。2015 年底，东部地区系统性开展无障碍环境建设的县比例达 67.88%；北京、上海、河北、广东更是达到了 100%。但是我国中西部地区系统性开展无障碍环境建设的县比重不超过 50%，东北地区仅为 13.19%。此外，已有的无障碍建设质量也有待提升。2017 年，全国范围内均开展了无障碍环境体验活动，包括 31 个省、直辖市以及自治区在内的 102 个城市。结果显示无障碍环境的大众满意度并不高，居于中等偏下水平。造成满意度不高的重要原因是设施未正常开放、无障碍设施被占用、无障碍设施维护不到位、设计以及维护方面存在不合理问题等。[③]

三、无障碍环境立法有待优化

加快无障碍环境建设立法，完备我国无障碍环境建设的法律规范体系，提高无障碍立法质量与效率，符合我国全面贯彻依法治国方略的基本要求，

---

① 胡明山. 2019 年我国 65 岁以上老年人口约 2.54 亿，新增 945 万 [EB/OL].2020-01-17.
　https：//www.sohu.com/a/367457358_161795.
② 平等、参与、共享：新中国残疾人人权益保障 70 年 [J]. 人权，2019(5):106-125.
③ 戴轩. 百城无障碍设施普及率仅 40% 无障碍卫生间得分最低 [EB/OL]. 2017-12-17. http：
　//www.xinhuanet.com/local/2017-12/17/c_1122122219.html.

对于完善中国特色社会主义法治体系具有重要意义。立法先行是我国社会主义法治建设的一项重要原则，是我国发展中国特色残疾人事业的基本特征。[①]《残疾人保障法》第七章专门规定了"无障碍环境"的内容。2012 年 6 月，国务院公布了《无障碍环境建设条例》，成为规范引导无障碍环境建设的专门行政法规。此外，住房和城乡建设部先后出台了多项国家标准，各省市也相继出台了地方性法规和规章。但是，现有的无障碍立法仍存在缺乏专门法律、法律体系不够完整、立法阶位不高、检查评估等重要内容缺失、法律责任弱化等问题，需要进一步提升、完善。

首先，现有的无障碍环境立法体系不够完整，阶位有待提升。法律层面，我国有关无障碍环境的相关条文在《残疾人保障法》《老年人权益保障法》中有相对集中的体现，但具体领域的法律如《建筑法》《道路安全法》《民用航空法》《铁路法》等都没有涉及与无障碍环境建设相关的内容，不同法律之间的内容也缺乏协调统一。同时，我国虽然有专门的《无障碍环境建设条例》，但该条例的效力层级仅为行政法规，规定内容较为原则性，法律责任较为单一。实践中，相关内容的落实大多以"规定""试行办法""暂行办法""决定""意见""通知"等形式出现，不仅规范层级较低，权威性较差，就本地而言缺乏稳定性，就全国而言缺乏公平性，不利于持续推进无障碍环境建设。

其次，现行立法部分内容存在空白，配套规定滞后。一是《无障碍环境建设条例》缺少对无障碍设施改造的经费保障等内容的规定，对于贫困家庭的无障碍设施改造基于一定补助的规定也缺乏细节，实践中，很大程度影响了无障碍环境改造的推进和经费的落实。二是规定内容较为局限。现行立法主要围绕建筑设施无障碍展开，对于信息无障碍、社区服务无障碍等内容涉及较少，对现实生活的适应性较低。三是配套规定较为滞后。无障碍环境的具体工作有赖于地方政府制定配套落实措施。现阶段，我国部分省、市、自治区的配套地方性法规和规章是在《无障碍环境建设条例》颁布前制定的，并且未进行及时修订，因此，对于信息交流无障碍、现有建筑物改造等缺少详细的规定，难以支持无障碍环境建设的发展。

第三，法律责任有待进一步明确。一方面，无障碍环境建设部门及人员

---

① 黎建飞，王喜荣. 中国特色残疾人事业的法律保障 [J]. 残疾人研究，2018(1):17-28.

的责任有待强化。根据《无障碍环境建设条例》，县级以上人民政府负责编制无障碍环境建设发展规划并组织实施，住建部门、工信部门等均应在各自职责范围内做好无障碍环境建设工作。但是，该条例仅在第三十四条原则性地规定，主管部门工作人员滥用职权、玩忽职守、徇私舞弊的，依法给予处分；构成犯罪的，依法追究刑事责任。另一方面，违反和破坏无障碍环境的单位和个人的责任有待强化。《老年人权益保障法》《残疾人保障法》《无障碍环境建设条例》等对于违反和破坏无障碍环境建设的单位和个人的责任规定较为原则性，不利于落实法律责任。

四、履行国际公约相关义务要求

2008 年，第十一届全国人大常委会第三次会议正式批准我国加入《公约》，易言之，《公约》在我国范围内已发生效力，国家有义务在国内贯彻落实该公约的精神，并按照《公约》的规定定期提交履约报告。

《公约》第三条第六项明确规定，"无障碍"是《公约》的一项基本原则。特别是，《公约》第九条"无障碍"针对缔约方的无障碍环境建设提出了全面的要求。《公约》要求，"缔约方应当采取适当措施，确保残疾人在与其他人平等的基础上，无障碍地进出物质环境，使用交通工具，利用信息和通信，包括信息和通信技术系统，以及享用在城市和农村地区向公众开放或提供的其他设施和服务"。同时，还要求缔约方采取适当措施，订立和公布无障碍设施的最低标准和导则，并检测其实施情况；创造无障碍环境；提供无障碍培训；在建筑或其他设施中放置盲文标志及易读标志；提供向导、朗读员和专业手语译员等现场协助和中介；保障残疾人获得信息，有机会使用新的信息和通信技术系统，推广无障碍信息和通信技术系统。其目的是促使缔约方查明和消除影响无障碍环境的因素，并采取措施，确保残疾人可以与健全人一样平等地使用公共设施和服务，实现独立生活和充分参与社会生活。

第二节　无障碍立法具有可行性

近年来，特别是党的十八大以来，党和国家的各项政策多次明确了无障碍工作的重要意义，为无障碍立法工作提供了有力的支持。同时，我国有长期立法工作基础，逐渐形成了以《残疾人保障法》为基础法律依据，以《无障碍环境建设条例》为基本操作规范，以部门规章、地方性法规、地方政府规章为细化落实指南的制度体系，可以为无障碍立法工作提供丰富的制度经验。此外，我国无障碍立法工作还可以参考借鉴国际成熟做法，进一步提升立法水平。

一、国家政策的支持

2008 年至今，我国已经实施的 6 个残疾人事业发展规划中，无障碍环境均纳入其中，为无障碍立法工作提供了有力的政策支持。2008 年，中共中央、国务院发布《关于促进残疾人事业发展的意见》，要求对已建道路、公共设施等加快无障碍改造，对新建道路、建筑物必须建设规范的无障碍设施，同时要积极推进信息和交流无障碍。2011 年《国民经济和社会发展第十二个五年规划纲要》中提出推进无障碍环境建设。2012 年，国务院颁布《国家基本公共服务体系"十二五"规划》，批转《中国残疾人事业"十二五"发展纲要》，均对推进无障碍环境建设提出了具体要求。

2016 年 3 月 16 日，全国人民代表大会一致通过"十三五"规划，明确提出加强无障碍设施的建设和维护工作，在城市基础设施建设领域要"全面推进无障碍设施建设"；将"贫困残疾人家庭无障碍改造补贴""无障碍环境支持"等纳入残疾人基本公共服务；将"加强残疾人无障碍设施建设和维护"作为提升残疾人服务水平的重要保障措施等。《"十三五"加快残疾人小康进程规划纲要》《无障碍环境建设"十三五"实施方案》提出将公共交通工具无障碍设施的配备、家居无障碍通用设计的推广、互联网信息服务无障碍的推进作为该阶段无障碍设施建设的重点任务。

《"十三五"国家信息化规划》提出构建面向特殊人群的信息服务体系；《国家信息化发展战略纲要》则提出，加强政府网站信息无障碍建设，鼓励社会力量为残疾人提供个性化信息服务。十九届五中全会指出，"十四五"重点放在民生福祉上，使得人民生活达到新水平，社会法制更加健全，社会更加公平，更进一步体现了我国重视民生、以人为本的根本思想。①

无障碍环境建设是我国经济社会发展的重要一环，与改善人民生活品质、实现人的全面发展和社会的全面进步紧密相关。国家政策对于无障碍环境予以高度的关注，对于设施无障碍、信息无障碍、社区服务无障碍等都提出了较为具体的工作规划和要求。国家政策的支持无疑将在全社会层面宣传无障碍理念，推动树立无障碍的社会意识，让无障碍成为社会共识。

二、立法经验的积累

自 1990 年《残疾人保障法》提出"采取无障碍措施"的要求后，我国在法律、行政法规、地方性法规、部门规章等多个层面都制定、出台了无障碍相关的规定，能够为无障碍立法奠定基础、积累经验，提供较为充足的支持。

（一）法律层面

自 1990 年至今，我国在法律层面形成了以《残疾人保障法》为基础依据，以《老年人权益保障法》《公共文化服务保障法》《公共图书馆法》《建筑法》《防震减灾法》《道路交通安全法》等作为细化领域补充的立法格局，相关内容能够为无障碍立法提供有力的支撑。1990 年，全国人大常委会颁布的《残疾人保障法》规定，"国家和社会逐步实行方便残疾人的城市道路和建筑物设计规范，采取无障碍措施"，首次在法律层面确定了无障碍建设的内容。2008 年，我国在加入《公约》后对《残疾人保障法》进行修订，在第七章专章规定了"无障碍环境"的内容，对国家、社会及各级人民政府的责任，无障碍设施建造和改造的要求，残疾人信息交流、公共服务、政治参与权、辅助设备与无障碍交通工具等内容进行了规定。

---

① 新华社. 十九届五中全会会议公报（全文)[EB/OL].2020-10-29. https://baijiahao.baidu.com/s?id=16818786 50959407819&wfr=spider&for=pc.

1996 年 8 月，我国颁布了《老年人权益保障法》，规定新建或改造城镇公共基础设施、居民区、住宅时，应当考虑老年人的特殊需要。经过多次修改，现行的《老年人权益保障法》明确规定，新建或改扩建道路、公共交通设施、建筑物、居住区等，应当符合国家关于无障碍设施工程的建设标准，并要求各级人民政府和有关部门按照国家标准优先推进其改造。同时该法还规定，无障碍设施的所有人和管理人应当保证无障碍设施的正常使用，否则将可能承担民事责任，甚至承担行政、刑事责任。

此外，我国《公共文化服务保障法》规定，在设计和建设公共文化设施时，应当配备符合国家标准的无障碍设备。《公共图书馆法》规定，政府设立的图书馆应当提供适合老年人和残疾人等群体需求的文献信息、无障碍设备和服务。

（二）行政法规层面

2012 年 6 月 13 日，国务院常务会议通过了《无障碍环境建设条例》，并于同年 8 月正式实施，迄今为止，它仍是我国唯一一部以无障碍环境建设为内容的专门行政法规。《无障碍环境建设条例》将通行道路、出入相关建筑物、搭乘公共交通工具、交流信息和获取社区服务等作为主要领域，以"无障碍建设、无障碍信息交流、无障碍社区服务作为主要内容"，并明确了行政机关在无障碍环境建设领域的职责划分。

2017 年修订的《残疾预防和残疾人康复条例》则要求，"康复机构应当具有符合无障碍环境建设要求的服务场所以及与所提供康复服务相适应的专业技术人员、设施设备等条件，建立完善的康复服务管理制度"。同年修订的《残疾人教育条例》要求新建、改建、扩建的各级各类学校应当符合《无障碍环境建设条例》的要求，并逐步推进各级各类学校的无障碍校园建设。

（三）地方性法规和政府规章

自 2000 年颁布实施了我国第一部无障碍建设地方规章——《北京市无障碍设施建设管理规定》起，尤其是 2012 年国务院《无障碍环境建设条例》出台之后，全国各省市纷纷制定关于无障碍建设的地方性法规或政府规章。截至 2019 年底，全国共出台了 537 个省、地市、县级无障碍环境建设与管理法规、政府令和规范性文件。[1] 这些地方立法的规定较为详细，能够为无障碍立法提供大量的实践经验。《广州市无障碍环境建设管理规定》明确要求公共场所电梯处应设置语音提示，鼓励研发、推广无障碍信息交流的技术、产品、服务。此外，部分省市还制定了无障碍环境专项领域的管理办法（无障碍出租车、家庭无障碍改造、老年人无障碍设施等），如上海市的《上海市无障碍出租汽车管理规定》。

三、行业及地方标准的细化与丰富

为进一步规范无障碍环境建设的相关标准，住建部先后发布了《无障碍设计规范》《无障碍设施施工验收及维护规范》《老年人居住建筑设计规范》《城镇老年人设施规划规范》等多个国家标准。民航、铁路、教育等各行业部门也都制定实施了相应的无障碍建设标准规范。地方层面，各省级行政区也在陆续推出或研究制定无障碍设施建设的地方标准。天津市住房和城乡建设委员会发布了《天津市无障碍设计标准》，于 2017 年 5 月 1 日实施。重庆市住房和城乡建设委员会发布了《无障碍设计标准》，于 2020 年 5 月 1 日起实施。安徽省工程地方标准《无障碍环境建设规划标准》已经立项，正在编制过程中。

四、司法实践活动经验的积累

实践当中，浙江省以及广州、长春等地市相继开展无障碍公益诉讼，积极发挥检察公益诉讼职能。2020 年，浙江全省检察机关共办理无障碍环境建设检察公益诉讼案件 178 件，制定发布检察建议 169 份，有力地推动了高铁站、客运码头、停车位和图书馆等重点场所和区域的无障碍环境建设。同时，最高人民检察院第八检察厅已经在制定全国范围内部署开展无障碍环境建设检察公益诉讼的专项行动方案及配套指导意见。[2]

---

[1] 中国残疾人联合会. 2019 年残疾人事业发展统计公报 [EB/OL].2020-04-02. https：//www.cdpf.org.cn/zwgk/ zccx/tjgb/0aeb930262974effaddfc41a45ceef58.html.

[2] 周蔚，范跃红. 残障人士出行仍障碍重重　检察机关开展无障碍公益诉讼 [EB/OL].2021-01-18. https：//www. spp.gov.cn/spp/zdgz/202101/t20210118_506716.shtml.

第三节 无障碍立法的价值

一、完善法律体系，提升立法质量

我国目前关于无障碍的各项规定散见于法律、行政法规、地方性法规、部门规章中，体系性较差、执行性不强。制定无障碍法可以从法律层面对残疾人的无障碍权利进行确认，提升现有各项法规的规范性、协调性，提升立法质量。

二、明确权利义务，解决司法适用困难的问题

正如前文所讲，我国无障碍环境建设所面临的主要问题便是权责规定不清晰，法律责任不明确，造成司法适用上的困难，直接导致无障碍权利相关人维权困难。大量无障碍权益被侵害的案件仍处于不知如何救济或无可救济的状态。无障碍立法必将以解决实践中的现实问题为导向，以立法的形式进一步明确各方在无障碍环境建设中的权利和义务，弥补法律空白，更好地保护无障碍相关利益人的合法权益。有必要进行制度检思，探索引入无障碍检察公益诉讼制度。检察机关应当在无障碍权益保障领域有所作为，积极履行检察职能，保护残疾人无障碍权益。无救济则无权利，无障碍权的实现必须以司法救济为后盾。在司法实践中，以实现无障碍权为诉求的案件并未大量出现在法庭面前，这与立法上的空缺不无关系。限于篇幅，本文仅就无障碍立法规范、无障碍权司法救济的立法价值展开讨论。

三、维护公平正义，发展我国人权事业

综观世界各国无障碍立法，无不重视反歧视原则、社会融合原则等。无障碍本身就具有浓重的反歧视意味，其核心精神就在于提供平等机会和参与，促进社会融合。提升我国无障碍立法层次，对无障碍在法律层面进行确

权，明确规定拒绝实现无障碍是被禁止的歧视行为，是发展残疾人事业、发展人权事业的必然要求，也是其必要手段。

四、更好地履行无障碍权保障的国际义务，提升国际形象

联合国《公约》明确将无障碍作为缔约方的义务。我国作为《公约》的缔约方，推进无障碍立法能够更好地履行对国际社会负有的义务。同时，推进残疾人融入社会，加强无障碍立法已经成为国际社会的共识。我国推进无障碍立法工作，能够更好地融入国际话语体系，提升国际形象。

五、提高社会的无障碍意识，优化生活环境

法律是治国之重器，良法是善治的前提。完善无障碍立法，有利于推动社会无障碍环境建设，提升残疾人和老年人的生活质量及融入社会的程度，更好地体现人文主义关怀和机会平等理念，在赋予相关群体平等参与权的同时，建立全社会成员全面、平等参与社会生活的环境。

第四节　无障碍立法构想

一、域外立法之借鉴

综览其他国家的无障碍立法经验，不难发现，各国立法无不体现着浓厚的本国特色。美国无障碍法制建设立足于反歧视和人权保障，涵盖范围极为广泛，包括政府兴建或提供资金的公共建筑、公共交通、公共信息服务，更包含了提供公共便利设施和服务的多数私营场所。此外，早在 20 世纪 90 年代，美国就格外重视信息无障碍方面的立法与标准制定。为推动无障碍环境建设，美国联邦还设立了无障碍委员会，统筹协调美国无障碍环境建设的发展，并负责为美国无障碍立法涉及的建筑环境、公共交通、电信等内容设计标准。美国由此在完备法律的基础上建立了较为完善的无障碍技术标准，无

障碍法律、法规和技术标准互相衔接，形成了系统的、多层次的制度保障。

日本现行无障碍立法中起到基础性作用的是 2006 年出台的《关于促进高龄者、残疾人等的移动无障碍化的法律》（以下简称《无障碍新法》），该法融合了《爱心建筑法》与《交通无障碍法》的相关内容，其适用对象更加广泛，不局限于身体残疾者，也包括精神障碍者、发育不良者等所有的残疾人；除原来的建筑物、交通工具和道路外，将停车场、城市公园以及福利出租车也纳入调整范围；在确定设施方案时邀请当事人参加，创立居民提案制度等。① 此外，《无障碍新法》还有一个独特的亮点——"心灵无障碍化"，即促进对老年人、残疾人的理解、关爱和具体帮助。② 在信息无障碍方面，日本标准化协会研究制定了《JIS X 8431-3 标准》，主要针对网站内容，明确了信息无障碍的标准要求，旨在确保和提高老年人和残疾人使用信息通信设备、软件和服务的可访问性。同系列的《JIS X 8341-4》则从电信设备与无障碍服务角度，对包括固定电话、传真、移动通信设备、可视电话等设备的技术无障碍标准做了详细规定。③ 此外，日本政府还通过行政手段将网络信息无障碍要求纳入政府采购政策，以行政手段保证了网络无障碍工作在政府机构中的展开。日本无障碍立法显现出关爱全员的立法思想，全面考虑到残疾人和老年人，促进所有社会成员积极融入社会。这无疑推动了无障碍理念在日本的推广，促进了无障碍建设实践。此外，日本无障碍立法、无障碍建设标准的制定与专项计划相伴而生，国家政策引导无障碍建设实践。无障碍相关规划和计划成为推动无障碍立法、检验立法效果的重要手段。④

英国无障碍立法则是以 2010 年《平等法案》为基础，将其纳入反歧视立法体系之中，无障碍根植于反歧视的立法理念。《平等法案》涉及对无障碍的相关定义、就业、其他领域的歧视（货品、设施及服务）、康复、教育、公共交通等各个方面的内容，规定了公共机构进行无障碍建设的相关职责。英国无障碍立法非常注重无障碍环境建设与企业经营行为的有效结合，要求企业

① 贾巍杨，王小荣. 中美日无障碍设计法规发展比较研究 [J]. 人文与社会，2014(4):116-120.
② 无障碍智库. 日本无障碍设计对中国的启示 [EB/OL]. 2021-01-23.https://mp.weixin.qq.com/s/MfC7UPzbNndYb5dMmMuBfg.
③ 无障碍智库. 日本无障碍设计对中国的启示 [EB/OL]. 2019-06-27.https://mp.weixin.qq.com/s/MfC7UPzbNndYb5dMmMuBfg.
④ 乔静漪. 我国残障者无障碍环境建设法制度研究 [D]. 北京：北京大学，2019.

或其他组织以及商店、餐馆、娱乐中心合理改建残疾人在获取服务过程中遇到的障碍，并予以资金鼓励或支持。信息无障碍方面，英国颁布了《商品、设备、服务无障碍的权利：实施纲要》，对网站无障碍设计做了明确的规定。英国残疾人权利委员会则对英国网站的无障碍状况进行了为期一年的正式调查，并发布了报告《网站：对残疾人的无障碍和包容性》，推进了网站的无障碍建设。

二、立法模式之选择

立法模式对整个立法活动具有重要的约束作用，在立法过程中对立法内容的取舍、立法价值导向以及立法技术适用等一系列重大问题起着相当程度的作用。[1]

有学者总结了我国无障碍立法模式，认为目前我国无障碍立法在立法价值选择上属于福利模式，从立法方式来看，则属于行政主导型立法模式。这种立法模式会导致传统残疾观念难以转变、无障碍权司法救济受限、残疾人参与无障碍环境建设决策不足，以及无障碍建设和管理行为社会监督缺失等问题。[2]

在新时代的社会发展大背景下，我国无障碍环境建设立法有必要反思现有无障碍立法模式，合理汲取域外无障碍立法经验，采取基本权利立法模式，将无障碍环境建设立法提上日程，完善我国无障碍环境建设法治体系，立法先行，带动全社会建立无障碍意识，转变残疾观念。具体应当：第一，转变立法理念，遵循人权模式的指导思想，倡导人权模式的残疾观；第二，以无障碍法律为基础，制定并完善相关无障碍建设标准；第三，制定无障碍环境建设专项规划，促进无障碍法律的落地；第四，完善无障碍立法内容，查缺补漏，如完善信息无障碍立法，增添服务犬、无障碍停车位、家庭无障碍方面的规定；第五，建立并完善无障碍环境建设监督管理机制，发挥残疾人组织的作用。

---

① 江国华. 立法模式及其类型化研究 [J]. 公法评论第四卷, 2007(4)：93-121.
② 崔亚美，刘吉涛. 我国无障碍立法模式存在的问题及对策分析 [J]. 建设科技, 2019(7):40-42.

三、无障碍环境建设法基本原则

立法既要立足现实，也要有前瞻性，遵循客观规律，科学立法。无障碍立法必须在中国特色社会主义法律体系之下寻求自己的位置，衔接残疾人权利保障模式，充分尊重和检视无障碍环境建设相关法律、法规，总结各地方无障碍环境立法经验，适当参考域外先进立法经验和立法成果，汲取相关领域学术研究产生的有益成果，进而确定整体的体系构成和具体的法律条文。在此基础上，无障碍立法名称拟设为"无障碍环境建设法"，可大致设置为六章，详情安排建议如下：第一章为总则，主要规定无障碍立法的目的、规范对象、责任主体、经费来源等问题，是关于无障碍环境保障宏观层面的规定，并对相关基本概念进行界定；第二章重点关注无障碍设施保障；第三章着重于信息无障碍保障；第四章则侧重于社区和家庭无障碍保障；第五章规定法律监督与法律责任；第六章为附则，主要规定无障碍环境法与相关法律法规之间的关系，以及本法的生效时间。本文重点讲述无障碍立法的基本原则和立法重点。

法的基本原则体现法的根本价值，是整个法律活动的指导思想和出发点，构成法律体系的神经中枢。法的基本原则作为法的价值和理念的外化，贯穿于法律的各个部分，是包括立法、司法、执法和守法在内的整个法治活动的总的指导思想。根据我国立法惯例，法律法规的第一章大都会对该部法律法规的基本原则予以明确。就"无障碍环境建设法"而言，综合既有的学说观点和实践需求，我们认为其至少包含以下基本原则：

第一，遵循实用、易行、广泛受益的原则。无障碍环境，旨在惠及残疾人、老年人、妇女、儿童等在内的全体社会成员，是为所有人创造的更为安全、方便地参与社会生活的整体环境，其具有非竞争性和非排他性的公共物品的特性，同时也具有安全性、社会福利性等特征。最重要的是，无障碍建设必须符合可及性要求，能够使使用者方便、有效地感知、到达、进入以及使用环境设施或设备。综上，无障碍环境建设要遵循实用、易行、广泛受益的原则。

第二，平等和非歧视原则。法律面前人人平等是保护人权的一项基本的一般性原则。长久以来，平等和非歧视原则就是人权保护中的基本原则，《公约》就是坚定地立足于这一原则之上。《公约》第五条规定："在法律面前，人人平等，有权不受任何歧视地享有法律给予的平等保护和平等权益。"残疾人享受法律规定的特殊保障，是他们依法享有的权利，不应受到任何形式的歧视和偏见。所有残疾人都应当享有无障碍的权利，不管他们属于任何残疾类型，也不分种族、肤色、性取向、语言、政治或其他见解、民族或社会渊源、财产、出身或其他地位、法律或社会地位、性别或年龄等等。

第三，社会融合原则。实现残疾人社会融合，是建设无障碍环境的目的；建设无障碍环境，是实现残疾人在平等的基础上享用社会服务和设施，平等且充分参与社会事务的重要途径。社会融合是现代残疾观的核心内容。世界卫生组织于2001年颁布的《国际功能、残疾和健康分类》从"生物—心理—社会"的综合模式来定义残疾，认为残疾是对损伤、活动受限和参与局限的一个概括性术语，认为残疾是由多种因素造成的，其中有个体自身因素，也包括环境因素。在此种现代残疾观下，对待残疾问题，需要全社会共同行动，改变社会环境，以实现残疾人的全面参与、融合共享。

第四，政府主导与社会参与结合。无障碍环境建设不仅仅需要政府的主导，还需要社会力量（家庭、朋友、非政府组织和其他组织）的参与。在《公约》的体系之下，缔约方实际上担负着采取措施确保残疾人能够"无障碍地进出物质环境，使用交通工具，利用信息和通信，包括信息和通信技术和系统，享用在城市和农村地区向公众开放或提供的其他设施和服务"的义务。发展无障碍环境需要政府以及除政府以外的群体性组织和机构（如企事业单位、福利组织、社区、学校等）、残疾人个人和家庭等的共同努力。

第五，普适性与特殊需求性相结合原则。《公约》还提出了提供合理便利的责任，而这种责任是一种事后责任。《公约》第五条第三款规定："为促进平等和消除歧视，缔约方应当采取一切适当步骤，确保提供合理便利。"合理便利可作为一种手段，以确保残疾人在某一情况中的无障碍。在无障碍设施的基础上，合理便利具有临时补充无障碍设施不足的作用，又可以在不涉及无障碍建设的领域发挥独特作用，以最大限度地满足特定主体的特定需要。

四、立法之重点

（一）物质环境无障碍

进行物质环境无障碍建设、推动物质环境无障碍建设和消除物质环境的不利障碍是残疾人参与建设和充分享受社会发展成果的关键。

物质环境方面的无障碍立法首先应当从公私建筑无障碍以及出行无障碍两方面来分析，厘清物质无障碍涵盖的范畴，发现并总结问题，并提出解决方案。公私建筑物无障碍，涵盖了公共建筑、私人住宅以及城市广场、绿地和历史文物保护建筑等。出行无障碍则涵盖了城市道路、铁路、航空、城市轨道交通以及水运交通相关设施的无障碍设计。其次，应当继续丰富、完善公共服务机构和场所的无障碍内容。片段式的、失序的、碎片化的公共服务不利于残疾人问题的解决。无障碍立法应考虑构建公共服务无障碍的总体框架，将教育、就业、文化生活、体育生活等社会生活的诸多方面纳入其中，建立统筹式的、有秩序的公共服务体系。立法应当对公共服务确立最低标准，将公共服务无障碍作为必要的审批指标、验收指标。[①]

（二）信息无障碍

信息无障碍的实现有助于减轻乃至消除残疾人与非残疾人之间的不平等，是构建和谐社会的重要方面。[②]残疾人信息共享事实上包括两个方面：接收信息和传达信息。信息无障碍就是要解决残疾人在接收信息和传达信息方面的障碍。[③]

以出台"无障碍环境建设法"为契机，信息无障碍立法应当：第一，转变传统的福利型立法模式，树立以权利为本位的立法模式；第二，明确、细化各主体信息无障碍方面的责任，明确规定政府相关部门和公共服务机构以及私营实体如私立学校、医院或私营的商场、娱乐设施等信息无障碍建设主体的职责；第三，完善信息无障碍建设内容，完备信息无障碍标准体系，域外如美国508法案、欧盟基于网络无障碍的《W3C》等标准都可拿来为我所

[①] 蔡向东. 残障问题本质、实质公平与公共服务无障碍行动 [J]. 福祉研究，2019(1):49-53.

[②] 蔡聪. 我国实现残障人信息无障碍的挑战与新方向：以《残疾人权利公约》为视角 [J]. 人权，2018(2):70-83.

[③] 杨飞. 论残疾人的信息无障碍权 [J]. 河南财经政法大学学报，2013, 28(2):118-124.

借鉴。①

（三）社区服务无障碍

社区是残疾人、有无障碍需求的老年人居住和日常活动的主要空间载体。社区在提供服务方面具有不容忽视的优势，可以延展无障碍环境的受益范围，拓宽受益群体，其良好的开放性、互动性、包容性，有利于残疾人和其他社会成员进行社会交往和联系，有利于实现残疾人与社会的双向融合。②无障碍立法应当重视社区服务无障碍对于实现社会融合、消除歧视的重要意义，在立法中应当贯彻权利本位的残疾观念，落实《公约》的赋权理念。无障碍立法不仅要完善、明确社区无障碍服务的具体内容，还要注重多元主体的共同联动，建立多层次、立体化的监督与激励机制。

（四）法律责任

无障碍是包括残疾人在内的特定人群实现公民基本权利的支持手段，这一支持性服务的提供在依靠经济法则和市场原则予以解决之前，应优先纳入国家责任和社会义务之中。③

无障碍环境建设涉及多领域、多部门，是一项在政府领导下，住房和城乡建设、民政、交通运输、铁道、民航、公安、教育、财政、人力资源和社会保障、宣传、信息、残联、妇联、老龄等相关部门共同参与的系统工程。考虑到无障碍环境建设系统工程的复杂性，以及无障碍环境建设实践中出现的主体责任不清的困境，无障碍立法应当从法律层面对无障碍环境建设相关主体的责任予以厘清并确定。"无障碍环境建设法"作为专门规范残疾人无障碍环境保障的法律规范，应当做出进一步规定。各级政府及其有关部门要严谨履行各自的职责，行政机关的工作人员应当依法履职，谨慎用权，依法维护残疾人的社会保障权益，避免不作为、乱作为，否则，应当承担相应的法律责任。

此外，立法要确立无障碍环境权的救济机制。当无障碍环境相关受益人享有无障碍权益受阻时，或者在无障碍设施使用中受到伤害时，能够依法寻

---

① 张瑜，王建忠. 我国信息无障碍建设立法研究及完善对策 [J]. 残疾人研究，2020(3):10-16.

② 傅鸿飞. 增权视角下的残疾人社区服务研究 [D]. 武汉：华中农业大学，2013.

③ 许巧仙. 破解无障碍环境建设困境：以社会治理理论为视角 [J]. 河海大学学报（哲学社会科学版），2015(6):43-48.

求救济途径,就无法使用已建成的无障碍设施或使用受到伤害等权利侵害,可以通过普通的民事、刑事程序寻求救济。残疾人的权益保护和其他公民等同,但按照合理差别对待,在提供法律援助等方面应该给残疾人更多的支援,并通过立法进行明确。同时,立法有必要确立无障碍公益诉讼制度。目前在司法领域,检察公益诉讼已"亮剑"无障碍权益保障。[①] 无障碍立法有必要将我国无障碍权益保障的最新发展成果——无障碍检察公益诉讼纳入立法内容,与《民事诉讼法》和《行政诉讼法》中公益诉讼的相关规定相衔接,保证无障碍实体法与程序法的有效衔接。

---

① 王春,赵云,桂阳. 浙江杭州:公益诉讼亮剑无障碍环境建设 [EB/OL]. 2020-08-17.https:// www.spp.gov.cn/spp/zdgz/2020.